COMPLIMENTARY

BIEN ENTENDU!

Introduction à la prononciation française

ALBERT VALDMAN
Indiana University

Prentice Hall, Englewood Cliffs, New Jersey   07632

Library of Congress Cataloging-in-Publication Data

VALDMAN, ALBERT.
  Bien entendu! : introduction à la prononciation française / Albert
Valdman.

      p.   cm.
  Includes index.
  ISBN 0-13-517608-5
  1. French language — Pronunciation.   I. Title.
PC2137.V34   1993   92-40806
441'.5 — dc20   CIP

A ma "grande" sœur Madeleine

Acquisition editor: Steven R. Debow
Editorial/production supervision and
   interior design: Hilda Tauber
Prepress buyer: Herb Klein
Manufacturing buyer: Robert Anderson

Figure 4.1 from Pierre Delattre, "L'intonation par les oppositions" in *Le Français dans le monde* 64
(April-May 1969), © 1969, is reproduced by permission of the publisher. The five intonation diagrams on pp. 222–223 from Monique Callamand, *L'intonation expressive: exercises systématiques
de perfectionnement,* © 1973, are reproduced by permission of the publisher, Société d'Edition
Hachette.

© 1993 by Prentice-Hall, Inc.
A Simon & Schuster Company
Englewood Cliffs, New Jersey 07632

Printed in the United States of America
10 9   8   7   6   5   4   3   2   1

ISBN 0-13-517608-5

Prentice-Hall International (UK) Limited, *London*
Prentice-Hall of Australia Pty. Limited, *Sydney*
Prentice-Hall Canada Inc., *Toronto*
Prentice-Hall Hispanoamericana, S.A., *Mexico*
Prentice-Hall of India Private Limited, *New Delhi*
Prentice-Hall of Japan, Inc., *Tokyo*
Simon & Schuster Asia Pte. Ltd., *Singapore*
Editora Prentice-Hall do Brasil, Ltda., *Rio de Janeiro*

TABLE DES MATIÈRES

Préface   x

Introduction   **Principes pédagogiques et phonologiques**   **1**

0.1   Acquérir une prononciation non-marquée   *1*
  • Le phonème   *2*
  • La structure phonologique des mots   *3*
  • La base articulatoire   *4*
0.2   Une norme pédagogique   *6*
  • Les variétés de français   *6*
  • Le français standard   *7*
  • Le styles du FS: français populaire et bon usage   *7*
  • Norme pédagogique vs. norme orthoépique   *9*
  • La transcription phonétique   *10*
0.3   L'utilité d'apprendre le système phonologique   *11*
  • Les organes de la parole   *12*
  • Le jeu des cordes vocales   *13*
  • L'articulation des consonnes du français   *14*
  • L'articulation des voyelles du français   *20*
0.4   Classification acoustique des phonèmes du français   *25*

1   **L'égalité rythmique et la structure de la syllabe**   **28**

1.1   Le groupe rythmique   *28*
1.2   Accentuation et rythme en anglais   *29*
1.3   Egalité rythmique en français   *30*
1.4   Réduction du timbre des voyelles faibles en anglais   *31*
1.5   Syllabation ouverte   *33*
1.6   Frontière des mots   *34*
  • La joncture   *34*
  • L'enchaînement et la liaison   *35*
1.7   Syllabation en français parlé   *36*
1.8   Indications pédagogiques   *37*

2 La tension articulatoire et la labialisation: les voyelles /i/ et /u/   41

2.1 Tension articulatoire   *41*
- Voyelles simples (ou "pures") et voyelles diphtonguées   *42*

2.2 Le quadrilatère articulatoire   *43*

2.3 La voyelle /i/   *44*
- Caractéristiques phonétiques   *44*
- Variation   *45*
- Orthographe   *45*
- La labialisation   *46*

2.4 La voyelle /u/   *46*
- Caractéristiques phonétiques   *46*
- Variation   *47*
- Orthographe   *47*

3 Consonnes finales: stables et muettes; la détente des consonnes finales   48

3.1 La détente des consonnes finales /p, t, k/ en position finale   *49*
- La prononciation emphatique des consonnes finales   *50*
- Le plein voisement des consonnes sonores finales   *51*
- La valeur différentielle des consonnes finales   *52*

3.2 La prononciation des lettres finales   *54*
- La lettre *c*   *54*
- La lettre *f*   *55*
- La lettre *r*   *56*
- La lettre *l*   *57*
- Les autres consonnes   *58*
- Mots particuliers   *59*

4 L'intonation   62

4.1 La fonction de l'intonation   *62*

4.2 Comment décrire les contours intonatifs   *64*

4.3 Les contours intonatifs de base simple   *67*
- Le contour déclaratif   *67*
- Le contour impératif   *68*
- Les questions totales   *69*
- Les questions partielles   *71*

5 **Les liquides /l/ et /ʀ/** **74**

5.1 La liquide latérale /l/ *74*
- Production et distribution *74*
- Variation *76*
- Aspects pédagogiques *77*
- Orthographe *78*

5.2 La constrictive dorsale /ʀ/ *78*
- Production et distribution *79*
- Variation *80*
- Aspects pédagogiques *81*
- Orthographe *83*

6 **Les voyelles moyennes /e/ vs /ɛ/ et /o/ vs. /ɔ/** **84**

6.1 Les voyelles moyennes *84*
6.2 La paire de voyelles moyennes /e/ vs. /ɛ/ *86*
- Différences distributionnelles entre les systèmes anglais et français *86*
- Différences phonétiques *87*
- La variation dans la répartition de /e/ et de /ɛ/ *88*
- La répartition de /e/ et de /ɛ/ en français standard *89*
- La Loi de Position *89*
- La neutralisation *90*
- Une norme pédagogique *92*
- L'orthographe des voyelles /e/ et /ɛ/ *93*

6.3 La paire de voyelles moyennes /o/ vs. /ɔ/ *94*
- Différences distributionnelles entre les systèmes anglais et français *94*
- Différences phonétiques *95*
- La répartition de /o/ et de /ɔ/ en français standard *96*
- La Loi de Position *96*
- La neutralisation *97*
- Une norme pédagogique *98*

7 **Les voyelles antérieures arrondies /y/, /ø/ et /œ/** **101**

7.1 La voyelle /y/ *101*
- Distribution *102*
- Production *103*
- Fonction *103*
- Variation *104*
- Orthographe *104*

7.2   Les voyelles moyennes /ø/ et /œ/   *104*
• Distribution   *105*
• Production   *105*
• Variation   *106*
• Fonction   *107*
• Orthographe   *108*
• La norme pédagogique   *108*
7.3   Le *e* muet   *109*

8   Les voyelles nasales /ã/, /õ/ et /ẽ/   **111**

8.1   Les voyelles nasales   *111*
• Caractéristiques phonétiques   *111*
• Les voyelles nasales de l'anglais et du français   *113*
• Variation et norme pédagogique   *114*
8.2   La voyelle nasale /ã/   *116*
• Articulation   *116*
• Les alternances entre /ã/ et les séquences voyelle orale + N   *117*
• Les séquences /ã/ + N   *118*
• Variation   *118*
• Orthographe   *119*
8.3   La voyelle nasale /õ/   *120*
• Articulation et distribution   *120*
• L'alternance entre la voyelle /õ/ et la séquence /ɔ/ ou /o/ + N   *121*
• Orthographe   *122*
8.4   La voyelle nasale /ẽ/   *122*
• Articulation et distribution   *122*
• Les alternances entre la voyelle /ẽ/ et la séquence voyelle orale + N   *123*
• L'orthographe de /ẽ/   *124*
8.5   La liaison et les voyelles nasales   *125*
8.6   Le système des voyelles nasales du français méridional   *126*

9   Le système vocalique du français standard: autres contrastes   **128**

9.1   Les voyelles moyennes   *129*
• Les voyelles antérieures non-arrondies /e/ et /ɛ/   *130*
• Les voyelles postérieures /o/ et /ɔ/   *131*
• Les voyelles antérieures arrondies /ø/ et /œ/   *132*
• La variation dans la norme orthoépique   *134*

9.2 La voyelle ouverte postérieure /ɑ/ *137*
  • Articulation *137*
  • Distribution *137*
  • L'identification des mots contenant /ɑ/ *138*
9.3 La voyelle nasale /œ̃/ *141*
9.4 La longueur vocalique *142*
  • La longueur vocalique automatique *142*
  • Le contraste /ɛ/ vs. /ɛ:/ *144*
9.5 Quelques variantes et observations *144*
  • La diphtongaison *144*
  • La longueur vocalique avec les voyelles fermées *145*
  • Les voyelles dévoisées *145*

10 **L'enchaînement, la liaison et le *h* aspiré** **147**

10.1 L'enchaînement *148*
10.2 La liaison *150*
  • La liaison et l'enchaînement *150*
  • La nature de la liaison *151*
  • Les types de liaison *151*
  • Les consonnes latentes *152*
  • La liaison et le hiatus *152*
10.3 Liaisons obligatoires *154*
  • Le groupe nominal *154*
  • Le groupe verbal *156*
  • Les formes grammaticales monosyllabiques *158*
  • Les locutions figées (mots composés) *159*
10.4 Les liaisons interdites *160*
  • Facteurs qui empêchent les liaisons *160*
  • Mots se terminant par une consonne muette *161*
10.5 Le *h* aspiré *162*

11 **La liaison facultative et aspects connexes de la liaison** **165**

11.1 L'origine historique de la liaison *166*
11.2 La liaison des nombres *167*
11.3 La liaison facultative *168*
  • Les facteurs phonologiques *168*
  • Les facteurs lexicaux *169*
  • Les facteurs syntaxiques *169*

11.4 Les liaisons facultatives fréquentes   *171*
11.5 Les fausses liaisons   *172*
11.6 Liaisons avec changement de voyelle et de consonne   *174*
  • Changements vocaliques   *174*
  • Changements consonantiques   *176*

12 Le *e* muet: maintien ou chute du /E/   **177**

12.1 Qu'est-ce que le *e* muet?   *177*
  • E muet, voyelle latente   *177*
  • L'identification des *e* muets   *178*
  • Le timbre de /E/   *181*
12.2 Règles pour la prononciation de /E/   *181*
  • Règles catégoriques   *182*
  • Règles variables   *183*
  • Variation   *190*
12.3 L'élision et l'effacement   *191*
  • Elision   *191*
  • Effacement   *191*
12.4 La prononciation du pronom *le*   *192*

13 Les semi-voyelles   **194**

13.1 Les semi-voyelles   *194*
  • Articulation   *194*
  • Distribution   *194*
13.2 La semi-voyelle /j/ en position finale   *196*
  • Contrastes entre /j/ et /i/   *196*
  • Articulation   *196*
  • Orthographe   *196*
13.3 /j/ en position intervocalique   *197*
13.4 /j/ comme semi-voyelle   *198*
  • Les fonctions grammaticales et lexicales de /j/   *199*
  • Orthographe   *199*
13.5 La semi-voyelle /w/   *200*
  • Articulation et distribution   *200*
  • Orthographe   *201*
13.6 La semi-voyelle /ɥ/   *203*
  • Articulation et distribution   *203*
  • Orthographe et prononciation de *u*   *204*

13.7 Les semi-voyelles en position initiale   *205*
  • Le comportement vocalique des semi-voyelles   *205*
  • Le comportement consonantique des semi-voyelles   *205*

14 Aspects du système consonantique   207

14.1 Le phonème /s/   *207*
  • L'opposition entre /s/ et /z/   *207*
  • Règles de prononciation de *s*   *208*
  • Les représentations de /s/   *209*
14.2 Assimilations   *211*
  • La non-palatalisation des séquences de /s/ ou /z/ + /j/   *211*
  • L'assimilation de voisement   *212*
14.3 L'assimilation progressive de nasalisation   *214*
14.4 Les consonnes doubles ou géminées   *215*
14.5 La non-aspiration des occlusives sourdes   *218*
14.6 La consonne nasale /ɲ/   *219*

15 Les contours intonatifs complexes   220

15.1 Les contours déclaratifs complexes   *220*
15.2 L'intonation déclarative expressive   *222*
15.3 Les contours déclaratifs avec incise   *225*
15.4 Questions totales complexes   *227*
15.5 Questions partielles complexes   *228*
15.6 L'accent d'insistance   *229*

Appendice   **Correspondances entre orthographe et prononciation**   **231**

Index   242

PRÉFACE

Bien entendu! Introduction à la prononciation française est destiné aux cours de phonétique et de conversation offerts en troisième ou quatrième année d'études universitaire en Amérique du nord. Son utilisation est recommandée aussi pour des cours de linguistique appliquée à l'enseignement du français et de la structure de la langue.

Cette méthode comprend le présent manuel (une description systématique de la structure phonologique du français) et un Cahier d'exercices (*Laboratory Manual*) auquel correspondent environ huit heures d'enregistrement sur cassettes. Les enregistrements ne contiennent qu'une partie des exercices présentés dans le Cahier d'exercices. Un programme supplémentaire d'environ six heures est disponible par l'intermédiaire du Département de français d'Indiana University.

Ce livre a pour but deux objectifs: (1) l'acquisition d'une prononciation correcte et non-marquée, c'est-à-dire qui permette de distinguer les sons de la langue les uns des autres et qui ne choque par l'oreille des sujets parlants; (2) la connaissance objective de la structure phonologique du français.

Aspects méthodologiques

On trouvera dans ce livre des éléments bien connus de la phonétique corrective: la description articulatoire des sons isolés (voyelles et consonnes) et le traitement des traits prosodiques de la chaîne parlée: rythme, syllabation et intonation. Par ailleurs, les sons ne sont pas considérés seulement du point de vue de leurs caractéristiques phonétiques, mais également du point de vue de leur fonction différentielle dans la langue. La notion de paire minimale forme un élément central de l'approche méthodologique puisqu'elle permet de définir le premier stade de l'acquisition d'une bonne prononciation: la prise de conscience auditive puis la production des distinctions phonologiques de la langue.

Cette méthode lance aussi plusieurs innovations:

1. La notion de contexte facilitant. A l'analyse articulatoire des voyelles s'ajoute l'analyse acoustique pour identifier des contextes qui favorisent la production d'un son particulier.

2. Rapports entre prononciation et grammaire/vocabulaire. La fonction des sons est de transmettre le sens par l'intermédiaire de la grammaire et du vocabulaire. Ce livre souligne l'utilisation d'un son pour exprimer des catégories grammaticales ou certaines unités lexicales.

x

3. Rapports entre graphies et sons. Pour bien prononcer, il faut savoir quels sons contiennent les mots. Cela n'est possible que lorsqu'on peut déduire la prononciation à partir de la graphie. Ce livre souligne les aspects systématiques de l'orthographe française et dresse une liste de règles qui permettent de prononcer correctement les mots.

4. La notion de norme pédagogique. Toutes les langues montrent des variations déterminées par des facteurs géographiques, sociaux et stylistiques. Ce manuel retient bien sûr comme norme de référence celle du français standard, le parler idéalisé de la classe moyenne cultivée de la région parisienne. Cependant, puisque certains traits de cette norme sont complexes et difficilement prévisibles, une norme plus régulière est choisie. D'une part, elle permet à l'apprenant d'acquérir plus rapidement une prononciation exacte et non-marquée et, d'autre part, cette norme, appellée **norme pédagogique**, rend possible l'acquisition éventuelle des distinctions supplémentaires du français standard.

5. Variation géographique. Les variantes marquantes de certaines régions francophones, notamment le Midi, le Québec et la Belgique, font l'objet de commentaires dans le manuel. Le Cahier d'exercices et les enregistrements contiennent également des exercices permettant à l'étudiant de se familiariser avec les accents régionaux.

6. Transcription modifiée. Bien qu'elle ne soit ni essentielle ni suffisante pour l'acquisition d'une bonne prononciation, la connaissance de l'alphabet phonétique international (API) est d'une grande utilité dans un cours de phonétique corrective. Elle permet en particulier de présenter de façon non ambiguë la forme orale des mots. Ce livre se sépare de certaines conventions arbitraires de l'API pour plus de commodité, en particulier pour noter les voyelles nasales. Par exemple, la voyelle de *vin* est représentée par le signe /ẽ/ plutôt que par le symbole de l'API, /ɛ̃/. Cette transcription modifiée va de pair avec la norme pédagogique.

7. Approche cyclique. Le contenu de ce livre est présenté de manière cyclique. Certains traits réapparaissent dans des chapitres ultérieurs, ce qui permet leur révision et leur intégration à d'autres aspects du système phonologique de la langue.

Structure typique des chapitres

A l'exception des deux chapitres qui traitent de l'intonation, tous les chapitres sont organisés de la façon suivante:

- Description des traits articulatoires et acoustiques des sons et, là où cela s'impose, comparaison aux traits correspondants de l'anglais.

- Présentation de la distribution des sons par rapport aux mots ou aux groupes rythmiques.

- Identification des principales variantes géographiques, sociales ou stylistiques.

- Rapports entre traits grammaticaux et lexicaux et les sons considérés.

- Présentation des règles de représentation orthographique.

Remerciements

Cet ouvrage est le fruit de plusieurs années d'expérimentation en classe. Je commencerai donc par exprimer ma gratitude envers les nombreux étudiants de mes cours de phonétique corrective et de linguistique appliquée à Indiana University qui ont contribué à l'affinement de mon approche méthodologique. On retrouvera ici bien sûr l'influence du regretté Pierre Delattre, l'éminent spécialiste de phonétique corrective et expérimentale, qui m'initia à la linguistique.

Je tiens aussi à remercier Sandrine Chavenon dont la lecture attentive de la dernière version du manuscrit m'a permis d'éviter des erreurs d'usage. Ses judicieuses remarques sur le contenu des chapitres m'ont été d'un précieux concours. J'ai aussi bénéficié des conseils de plusieurs collègues à divers stades de la préparation de ce livre, notamment Betsy K. Barnes, University of Minnesota; Hélène Germain-Simœs, University of Kansas; Alexander Hull, Duke University; Louise Kikuchi, Western Washington University; Jeanette Kraemer, Marquette University; Margaret M. Marshall, Southeastern Louisiana University; Joel Walz, University of Georgia. Je les remercie chaleureusement de leur concours. Il est évident que j'assume pleine responsabilité pour les lacunes qui demeurent et les erreurs qui se seraient glissées dans le texte.

La production d'un manuel de phonétique est une entreprise ardue. Je suis reconnaissant à Caroline Verdier d'avoir assuré la production de plusieurs versions du manuscrit et de m'avoir offert tant d'utiles suggestions sur le format des chapitres. On ne pourrait concevoir un manuel de phonétique sans illustrations; Steve Ryner les a éxécutées avec talent. La rédaction de Prentice Hall, notamment Hilda Tauber, a guidé avec efficacité l'ouvrage au cours de tous les stages de la production. Enfin, c'est grâce au soutien de Steve Debow, directeur de Département des Langues Etrangères de Prentice Hall, que l'ouvrage voit le jour. A toutes et à tous, mes profonds remerciements.

Albert Valdman

Principes pédagogiques et phonologiques

0.1 ACQUÉRIR UNE PRONONCIATION NON-MARQUÉE

L'acquisition d'une prononciation qui permettrait à un apprenant en langue étrangère de se faire passer pour un locuteur natif est une tâche fort difficile lorsque l'apprenant a dépassé le début de l'adolescence. Pour expliquer cette difficulté, on a invoqué des facteurs neuro-linguistiques, mais il est probable que des facteurs psychologiques liés au développement de la personnalité et aux attitudes envers des communautés linguistiques étrangères jouent aussi un grand rôle.

La prononciation d'une langue met en jeu des processus automatisés dont il est difficile d'avoir conscience. Il est, par conséquent, difficile de les contrôler dans une situation pédagogique. Les processus perceptifs et neuro-moteurs qui sous-tendent la prononciation de la langue maternelle, ainsi que les attitudes envers cette langue et la culture qu'elle véhicule, sont profondément ancrés. Dans l'acquisition d'une autre langue, ils résisteront à la mise en place de processus correspondants provenant de celle-ci, à moins qu'il ne se manifeste des pressions socio-psychologiques puissantes.

Par ailleurs, nous verrons qu'étant donné la variabilité de la prononciation des grandes langues de communication telles que le français, il est difficile de fixer la cible à atteindre. Plutôt qu'une prononciation "native", il est plus réaliste de tenter d'acquérir une prononciation non-marquée en français langue étrangère.

Qu'est-ce qu'une prononciation "non-marquée"? C'est une prononciation qui permet de s'exprimer avec exactitude et qui ne choque pas l'oreille des locuteurs natifs.

Prononcer le français avec exactitude fait appel à un ensemble de compétences organisées selon un ordre hiérarchique: (1) l'acquisition de l'ensemble des oppositions phonologiques (phonèmes); (2) la connaissance de la structure phonologique des mots.

Le phonème

En principe, les êtres humains peuvent produire un nombre illimité de sons. Cependant, chaque langue n'utilise qu'une partie des ressources phoniques possibles. D'autre part, l'unité fondamentale d'un système phonologique n'est pas le **son** mais une unité plus abstraite, le **phonème**. Pour différencier les mots et les éléments grammaticaux, chaque langue dispose d'un nombre relativement réduit de phonèmes. Le français en compte une quarantaine.

Qu'est-ce qu'un phonème? Comparons la paire de mots suivante en anglais: *pit* vs. *tip*. Les locuteurs natifs diraient que ces mots contiennent un seul son *p*. En fait, il est facile de démontrer qu'il s'agit de deux sons phonétiquement différents. La production du *p* initial de *pit* s'accompagne d'un souffle facilement repérable en mettant la paume de la main devant la bouche. C'est un *p* aspiré, [p']. Les crochets indiquent qu'il s'agit d'un son qui n'est pas encore attribué à un phonème, et le signe ['] représente l'aspiration. Le *p* final de *tip* ne contient pas d'aspiration. En fait, il est très faiblement articulé, au point d'être difficilement perceptible. C'est un *p* sans détente: [p⌐]; le signe [⌐] indique l'absence de détente.

Les différences phonétiques qui distinguent le *p* de *pit* de celui de *tip* ne sont pas **significatives** en anglais; elles ne permettent pas de différencier les mots. Le système phonologique de l'anglais ne contient qu'un seul phonème: /p/; l'utilisation des barres obliques signifie que les sons [p'] et [p⌐] ont été classés et attribués au même phonème. Un phonème est donc une classe de sons qui s'oppose à une autre classe. Ainsi en anglais /p/ se distingue de /t/, comme le démontrent les paires de mots suivantes: *pick* vs. *tick* ou *sip* vs. *sit*. Comme /p/, /t/ est réalisé par un son aspiré en position initiale et un son sans détente en position finale.

Paires minimales

Comparons maintenant les paires suivantes: *sit* vs. *seat* ou *bit* vs. *beet*. Combien de voyelles différentes illustrent-elles? Deux. Le premier mot de chaque paire contient une voyelle relativement brève et relâchée du point de vue articulatoire: [sɪt˺] et [bɪt˺]. Le deuxième mot de chaque paire contient une voyelle phonétiquement proche, mais qui est plus longue, moins relâchée et suivie d'un mouvement de la langue vers le haut (représenté par [ʲ]): [siʲt˺] et [biʲt˺]. Comme les différences phonétiques entre [ɪ] et [iʲ] permettent de distinguer les mots, elles définissent deux phonèmes distincts: /ɪ/ et /iʲ/. Des paires de mots, comme *sit* vs. *seat* ou *sip* vs. *sit*, qui ne diffèrent que par un seul phonème, sont des **paires minimales**.

Au point de vue de l'exactitude, en premier lieu, il faut pouvoir percevoir et produire la quarantaine de phonèmes du français. Comme l'anglais, le français est une langue riche en voyelles, un fait masqué par l'orthographe, qui n'offre que cinq lettres pour représenter les voyelles orales: *i, e, a, o, u*. Son système phonologique compte de douze à vingt voyelles, selon la région de la francophonie d'où vient le locuteur, le groupe social auquel il appartient ou le style qu'il utilise dans une situation de communication donnée. Voici quelques exemples de paires minimales, portant sur des voyelles, que l'apprenant de français langue étrangère devra pouvoir différencier:

Je connais une belle *Russe* / *rousse*.	/ʀys/ vs. /ʀus/
Cette moto coûte *cinq* / *cent* mille francs.	/sɛ̃/ vs. /sɑ̃/
Qu'est-ce qu'ils *veulent* / *volent*?	/vœl/ vs. /vɔl/
Je *partirai* / *partirais*.	/paʀtiʀe/ vs. /paʀtiʀɛ/

Hors contexte, les fautes de prononciation provenant de la confusion de phonèmes phonétiquement voisins peuvent réduire l'efficacité de la transmission des messages. Evidemment, vu que la langue est un moyen de communication fort redondant, les fautes de prononciation sont rarement la cause de sérieux malentendus. Néanmoins, la possibilité de dysfonctionnement existe. Pour le moins, les fautes de prononciation peuvent provoquer la perplexité, l'embarras ou l'amusement comme par exemple, dans le cas d'un colonel des services de renseignements de l'armée américaine qui déclarait: "Je travaille pour *le douzième bourreau*" /du zjɛm bu ʀo/ 'the twelfth executioner' au lieu de *le deuxième bureau* /dø zjɛm by ʀo/ '(literally) the second office = army intelligence'. Son interlocutrice française, qui l'avait parfaitement compris — en contexte, ne put résister de s'exclamer: "Tiens, je ne savais pas qu'on pendait tant de monde au Pentagone!"

La structure phonologique des mots

Au fur et à mesure que l'on apprend des mots, l'on doit aussi apprendre à les prononcer. C'est à dire qu'il faut pouvoir associer une série de phonèmes à leur sens ou à leur fonction grammaticale. Pour les langues écrites, l'orthographe facilite la mémorisation de ces correspondances dans la mesure où la relation entre les signes graphiques et les phonèmes qu'ils représentent est systématique. Dans des langues comme l'anglais et le français, cela n'est pas toujours le cas. Par exemple, en anglais, il faut savoir que la voyelle de *bear* ou *pear* est identique à celle de *fair*, mais que la combinaison de lettres *ea* représente un autre phonème dans *sea* ou *near*, celui de *beer*. De la même manière, en français l'identité orthographique cache des différences au plan phonologique, par exemple:

o	l'autre z*o*ne /o/	l'autre b*o*nne /ɔ/	
en	les exam*en*s /ẽ/	*en* les v*en*dant /ã/	
eu	un plong*eu*r /œ/	une gag*eu*re /y/	il v*eu*t /ø/
ll	la vi*ll*e /l/	la bi*ll*e /j/	
g	la *g*are /g/	le *g*enou /ʒ/	

Apprendre à prononcer les mots français exige une connaissance des règles qui lient l'orthographe et le système phonologique. En particulier, à un stade avancé de l'apprentissage, on n'apprend pas la prononciation des mots nouveaux en écoutant parler les gens ou en écoutant des textes oraux, mais indirectement, par la lecture. On doit déduire la prononciation des mots à partir de leur forme écrite à l'aide de règles de correspondance entre les signes graphiques et les phonèmes. Contrairement à l'anglais, où il faut mémoriser de longues listes de mots isolés, comme le prouvent les diverses prononciations de la graphie *-ough* (*tough* qui rime avec *puff*, *through* qui rime avec *too*, *bough* qui rime avec *now*), en français la relation entre l'orthographe et le système phonologique est assez systématique. Par exemple, la graphie *oi* représente toujours la combinaison de phonèmes /wa/ (*la loi, le roi, je voix, la croix*). La lettre *c* se prononce /k/ devant les voyelles représentées par les lettres *a*, *o*, *u* ou bien devant les diverses combinaisons de ces lettres, mais elle représente /s/ devant les voyelles représentées par *i* et *e* et les diverses combinaisons formées avec ces deux lettres. Comparez: *la cave, la cour, la cuve, la cantine, la côte* à *la cire, la cerise, la ceinture, cent, le céleri*.

La base articulatoire

La capacité de prononcer avec exactitude, de pouvoir distinguer et différencier les divers phonèmes de la langue les uns des autres est essentielle mais insuffisante pour acquérir une prononciation non-marquée dans une langue étrangère. Il faut en outre avoir acquis sa **base articulatoire**.

Examinons le deuxième aspect d'une prononciation non-marquée. Comme l'anglais, le français possède le phonème /p/, qui s'oppose à /b/ (*le pas* /pa/ vs. *le bas* /ba/), à /t/ (*le pas* /pa/ vs. *le tas* /ta/), à /f/ (*le pou* /pu/

vs. *le fou* /fu/), etc. Mais nous avons vu qu'en anglais le phonème /p/ se réalisait sous la forme de plusieurs variantes positionnelles. En fait, il existe en anglais au moins trois réalisations phonétiques de ce phonème:

Devant une voyelle	*Devant* /s/ + *voyelle*	*En position finale*
[pʰ] *aspiré*	[p] *non-aspiré*	[p˺] *sans détente*
pin, pat	spin, spat	tip, sap

Par contre, en français, le phonème /p/ est réalisé seulement par un son relativement invariable, un [p] non-aspiré proche de celui de *spin*. Pour parler français d'une façon non-marquée, l'apprenant doit éviter de transférer les variantes de sa langue maternelle. Il doit éliminer l'aspiration devant une voyelle et produire une forte détente en position finale.

Il est plus malaisé de décrire la base articulatoire d'une langue puisqu'elle n'est pas seulement composée d'une série de traits isolés et facilement identifiables, comme c'est le cas pour la non-aspiration du /p/, par exemple. Nous verrons que plusieurs aspects de l'articulation des sons individuels et de l'organisation de ces sons dans la chaîne parlée forment la base articulatoire du français:

1. **Le groupe rythmique.** L'égalité rythmique et l'organisation du discours en une série de groupes rythmiques qui se manifestent sous la forme d'une série de syllabes relativement égales du point de vue de l'intensité. Les mots individuels se fondent à l'intérieur de ces groupes de syllabes, et il n'y a pas d'accents forts:

   Nous avons un bel appartement   /nu za võ   ẽ be la paʀ tø mã/

2. **La syllabation ouverte.** Les syllabes ont tendance à se terminer par une voyelle. Dans l'exemple ci-dessus, huit des neuf syllabes se terminent par une voyelle.

3. **La tension articulatoire.** Les consonnes sont produites avec une grande énergie, et les voyelles sont très stables.

4. **La labialisation.** Dans la production des voyelles, les lèvres prennent une position extrême: par exemple, arrondie pour le /u/ de *vous* mais écartée pour le /i/ de *vie*.

5. **L'antériorité.** La plupart des sons sont formés dans la partie avant de la bouche, et la langue prend une position convexe qui facilite l'antériorité.

Il est utile de concevoir la base articulatoire d'une langue comme un cadre global dans lequel s'insèrent les phonèmes. Il y a une interdépendance entre ce cadre et les phonèmes individuels, mais ceux-ci ne peuvent être prononcés avec exactitude que si le cadre — la base articulatoire — est d'abord mis en place.

0.2 UNE NORME PÉDAGOGIQUE

Une langue parlée par une centaine de millions de locuteurs dans une trentaine de pays disséminés sur plusieurs continents ne peut être uniforme. Comme la plupart des langues, le français est très variable. Un apprenant ne peut donc pas parler comme la totalité des francophones. Il lui faut viser une certaine **norme**. Une norme est une abstraction basée sur des faits observables. Elle est donc plus stable, moins variable que ces faits. Dans ce manuel, nous proposons une norme appropriée pour l'apprentissage du français en salle de classe que nous appelons une **norme pédagogique**. Dans cette section, nous examinerons certains aspects de la variation du français qui rendent souhaitable le choix d'une telle norme.

Qui parle français? La langue française est perçue surtout comme la langue nationale de la France. Mais elle est également utilisée hors des frontières de la France, soit comme langue officielle d'un état, soit comme véhicule de communication internationale. Par ailleurs, de nombreux Français parlent aussi d'autres langues, par exemple, le basque, le corse, le breton ou l'alsacien.

Il faut distinguer entre les pays et les régions comme la France, le Québec, la Suisse romande et la communauté française de Belgique, où le français, la langue maîtrisée par la plupart de la communauté, sert tous ses besoins, et ceux où il n'est utilisé pour les besoins de la communication que par une minorité de la population. Dans ce dernier cas, son rôle est surtout celui de langue de l'administration, des média et de l'éducation; la plus grande partie de la population utilise une ou plusieurs autres langues pour la communication ordinaire. C'est le cas notamment des pays francophones d'Afrique. Dans d'autres régions, le français, parlé sous une forme distincte de celle que l'on nomme le **français standard** (**FS**), a un statut officiel marginal et n'est utilisé pour la communication ordinaire que par une faible minorité. C'est le cas de la Louisiane et des Provinces Maritimes du Canada (le Nouveau-Brunswick et la Nouvelle-Ecosse) en Amérique du Nord et du Val d'Aoste en Italie.

Les variétés de français

Dialectes et patois

Il existe peu de communautés dont tous les membres parlent toujours de la même façon. Outre l'utilisation de plusieurs langues — une situation qui caractérise l'Afrique francophone — on observe l'utilisation de plusieurs variétés de la même langue. Dans certaines communautés, on trouve des variétés de la même langue qui montrent des différences marquées en prononciation, en grammaire et en vocabulaire. Ce sont des **dialectes**.

Souvent, l'un des dialectes, parce qu'il est utilisé par un groupe ou dans une région dont le pouvoir politique ou économique est dominant ou parce qu'il a un plus grand prestige littéraire, est adopté progressivement par les locuteurs des autres dialectes. Ceux-ci se fragmentent, ils deviennent localisés et ils servent des fonctions de plus en plus limitées. Même les locuteurs qui s'en servent pour la communication ordinaire adoptent une attitude dépréciative envers eux. Un dialecte qui suit cette évolution devient un **patois**.

Les locuteurs d'un patois sont généralement bilingues ou multilingues; ils utilisent une autre variété de la langue ou une autre langue avec certains types de locuteurs ou dans certains types de situations communicatives. Par exemple, dans le sud de la France, le Midi, certaines personnes utilisent un patois occitan avec des parents ou des voisins pour traiter des thèmes de la vie courante, mais elles ont recours au français dans des situations plus formelles ou lorsqu'elles s'adressent à des étrangers. En France, les dialectes ont cessé d'exister, et les patois, qui sont associés à la vie rurale traditionnelle, sont en voie de disparition.

Le français standard

La variété dominante d'une langue devient le dialecte **standard**. En France et dans les régions où il est la langue usuelle (la communauté française de Belgique, la Suisse romande, le Québec), le français standard (FS) est la principale variété linguistique. Historiquement, le FS remonte au **francien**, le dialecte du français du nord ou langue d'oïl parlé dans la région parisienne, l'Ile-de-France. Le terme de langue d'oïl s'oppose à celui de langue d'oc, qui englobe les dialectes parlés dans le sud; les termes d'**oïl** et d'**oc** sont les variantes de "oui" dans les deux zones de l'ancienne Gaule. Au 12ème siècle, par exemple, le francien avait un statut à peu près égal à celui des autres dialectes d'oïl: le normand, le picard, le champenois, etc. Mais, au cours des siècles, grâce à l'expansion du pouvoir politique des rois de France (dont le domaine originel correspondait à l'Ile-de-France), le francien devient le dialecte standard. Avec le développement d'une littérature nationale, il s'uniformise en s'alignant sur le parler des classes dirigeantes de Paris.

Les styles du FS: français populaire et bon usage

Même de nos jours, le français standard montre une variation qui se manifeste principalement sur le plan de la prononciation et du vocabulaire. Puisqu'elles diffèrent peu entre elles, il serait inapproprié d'appeler les diverses variétés du FS des dialectes. Pour caractériser les variétés géographiques ou sociales, nous utiliserons le terme d'**accent**. Ainsi au Québec, le FS est parlé avec l'accent québécois. Il existe dans cette région des variétés de la langue qui s'éloignent du FS et qui mériteraient le terme de dialectes, mais elles sont dominées par le FS québécois.

Pour caractériser les variétés associées à certains types de situations communicatives (divers interlocuteurs, thèmes, intentions communicatives, etc.), nous utiliserons le terme de **style**. Lorsqu'un francophone parle de thèmes de la vie courante avec les membres de sa famille ou ses amis, il utilise le **style familier**; lorsqu'il traite des affaires hors du foyer, il se sert du **style soutenu**. En général, plus le style est soutenu, plus les locuteurs se surveillent lorsqu'ils parlent, c'est à dire qu'ils font attention autant aux formes linguistiques utilisées qu'au contenu (le sens et les intentions communicatives).

En France, on oppose deux variétés principales de FS: le **bon usage (BU)** et le **français populaire (FP)**. Traditionnellement, le FP est associé aux classes sociales inférieures de la capitale et le BU à la bourgeoisie cultivée. Cette distinction sociale décrit avec exactitude la situation qui existait entre le 17ème siècle et le début du siècle actuel. Mais aujourd'hui, avec l'atténuation des distinctions sociales, ces deux variétés constituent plutôt les deux pôles d'un continuum de variation. Ce qu'on nomme le FP représente le style familier du FS et le BU, le style soutenu. Plutôt que deux variétés nettement délimitées du FS, il est plus utile de postuler une série de traits situés à l'un ou l'autre de deux pôles (voir la Figure 0.1).

Tous les francophones utilisent ces deux types de traits, mais dans des proportions différentes. Par exemple, nous verrons qu'un trait typique du FP est

FIGURE 0.1

LES VARIÉTÉS DU FRANÇAIS

Origine des traits	Argot Patois régionaux ou autres langues locales	Français classique ↓ Français littéraire	Langues étrangères (en particulier latin et grec)

Français populaire ←――――――→ **Bon usage**

Facteurs déterminants		
Style	familier	soutenu
Médium	oral	écrit
Groupe social	classes populaires	classes moyennes

la simplification des groupes de consonnes finales tels que celui de *notre*: *notre sœur* /nɔt sœʀ/ au lieu de /no tʀø sœʀ/. Dans les mêmes situations de communication, un ouvrier parisien aura une plus grande proportion de groupes de consonnes simplifiés qu'un bourgeois cultivé. Ce dernier utilisera une plus grande proportion de ce trait dans le style familier que dans le style soutenu. Le BU reflète davantage la langue écrite que le FP. Par exemple, il est rare que dans le style familier les Français cultivés utilisent le premier élément du négatif. Il disent: *il sait pas* plutôt que *il ne sait pas*. Mais l'absence de *ne* /n'/ constituerait une faute grave en français écrit.

Comme l'indique la Figure 0.1, les traits des deux variétés du FS proviennent de sources différentes. Le FP a ses racines dans les patois ruraux de l'Ile-de-France, et il est alimenté par les patois et langues locales des diverses régions de France, ainsi que par l'argot. C'est cette dernière source qui rend le FP difficile à comprendre pour les étrangers, par exemple:

Les huiles sont au parfum.	Les gens en haut lieu sont au courant.
J'y pige que dalle.	Je n'y comprends rien.
Mon frangin, i' s'est paumé.	Mon frère s'est perdu.

L'absence de frontière nette entre les diverses variétés de français utilisées par la plupart des locuteurs caractérise aussi les autres pays et régions francophones. Par exemple, le **joual** québécois correspond au FP. Cette variété, qui contient un grand nombre de termes locaux et de traits empruntés à l'anglais, est attribuée aux classes inférieures de Montréal. Cependant, dans certaines situations de communication, les membres des classes moyennes utilisent des traits du joual.

Norme pédagogique vs. norme orthoépique

Le BU parlé avec l'accent des classes moyennes cultivées de Paris sert de modèle, de norme, pour toute la francophonie. Pour la prononciation, il existe plusieurs dictionnaires de la prononciation française qui prescrivent comment tel ou tel mot devrait être prononcé. Cette norme phonétique traditionnelle porte le nom de **norme orthoépique**. Par exemple, le dictionnaire de la prononciation française le plus récent (L. Warnant, *Dictionnaire de la langue française dans sa norme actuelle*, 1987) prescrit la prononciation /ʒœnɛ/ pour le mot *jeunet* 'rather young' (sur le modèle de *jeune* /ʒœn/) et /sɑbl/ pour *le sable*. Or, le seul dictionnaire basé sur une étude empirique menée auprès d'un groupe précis de Parisiens cultivés (A. Martinet et H. Walter, *Dictionnaire de la prononciation française dans son usage réel*, 1973) indique que neuf des dix-sept sujets sur lesquels repose l'étude prononcent *jeunet* avec la voyelle /ø/ plutôt qu'avec /œ/ et que cinq d'entre eux utilisent la voyelle /a/ au lieu de /ɑ/ dans *le sable*.

Au lieu d'adhérer à la norme orthoépique, qui ne tient pas compte de la variété des accents, nous proposons une norme plus souple et plus facile à acquérir de la part des apprenants étrangers, la **norme pédagogique**. Par exemple, puisque les Parisiens ne différencient pas systématiquement entre /ø/ et /œ/ dans la première syllabe de *jeunet*, la norme pédagogique permet à l'apprenant d'utiliser l'une ou l'autre de ces deux voyelles en privilégiant toutefois la voyelle /ø/ dont l'utilisation est conforme à une tendance de la langue dite la Loi de Position (voir le Chapitre 5).

Par contre, bien que la plupart des Français (qui suivent la Loi de Position) ne différencie pas systématiquement entre les voyelles /e/ et /ɛ/ dans la deuxième syllabe de *jeunet*, la norme pédagogique propose la deuxième voyelle parce qu'elle représente la prononciation majoritaire chez les locuteurs du BU parisien (seulement un des sujets de l'étude de Martinet et Walter a prononcé *jeunet* avec un /e/ dans la dernière syllabe). Pour *le sable*, la norme pédagogique propose /a/. D'une part, parce que la plupart des Français ne distingue pas entre /a/ et /ɑ/, et, d'autre part, parce qu'il existe des mots, tels que *la table*, où la voyelle /a/ est obligatoire. Si l'on demande aux apprenants de prononcer /sabl/, l'orthographe ne peut pas leur venir en aide. Ils sont obligés de mémoriser la prononciation des mots exceptionnels comme *le sable*. Ainsi, la prononciation /sabl/ élimine cette difficulté.

La transcription phonétique

Parce qu'elle n'est pas parfaitement systématique, l'orthographe française ne permet pas de toujours savoir comment prononcer les mots. Nous avons vu, par exemple, que la graphie *en* représente deux voyelles nasales différentes: /ã/ dans *vent* et /ẽ/ dans *examen*. Il est nécessaire d'avoir un moyen plus sûr que l'orthographe afin d'indiquer la prononciation des mots. C'est la transcription phonétique ou API (Alphabet Phonétique Internationale, IPA en anglais), qui offre un signe pour toutes les distinctions phonétiques observables dans toutes les langues du monde. L'AIP ou **transcription phonétique** est composée de lettres et de diacritiques. Par exemple, les voyelles nasales sont représentées par une lettre qui indique la voyelle particulière et le signe diacritique [~], qui représente la nasalisation. Ainsi [ã] signifie la voyelle [a] nasalisée. La plupart des lettres provient de l'alphabet romain (par exemple, a, u, p, k), certaines sont empruntées à d'autres langues (ɛ, θ, ð), d'autres sont inventées (ʒ, ʃ, ɔ). Comme nous l'avons indiqué, nous utilisons les crochets ([ ]) pour donner la description phonétique d'un son indépendamment de sa valeur dans le système phonologique et les barres obliques (/ /) dès qu'un son a été interprété en termes de phonèmes. Les dictionnaires de langue française utilisent l'API, mais en se servant des crochets: par exemple, le *Petit Larousse* indique *la gageure* [gaʒyr] 'wager'. En fait, la transcription n'est pas strictement phonétique, puisque les différences non pertinentes, comme la longueur de la voyelle /y/ devant /ʀ/, ne sont pas généralement indiquées. Il est plus exact d'utiliser les barres obliques, comme nous le faisons.

Les dictionnaires unilingues, destinés aux locuteurs natifs, tels que le *Petit Robert* et le *Petit Larousse*, ne transcrivent pas toujours les mots. Ce dernier indique seulement la prononciation des mots dont l'orthographe est ambiguë, comme *la gageure*; le premier transcrit tous les mots. L'on notera que, comme nous, le *Petit Robert* utilise le signe [ʀ] pour le *r* français plutôt que le [r], comme le fait le *Petit Larousse*. Etant donné qu'un phonème est une entité abstraite, l'une ou l'autre de ces deux représentations est acceptable. Toutefois, dans l'API, le signe [ʀ] désigne une consonne qui a les caractéristiques phonétiques du *r* prononcé avec l'accent standard, et il est donc préférable de l'utiliser.

Il est utile de rappeler que la capacité de transcrire les mots du français en API ne garantit ni l'exactitude, ni la qualité de la prononciation. Ce n'est donc qu'un moyen qui permet de savoir comment un mot devrait se prononcer, et non une fin en elle-même. Cette capacité ne saurait remplacer la connaissance de l'orthographe, qui — on l'a vu — est relativement systématique et permet d'identifier les phonèmes dont sont constitués les mots.

0.3 L'UTILITÉ D'APPRENDRE LE SYSTÈME PHONOLOGIQUE

Une prononciation non-marquée s'acquiert principalement par un long entraînement acoustique et articulatoire. Cependant la connaissance du système phonologique et la compréhension de la production des sons d'une langue contribuent à l'acquisition d'une prononciation non-marquée de plusieures manières.

Premièrement, la connaissance des mécanismes de la production des sons et des liens entre ces mécanismes et la perception acoustique donne accès à la notion d'**environnement optimal**. Cette notion permet d'identifier les contextes où un apprenant a de meilleures chances de bien prononcer un phonème particulier.

Deuxièmement, la connaissance de la nature des systèmes phonologiques et des mécanismes articulatoires aide à comprendre les erreurs produites par le **transfert** des habitudes articulatoires et perceptives de la langue maternelle au français.

Troisièmement, il faut souligner que l'apprentissage guidé d'une langue étrangère en salle de classe diffère de son acquisition dans un contexte naturel, où elle est utilisée pour communiquer avec des locuteurs natifs. Dans l'apprentissage guidé, l'attention se porte aussi bien sur la **forme** que sur le **contenu** des actes de parole, c'est à dire sur l'exactitude des formes utilisées ainsi que sur leur sens et leur fonction dans des situations de communication.

Enfin, l'étude de la structure du système phonologique du français et de ses rapports avec l'orthographe, outre sa contribution à l'acquisition d'une prononciation non-marquée, a une valeur intrinsèque. Elle ouvre des perspectives intéressantes sur la nature du langage. L'un des aspects remarquables du langage est qu'il permet de créer un nombre illimité de mots avec un petit nombre d'unités phonologiques: les phonèmes.

Cette partie de l'Introduction offre une vue générale du système phonologique du français. Elle commence avec des remarques sur la nature des mécanismes articulatoires, elle continue avec une description de l'articulation des consonnes et des voyelles du français et elle se termine par une analyse acoustique englobant les consonnes et les voyelles qui sous-tend la notion d'environnement optimal.

Les organes de la parole

Il est étonnant qu'il n'existe pas d'organes dont la seule fonction est la production de la parole. La parole est produite par l'utilisation des organes qui servent des fonctions vitales, en particulier la respiration et la digestion. Même les cordes vocales, dont on pourrait croire qu'elles servent uniquement à produire les sons, ont comme fonction principale de régler la pression de l'air dans la cage thoracique. Sans la fermeture des cordes vocales, il serait impossible d'augmenter la pression de l'air dans la cage thoracique pour accomplir certains efforts physiques, par exemple, lever un objet lourd.

Le rôle que jouent les poumons et les muscles de la cage thoracique dans la régularisation de l'expiration de l'air est un aspect important de la prononciation. C'est la modification d'air expulsé par les organes situés au-delà des **cordes vocales** qui produit les divers sons. Mais c'est la variation du débit et de la force du courant expulsé qui détermine directement le rythme et l'accentuation, les deux aspects centraux de l'enveloppe prosodique dans laquelle s'insèrent les phonèmes individuels.

Le courant d'air expulsé par l'action des poumons et des muscles de la cage thoracique peut être modifié d'abord par les cordes vocales, situées dans le **larynx**, voir la Figure 0.2. Ensuite, il peut transiter par la bouche (le **canal buccal**) ou par la bouche et les cavités nasales, si le **voile du palais** (le palais mou ou vélum) est abaissé. Mais c'est la **langue**, un organe très mobile, qui rend possible une grande variété de sons en modifiant la configuration et le volume du canal buccal. La langue est divisée en deux parties principales: le **dos** (le dorsum) et la **pointe** (l'apex). Les autres parties du canal buccal, le **palais dur**,

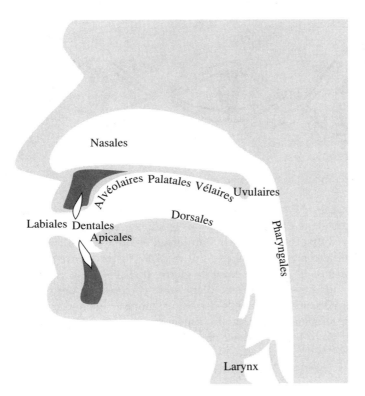

Figure 0.2   Organes articulatoires servant à la production
des consonnes françaises

les **alvéoles** et les **dents**, servent de point de contact pour la langue. Les **lèvres** participent aussi à la production des sons en prenant diverses formes ou en établissant un contact entre elles ou avec les dents.

Le jeu des cordes vocales

Le larynx est une structure composée d'os et de cartilages. Ces derniers ont comme fonction de tendre ou de détendre les cordes vocales. Ces deux bandes de tissu souple se rejoignent à l'avant du larynx, mais à l'arrière chacune d'entre elles est attachée à un cartilage mobile, ce qui leur permet d'être jointes ou écartées (voir la Figure 0.3). L'espace triangulaire entre les cordes vocales s'appelle la **glotte**. Lorsque les cordes vocales sont rapprochées, en d'autres termes, lorsque la glotte est fermée, l'air sous pression les écarte légèrement et les fait vibrer. Cela produit le **voisement**. Les sons produits avec voisement sont dits **sonores** ou **voisés**. Dans l'expiration normale, par exemple lors de la proglotte ouverte   glotte fermée   glotte mi-ouverte

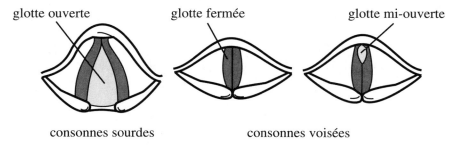

consonnes sourdes   consonnes voisées

Figure 0.3   Trois positions des cordes vocales

duction du son [h] de l'anglais (*hall, high*), les cordes vocales sont écartées ou, en d'autres termes, la glotte est ouverte. Les sons produits avec la glotte ouverte sont dits **sourds** ou **non-voisés**. En forçant l'air lorsqu'on prononce [h], on peut faire vibrer les cordes vocales et produire un [h] voisé. Il existe un autre type de son produit au niveau de la glotte: le **coup de glotte**. Il résulte d'une soudaine fermeture de la glotte, qui s'accompagne d'une forte compression des cordes vocales. Il est facile de sentir et d'entendre le coup de glotte en commençant par la voyelle [a] et en fermant, puis ouvrant brusquement la glotte: [a-a-a-a]. En anglais le coup de glotte [ʔ] est présent entre les deux dernières voyelles de *Hawaii* [hawaʔi].

L'articulation des consonnes du français

Les consonnes du français sont classées selon trois **paramètres** déterminés par un aspect de la phonation:

1. Le rôle des cordes vocales: le voisement
2. La manière dont le courant d'air est expulsé du canal buccal: la manière d'articulation
3. L'endroit du canal buccal où a lieu la modification de l'air expulsé: le point d'articulation

La manière d'articulation

Comparées aux voyelles, les consonnes sont des sons bruyants produits soit par la fermeture (ou occlusion) du canal où passe le courant d'air expiré, soit par sa constriction. Dans le premier cas, les consonnes produites sont des **occlusives**, dans le second, des **constrictives**.

La production des occlusives comprend trois phases: (1) l'**implosion** pendant laquelle se forme l'occlusion; (2) la **tenue** de l'occlusion; (3) la **détente** (ou explosion) pendant laquelle l'air passant vers l'extérieur avec l'élimination de l'obstacle produit le bruit caractéristique de l'occlusive en question. Le français, comme l'anglais, possède trois paires d'occlusives; chaque paire consiste en un phonème sourd en opposition avec un phonème sonore:

FRANÇAIS

| *sourds* | /p/ le pou | /t/ le tout | /k/ le cou |
| *sonores* | /b/ le bout | /d/ le doux | /g/ le goût |

ANGLAIS

| *sourds* | /p/ pin | /t/ tin | /k/ kin, cap |
| *sonores* | /b/ bin | /d/ din | /g/ go, gap |

Les constrictives se divisent en deux sous-groupes, les **fricatives** et les **sonorantes**. Dans la production des fricatives, le canal buccal se resserre, et il se produit un bruit de frottement (la friction). Comme les occlusives, les fricatives forment des paires distinguées par le voisement. Comparé à l'anglais, le français possède une paire de fricatives en moins:

FRANÇAIS

| *sourds* | /f/ la fin | /s/ le sel | /ʃ/ le chou |
| *sonores* | /v/ le vin | /z/ le zèle | /ʒ/ la joue |

ANGLAIS

| *sourds* | /f/ fine | /θ/ thin | /s/ so | /ʃ/ shoe |
| *sonores* | /v/ vine | /ð/ then | /z/ zoo | /ʒ/ measure |

L'anglais a aussi une paire de consonnes qui combinent les traits des occlusives et des fricatives, les **affriquées**: /tʃ/ (*ch*in) et /dʒ/ (*g*in). On peut les interpréter comme des combinaisons des occlusives /t/ et /d/ et des fricatives /ʃ/ et /ʒ/, respectivement. En français les affriquées ne se retrouvent que dans les dialectes et patois et surtout les mots étrangers.

Les sonorantes sont toutes voisées. Elles se divisent en trois groupes: (1) les **nasales**; (2) les **liquides**; (3) les **semi-voyelles**. Les nasales sont des occlusives produites avec l'abaissement du palais mou, ce qui permet à l'air expiré de passer par les cavités nasales (la **nasalisation**). Il est facile de déceler la nasalisation: produisez des paires de mots telles que *bas*/*ma* ou *tout*/*nous*. Vous noterez que la production du deuxième mot est accompagnée d'une résonance dans le nez. Le français et l'anglais ont chacun trois consonnes nasales:

| FRANÇAIS | /m/ l'âme | /n/ l'âne | /ɲ/ la campagne |
| ANGLAIS | /m/ ham | /n/ can | /ŋ/ rang |

Le terme de liquide décrit l'impression auditive produite plutôt que des caractéristiques articulatoires. Cette classe de sons comprend les **latérales** et les **r**. Les premières se distinguent des autres consonnes par le fait que dans leur production, l'air passe d'un côté ou des deux côtés de la langue plutôt que par le centre. Il se produit aussi un contact entre la pointe de la langue et un point de la voûte du canal buccal pouvant se situer entre les incisives supérieures et le palais dur. Le français et l'anglais ont chacun une latérale dont l'articulation montre des différences appréciables. Les r ont une très grande latitude d'articulation, même à l'intérieur d'une langue particulière. Nous verrons (dans le Chapitre 5) que la manière dont est réalisé le seul phonème r que possèdent le français et l'anglais correspond à de nombreux facteurs linguistiques, géographiques et sociaux:

FRANÇAIS /l/ le lit   /ʀ/ le riz

ANGLAIS   /l/ to lead   /r/ to read

Les semi-voyelles occupent une place intermédiaire entre les consonnes et les voyelles. Elles ont une relation étroite avec les voyelles hautes (à aperture réduite). Nous les traiterons donc avec ces voyelles.

Les points d'articulation

Le point d'articulation décrit la zone du canal buccal où se produit l'occlusion ou la constriction. Un point d'articulation est formé par un organe mobile qui se dirige vers un point fixe. La langue (ou plutôt une partie de la langue telle que la pointe) et les lèvres constituent l'organe mobile; l'organe fixe est dans la plupart des cas une région de la voûte du canal buccal allant des incisives supérieures à la paroi du **pharynx**.

La Figure 0.4 indique les points d'articulation des consonnes françaises. Les termes utilisés pour les décrire se composent du terme décrivant l'organe mobile suivi de celui de l'organe fixe, par exemple le point d'articulation des occlusives /t/ et /d/, **apico-dental**, spécifie un point d'articulation formé par le contact entre la pointe de la langue (apex = apico) et les incisives supérieures. Pour simplifier, on utilise généralement la dernière partie du terme, dans ce cas particulier, **dental**. On dira donc que /t/ et /d/ sont des **occlusives dentales**. Les dentales de l'anglais (/t/, /d/, /n/, /s/, /z/ et /l/) sont souvent produites plus en arrière dans la région des alvéoles, le tissu bombé entre les dents et le palais dur. Ces consonnes sont donc aussi des **alvéolaires**. Voici les autres points d'articulation:

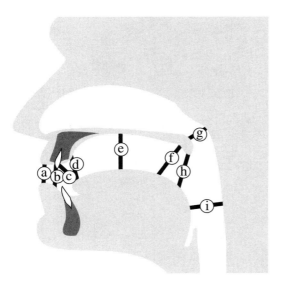

Figure 0.4 Points d'articulation des consonnes
(a) labiales, (b) labio-dentales, (c) dentales, (d)
alvéolaires, (e) palatales, (f) vélaires, (g) nasales,
(h) uvulaires, (i) pharyngales

(bi)labial = contact entre les lèvres: /b/

labio-dental = contact entre la lèvre inférieure et les incisives supérieures: /v/

(dorso)palatal = contact ou constriction entre le dos de la langue et la partie avant du palais dur: /ʃ/

(dorso)vélaire = contact ou constriction entre le dos de la langue et le palais mou: /k/

(dorso)uvulaire = contact ou battements rapides (roulement) entre le dos de la langue et la luette: *r* espagnol

pharyngal = mouvement de l'arrière de la langue vers la paroi opposée du pharynx: une variante du /ʀ/ français (voir le Chapitre 5).

La Figure 0.5 offre une classification des consonnes du français d'après les trois paramètres principaux décrits: (1) la manière d'articulation; (2) le point d'articulation; (3) pour les obstruantes, qui regroupent les occlusives et les fricatives, le voisement.

FIGURE 0.5

LE SYSTÈME CONSONANTIQUE DU FRANÇAIS

Lieu d'articulation

Manière d'articulation			Bilabiales	Labio-dentales	Dentales	Palatales	Vélaires	Uvulaire/ Pharyngale
Obstruantes	Occlusives	Sonores	b		d		g	
		Sourdes	p		t		k	
	Fricatives	Sonores		v	z	ʒ		
		Sourdes		f	s	ʃ		
Résonantes	Nasales		m		n	ɲ		
	Liquides				l		←— R —→	

Nous illustrons également certaines des articulations consonantiques décrites ci-dessus. La Figure 0.6 représente les trois paires d'occlusives qui diffèrent par leur point d'articulation: *bilabial* pour /b/ et /p/, *dental* ou *alvéolaire* pour /d/ et /t/, *vélaire* pour /g/ et /k/.

Pour les fricatives il n'y a pas obstruction du canal buccal mais seulement constriction (voir la Figure 0.7). Notez que dans l'articulation des fricatives palatales /ʃ/ et /ʒ/, la langue prend une forme très concave, et il se forme une constriction entre le dos de la langue et le palais dur.

bilabiales : /p/, /b/

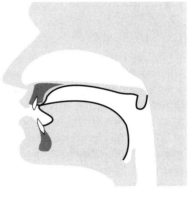

dentales : /t/, /d/

Figure 0.6
Les occlusives

vélaires : /k/, /g/

dentales : /s/, /z/   palatales : /ʃ/, /ʒ/

Figure 0.7   Les fricatives

L'articulation des voyelles du français

Traits généraux

Les consonnes sont des sons relativement bruyants produits par l'occlusion ou la constriction du canal buccal. En revanche, les voyelles sont des sons harmonieux produits sans obstruction au passage de l'air expiré. Traditionnellement, les voyelles sont décrites selon la position de la langue sur les axes avant ⟷ arrière, et haut (langue élevée et espace restreint entre la langue et la voûte du canal buccal) ⟷ bas (langue abaissée et large espace entre la langue et la voûte du canal buccal). Ces différences dans la position de la langue ressortent lorsque l'on compare les positions d'articulation de la voyelle **antérieure** (avant) /i/, de la voyelle **postérieure** (arrière) /u/ et de la voyelle **centrale** /a/ (voir la Figure 0.8).

Mais il est plus utile de caractériser les diverses voyelles par la configuration du canal buccal lors de leur articulation. La position de la langue et des lèvres détermine la configuration et le volume de deux cavités buccales. Par exemple, la Figure 0.8 montre que pour la voyelle /i/ la cavité postérieure est relativement grande, tandis qu'elle est plus petite pour la voyelle /u/. Par contre, la cavité antérieure est plus grande pour /u/ et plus petite pour /i/. La qualité acoustique du son produit dépend de la configuration de ces deux cavités. L'analogie avec le remplissage d'une bouteille vide aide à comprendre le lien entre la qualité acoustique du son et la forme des cavités buccales. Lorsqu'on commence à remplir une bouteille, le son produit est **grave**, c'est à dire que la cavité résonne à un ton bas: une grande cavité produit un son grave. Au fur et à mesure que la bouteille se remplit — et que son volume diminue — le son devient plus aigu: une petite cavité résonne à un ton haut.

Il existe un autre paramètre important dans la production des voyelles: la position du voile du palais. S'il est abaissé, la voyelle sera nasalisée car l'air

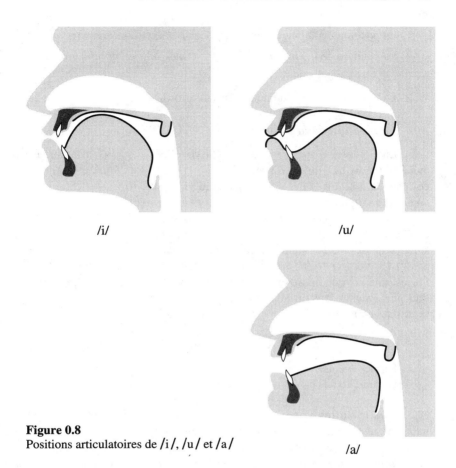

Figure 0.8
Positions articulatoires de /i/, /u/ et /a/

expiré pourra passer par le nez et, ce qui est déterminant, cela provoquera une résonance des cavités nasales. S'il est relevé, le canal nasal est fermé, et cette résonance est absente.

Avant de décrire le lien entre l'articulation des voyelles et leur qualité acoustique, il est important de souligner que pour nous le terme de voyelle se rapporte à une unité phonologique et non pas à une lettre. Nous avons vu que l'orthographe français représente une quinzaine de phonèmes vocaliques à l'aide de seulement cinq lettres: *i, e, a, o, u*. Pour représenter le grand nombre de voyelles, l'orthographe fait usage de combinaisons de lettres (par exemple, *on* pour la voyelle nasale /õ/) et de trois signes diacritiques, les accents aigu, grave et circonflexe.

Le système vocalique du FS compte quinze phonèmes vocaliques que l'on peut caractériser par quatre paramètres articulatoires correspondant dans la plupart des cas à des caractéristiques acoustiques:

1. La position de la langue sur l'axe avant/arrière (aigu/grave);
2. La position de la langue sur l'axe haut/bas (tension articulatoire);
3. La position des lèvres (labialisation);
4. La position du voile du palais (nasalisation).

La position de la langue

La Figure 0.8 montre que pour la voyelle /i/ de *lit*, la langue est très avancée tandis qu'elle est retirée pour la voyelle /u/ de *loup*. Cette distinction correspond à la différence acoustique aigu vs. grave. Ainsi, /i/ est une voyelle antérieure (aiguë) et /u/ une voyelle postérieure (grave).

Si l'on compare /i/ et /u/ à la voyelle /a/ de *là*, on constate que pour cette dernière la langue occupe une position centrale sur l'axe avant ↔ arrière. Elle est aussi plus basse, et par conséquent, le canal buccal est plus ouvert. Par contraste avec /i/ et /u/, qui sont des voyelles **hautes** ou **fermées**, la voyelle /a/ est une voyelle **basse** ou **ouverte**. Les voyelles fermées sont produites avec une plus grande tension articulatoire. Voici les traits articulatoires et acoustiques qui caractérisent les voyelles /i/, /u/ et /a/:

	ANTÉRIEUR (aigu)	POSTÉRIEUR (grave)
Fermé (+ tendu)	/i/	/u/
Ouvert (– tendu)	/a/	

Quatre autres voyelles occupent des places intermédiaires sur l'axe haut/fermé (+ tendu) ↔ bas/ouvert (– tendu). Ce sont les voyelles de *le gué* /ge/ 'ford', de *le guet* /gɛ/ 'watch' et de *la paume* /pom/ 'palm of the hand' et de *la pomme* /pɔm/ 'apple'. Les deux premières voyelles sont antérieures (aiguës) et les deux dernières postérieures (graves). Face à /a/, il existe une autre voyelle basse, celle de *las* /ɑ/ 'tired'. Ainsi, les traits articulatoires antérieur vs. postérieur et quatre niveaux d'élévation de la langue (ou, ce qui y correspond, d'ouverture/fermeture de la bouche) caractérisent huit voyelles:

	ANTÉRIEUR (aigu)		POSTÉRIEUR (grave)	
Fermé (+ tendu)	/i/	le lit	/u/	le loup
Mi-fermé (+ tendu)	/e/	le gué	/o/	l'eau, la paume
Mi-ouvert (– tendu)	/ɛ/	le guet	/ɔ/	l'or, la pomme
Ouvert (– tendu)	/a/	là	/ɑ/	las

La labialisation

Si l'on compare les voyelles de *vie* /vi/ et de *vue* /vy/ (voir la Figure 0.8), on constate que, dans les deux cas, la langue est avancée. Ainsi, ces deux voyelles sont aiguës. Ce qui les distingue est la position des lèvres. Elles sont avancées et arrondies pour /y/ mais écartées pour /i/. La voyelle grave de /u/ est aussi produite avec **labialisation**, c'est à dire avec l'avancement et l'arrondissement des lèvres. La labialisation caractérise aussi deux autres voyelles qui correspondent à /e/ et à /ɛ/: la voyelle de *ceux* /sø/ et celle de *la sœur* /sœR/. Les voyelles graves sont toutes labialisées:

	ANTÉRIEUR (aigu)		POSTÉRIEUR (grave)
	Non-arrondi	*Arrondi*	*Arrondi*
Fermé	/i/ le lit	/y/ lu	/u/ le loup
Mi-fermé	/e/ le gué	/ø/ ceux	/o/ l'eau, la paume
Mi-ouvert	/ɛ/ le guet	/œ/ la sœur	/ɔ/ l'or, la pomme
Ouvert	/a/ là		/ɑ/ las

La labialisation est très prononcée pour les voyelles fermées (tendues) /y/ et /u/ et diminue au fur et à mesure que la langue s'abaisse (et que la bouche s'ouvre). Les voyelles /œ/ et /ɔ/ sont très faiblement labialisées.

La nasalisation

L'abaissement du palais mou permet à l'air expiré de passer par le nez ainsi que par la bouche (voir la Figure 0.9, où nous comparons la position articulatoire de /ɛ/ à celle de la voyelle nasale /ɛ̃/ de *le pain*). Pour les voyelles, cela s'accompagne d'une résonance des cavités nasales qui modifie l'effet de la résonance des deux cavités buccales. Notez que pour les voyelles /ɛ/ et /ɛ̃/, il existe de légères différences dans la position de la langue sur les axes avant

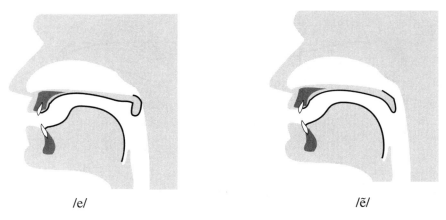

/e/   /ɛ̃/

Figure 0.9 Positions articulatoires de /e/ et /ɛ̃/

↔ arrière et haut ↔ bas. Le FS a quatre voyelles nasales différenciées principalement par les traits antérieur/postérieur et arrondi/non-arrondi. Le groupe de mots *un bon vin blanc* illustre ces quatre voyelles:

	ANTÉRIEUR	POSTÉRIEUR
Arrondi	/œ̃/ un	/õ/ bon
Non-arrondi	/ɛ̃/ vin	/ã/ blanc

L'AIP transcrit les voyelles de *bon vin blanc* avec les signes /ɔ̃/, /ɛ̃/ et /ɑ̃/, respectivement, plutôt que, comme nous le faisons, avec les signes /õ/, /ɛ̃/ et /ã/. Comme le montre la Figure 0.10, la position de la langue pour les voyelles non-nasales (orales) et nasales correspondantes diffère beaucoup. Pour la voyelle /ã/ de *blanc*, la position de la langue se rapproche plus de celle du /ɔ/ de *pomme* que de celle du /ɑ/ de *là*. Ainsi, les signes que nous utilisons sont aussi appropriés que ceux de l'AIP, et ils ont par ailleurs l'avantage d'une plus grande commodité typographique.

La nasalisation produit un effet acoustique particulier: une impression de vague et de diffus qu'ont su exploiter les poètes. Notez la fréquence des voyelles nasales dans les vers suivants du poème "Chanson d'automne" de Paul Verlaine. Ces vers contiennent aussi des combinaisons de voyelles orales suivies de la consonne nasale /n/:

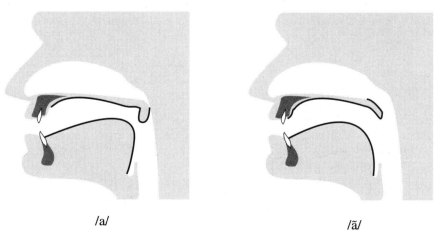

/a/   /ã/

Figure 0.10 Positions articulatoires de /a/ et /ã/

Les sanglots longs	/le sã glo lõ/
Des violons	/de vi jo lõ/
De l'automne	/dø lo tɔn/
Blessent mon cœur	/ble sø mõ kœʀ/
D'une langueur	/dy nø lã gœʀ/
Monotone.	/mo no tɔn/
Tout suffoquant	/tu sy fo kã/
Et blême, quand	/e ble mø kã/
Sonne l'heure,	/so nø lœʀ/
Je me souviens	/ʒø mø su vjẽ/
Des jours anciens	/de ʒuʀ zã sjẽ/
Et je pleure.	/e ʒø plœʀ/
Et je m'en vais	/e ʒø mã vɛ/
Au vent mauvais	/o vã mo vɛ/
Qui m'emporte	/ki mã pɔʀ tø/
Deça, delà	/dø sa dø la/
Pareil à la	/pa ʀe ja la/
Feuille morte.	/fø jø mɔʀt/

Les semi-voyelles

Il existe trois semi-voyelles en français, chacune correspondant à l'une des trois voyelles à aperture réduite: /j/ correspondant à /i/, /ɥ/ à /y/ et /w/ à /u/. Au point de vue articulatoire, la semi-voyelle résulte d'un rapide mouvement de la langue vers le haut à partir de la position de la voyelle correspondante. Le chapitre 13 offre une description détaillée de ces trois phonèmes.

0.4 CLASSIFICATION ACOUSTIQUE DES PHONÈMES DU FRANÇAIS

La notion d'environnement optimal constitue un aspect central de ce manuel et, en particulier, du cahier d'exercices et des enregistrements qui l'accompagnent. Il est plus facile de prononcer un son dans l'environnement d'un autre **segment** (consonne ou voyelle) qui partage ses traits phonétiques. Mais quels traits phonétiques pourraient partager les consonnes et les voyelles, puisque nous avons vu que ces deux classes de sons se distinguent radicalement du point de vue de l'articulation? Les consonnes sont des sons bruyants, non-harmoniques, produits avec une obstruction du canal buccal. Par contre, les voyelles sont des sons harmonieux produits avec un canal buccal ouvert. Malgré ces différences, ces deux classes de sons ont en commun les distinctions aigu/grave et tendu/non-tendu.

Si l'on compare le volume du canal buccal formé dans la production des trois séries d'occlusives (Figure 0.6), on observe que l'occlusion bilabiale de /p/ et /b/ forme une grande cavité. Celle-ci résonnera avec un ton bas: /p/ et /b/ sont des sons graves. En revanche, dans la production des dentales ou alvéolaires /t/ et /d/ l'occlusion sépare le canal buccal en deux cavités: la cavité derrière l'occlusion sera plus petite et le son produit sera aigu. Les vélaires sont neutres du point de vue du paramètre aigu/grave. Aux points d'articulation des consonnes correspondent les traits acoustiques suivants:

dental, alvéolaire, palatal = aigu

labial = grave

vélaire, uvulaire, pharyngal = neutre

Ainsi, les consonnes, comme les voyelles, forment deux classes selon leurs caractéristiques acoustiques, voir la Figure 0.11.

La tension articulatoire constitue un autre paramètre qui caractérise les deux groupes de sons. Plus le canal buccal est fermé, plus le son produit est

FIGURE 0.11

TABLEAU DES VOYELLES ET DES CONSONNES

	Aiguës		Neutres	Graves	
Consonnes					
+ Tendues	t		k	p	
↑	s		ʃ	f	
	d		g	b	
	z		ʒ	v	
	n		ɲ	m	
	l		ʀ		
↓ – Tendues	j	ɥ		w	
Voyelles					
+ Tendues	i	y		u	
↑	e	ø		o	
	ẽ	œ̃		ɔ	õ
↓ – Tendues	a	ã		ɑ	

tendu. Pour les consonnes, les plus tendues sont les occlusives et les plus ouvertes les sonorantes. Pour les voyelles, nous avons vu que l'élévation de la langue correspond au degré de tension articulatoire.

Ferdinand de Saussure, l'un des fondateurs de la linguistique moderne, a déclaré: "Une langue est un système où tout se tient." En effet, il est artificiel de tracer une frontière entre deux segments successifs ou entre les segments et leur environnement prosodique (rythme et intonation). Deux segments successifs s'influencent mutuellement. Ainsi, il est plus facile de produire les voyelles aiguës et tendues, telles que /i/, /y/ et /e/, dans l'environnement des consonnes qui partagent ces deux traits, c'est à dire /t/, /s/, /d/, /z/, plutôt que des consonnes graves, telles que /p/ et /b/. En s'entraînant à prononcer ces voyelles, on commencera donc par des mots comme *le thé*, *assez*, *assis*, *tu*, *zut* plutôt que *l'abbé*, *l'avis*, *pu*. Pour bien prononcer /u/, on fera le contraire, et on commencera avec des mots comme *le bout*, *vous* ou *la poule*.

CHAPITRE

1

L'égalité rythmique et
la structure de la syllabe

1.1 LE GROUPE RYTHMIQUE

Comme il a été indiqué dans l'Introduction, l'égalité rythmique est l'une des trois clés de la prononciation du français. Bien que l'ensemble des phonèmes forme le système phonologique d'une langue, ceux-ci ne se présentent pas comme une suite d'unités nettement démarquées les unes par rapport aux autres, comme le sont les perles d'un collier. Au contraire, ils sont organisés en une série d'unités de plus en plus grandes allant de la **syllabe** à l'**énoncé**, en passant par le **groupe rythmique**. Cette dernière unité est composée de plusieurs syllabes dont la dernière est plus longue que les autres. Prenons, par exemple, la phrase:

Mon ami Marcel est étudiant à l'Ecole des Beaux-Arts.

Cette phrase forme un seul énoncé composé d'un nombre variable de groupes rythmiques. Le nombre dépend de nombreux facteurs dont, par exemple, la rapidité de production de la parole (le débit) ou le niveau de formalité de la situation de communication. Dans un débit moyen, la phrase se décomposerait en trois groupes rythmiques correspondant aux unités sémantiques et grammaticales qu'elle contient:

28

	Groupe rythmique	Nombre de syllabes*
Groupe nominal sujet:	mon ami Marcel	− − − − = (5 syllabes)
Prédicat (*être* + Nom):	est étudiant	− − − = (4 syllabes)
Complément d'*étudiant*: (complément prépo- sitionnel + complément prépositionnel)	à l'école des Beaux-Arts	− − − − − = (6 syllabes)

*Chaque trait correspond à une syllabe, et le trait double indique une syllabe plus longue.

Dans un débit très lent, le nombre de groupes rythmiques augmente et leur longueur diminue. Dans un débit moyen, les groupes rythmiques contiennent de trois à huit syllabes. Dans l'exemple ci-dessus le dernier élément de la phrase pourrait se prononcer aussi en deux groupes rythmiques comportant chacun trois syllabes.

Le groupe rythmique est un élément fondamental de la structure phonique du français. Il est important de pouvoir identifier le nombre de groupes rythmiques contenu dans un énoncé, ainsi que le nombre de syllabes que contient chaque groupe rythmique. De plus, en français l'organisation des syllabes à l'intérieur des groupes rythmiques diffère beaucoup de celle de l'anglais.

1.2 ACCENTUATION ET RYTHME EN ANGLAIS

En anglais, les énoncés sont organisés en **pieds**. Ceux-ci correspondent aux voyelles portant une accentuation forte, les **voyelles accentuées**. Un énoncé a autant de pieds qu'il a de voyelles accentuées. Ainsi en anglais, lorsqu'on scande des vers, on les organise en pieds, chacun étant formé d'une syllabe fortement accentuée et d'une ou plusieurs syllabes portant un accent faible. Prenons, par exemple, la célèbre comptine américaine suivante. Celle-ci est composée de vers contenant chacun quatre pieds. Les trois premiers pieds sont composés d'une syllabe forte (celle qui porte l'accentuation principale) suivie d'une syllabe faible. Le dernier pied ne possède qu'une seule syllabe forte. Les syllabes fortes sont indiquées par les lettres capitales et le signe ′ ; les syllabes faibles, par les lettres minuscules et le signe ˇ :

EEnie MEEnie MInie MOE   /' ˘/ /' ˘/ /' ˘/ / ' /

CAtch a RABbit BY the TOE   /' ˘/ /' ˘/ /' ˘/ / ' /

IF he HOLlers LET him GO   /' ˘/ /' ˘/ /' ˘/ / ' /

EEnie MEEnie MInie MOE   /' ˘/ /' ˘/ /' ˘/ / ' /

Il existe un autre aspect important de la structure rythmique de l'anglais: les mots, à l'exception de mots à fonction grammaticale comme *the* ou *a*, contiennent une seule syllabe forte. Ainsi, ils sont nettement délimités dans les énoncés; il y a autant de mots que de syllabes fortes. Par ailleurs, l'accentuation peut se déplacer d'une syllabe à une autre, comme c'est le cas pour les séries de mots dérivés suivantes (la syllabe forte est indiquée en majuscules):

DEMocrat	VIsion	Able	apPLY
deMOcracy	VIsible	aBILity	APPlicant
demoCRATic	visiBILity	unAble	appliCAtion

En fait l'anglais a trois types d'accentuation. Si vous prononcez les groupes de mots suivants, vous entendrez l'accent fort (majuscule), l'accent secondaire (^) et l'accent faible ou l'absence d'accent (absence de signe):

the Operâtor	the Elevâtor	the Elevâtor ôperâtor
a whîte hOUse	the WhIte Hôuse	

En anglais, non seulement les différences de niveau d'accentuation des syllabes permettent de démarquer nettement les mots dans un énoncé, mais elles aident à les différencier, comme c'est le cas dans les paires de mots suivantes: *a trAnsport* par opposition à *to transpOrt*; *he's an Invalid* par opposition à *this is invAlid*; *a white hOUse* 'une maison blanche' par opposition à *the WhIte House* 'la Maison Blanche', résidence officielle des présidents américains.

1.3 ÉGALITÉ RYTHMIQUE EN FRANÇAIS

Le français ne connaît pas l'accentuation des mots. Toutes les syllabes d'un groupe rythmique ont la même force. Cependant, la voyelle de la dernière syllabe est plus longue et est accompagnée d'un changement de hauteur musicale (**intonation**), c'est à dire qu'elle est prononcée avec un ton plus haut ou plus bas que les voyelles qui la précèdent dans le même groupe rythmique. Prenons la phrase suivante, par exemple:

J'ai **vu**   Monsieur Du**rant**   au ci**néma**   hier après-midi.

Elle est composée de quatre groupes rythmiques. Les voyelles des trois premiers groupes rythmiques sont prononcées avec un ton progressivement plus haut, alors que la voyelle du dernier groupe rythmique est prononcée avec un ton plus bas, comme le montre la représentation graphique suivante:

$$\overline{} \ \overline{\overline{\text{vu}}} \qquad - \ - \quad - \ \overline{\overline{}} \qquad - \ \overline{-} \qquad - \ - \ - \ \ - \overline{\overline{}}$$

J'ai **vu**   Monsieur Du**rant**   au ci**néma**   hier après-mi**di**.

En scandant des vers français, il faut compter les syllabes des groupes rythmiques. Les vers de la comptine suivante sont organisés en paires et sont découpés en groupes rythmiques contenant chacun cinq syllabes:

J'ai vu dans la **lune** $- \ - \ - \ \overline{\overline{-}}$

Trois petits la**pins** $- \ - \ - \ \overline{\overline{-}}$

Qui mangeaient des **prunes** $- \ - \ - \ \overline{\overline{-}}$

En buvant du **vin**. $- \ - \ - \ \underline{\underline{-}}$

Notez que le ton monte sur la dernière syllabe des trois premiers groupes rythmiques mais qu'il tombe sur celle du dernier groupe.

1.4 RÉDUCTION DU TIMBRE DES VOYELLES FAIBLES EN ANGLAIS

Il existe un autre aspect de la structure rythmique de l'anglais qui diffère de celle du français, et qui conduit à des problèmes de prononciation pour les apprenants de français anglophones: la réduction du timbre des voyelles faibles. Comparez la prononciation des mots *can* et *do* dans les deux paires de phrases suivantes:

I cAn.   I can sEE it.
I dO.   Do yOU see It?

Dans les phrases de gauche, ces mots portent un accent fort et la voyelle est pleine: /kæn/ et /dɷ/, respectivement. Dans les phrases de droite, ils portent un accent faible, et le timbre de la voyelle change. Lorsqu'ils portent un accent faible, les mots *can* et *do* sont prononcés avec la même voyelle. C'est une voyelle brève et centralisée, comme celle de *but*. C'est à dire que les deux mots sont prononcés /kən/ et /də/, respectivement. Dans les séries dérivationnelles citées dans la section 1.2, vous noterez que la prononciation de la voyelle varie selon qu'elle se trouve dans une syllabe portant un accent fort ou un accent secondaire, d'une part, ou un accent faible, d'autre part: par exemple: *dEmocrat* /dɛməkræt/, *demOcracy* /dəmɔkrəsi/, *democrAtic* /dɛməkrætɪk/.

En français, par contre, le timbre des voyelles demeure constant, qu'elles se trouvent en syllabe finale ou à l'intérieur d'un groupe rythmique. La plus grande longueur des voyelles finales ne se traduit pas par une différence de timbre. Dans les paires de mots suivantes, vous noterez que le timbre de la voyelle /a/ ne varie pas, quelle que soit sa position dans le groupe rythmique:

Il **va**.	/il **va**/
Il va chez **nous**.	/il va ʃe **nu**/
N'y vas **pas**.	/ni va **pa**/
Pas **ça**!	/**pa sa**/
Il n'y va pas en**core**.	/il ni va pa zã **kɔʀ**/

Les américanophones ont tendance à transposer la structure rythmique de leur langue à celle du français. Ils introduiront des différences d'accentuation et, par conséquent, des modifications du timbre des voyelles. Ils auront tendance à réduire le timbre des voyelles qu'ils prononceront avec un accent faible. Par exemple, la phrase *Comment ça va?* serait prononcée avec des accents forts ou secondaires sur la deuxième et la quatrième syllabe; les voyelles des deux autres syllabes seraient réduites, et leur timbre se rapprocherait de celui de /ə/:

Commênt ça vA? /kə mã sə **va**/   au lieu de   /kɔ mã sa **va**/

En français, la réduction du timbre des voyelles peut avoir des conséquences graves pour la prononciation. En effet, le nombre et le genre sont marqués par la forme des articles et des adjectifs possessifs et démonstratifs qui précèdent le nom. Dans cette position, les voyelles de ces formes auraient tendance à être réduites s'il y avait transposition de la structure rythmique de l'anglais, car elles porteraient un accent faible. Dans la série *la malade, le malade, les malades*, les voyelles /a/, /œ/ et /e/ portent les marques de féminin singulier, masculin singulier et pluriel, respectivement. La réduction du timbre s'accompagnerait du remplacement de ces trois voyelles par le son [ə], ce qui conduirait à la neutralisation de ces importantes distinctions grammaticales. La transposition de la structure rythmique est particulièrement persistante dans les mots français ayant des formes apparentées en anglais. Comparez:

ANGLAIS	FRANÇAIS
mAlady /mælədɪ/	maladie /maladi/
cOmparable /kompərəbl/	comparable /kõpaʀabl/
mAlice /mæləs/	malice /malis/

Dans les mots anglais, la voyelle qui suit celle qui porte l'accent fort est réduite à /ə/.

1.5 SYLLABATION OUVERTE

En français, l'égalité rythmique est accompagnée de la **syllabation ouverte**: les syllabes se terminent en général par une voyelle. En anglais, au contraire, les syllabes ont tendance à se terminer par une consonne. On dit que les syllabes qui se terminent par une voyelle sont des **syllabes ouvertes** et que celles qui se terminent par une consonne sont des **syllabes fermées**. Comme le montre clairement la Figure 1.1, d'après un échantillon de textes oraux français analysés par Pierre Delattre (*Comparing the Phonetic Features of English, French, German, and Spanish*, Heidelberg: Julius Groos Verlag, 1965, p. 40), les trois-quarts des syllabes sont ouvertes. Dans cette figure, le signe V représente une voyelle; le signe C, une consonne; et le signe S, une semi-voyelle (/j/, /ɥ/, /w/).

FIGURE 1.1

DISTRIBUTION DES TYPES DE SYLLABES EN FRANÇAIS PARLÉ

Type de syllabe	Exemple	Fréquence en pourcentage
CV	tout /tu/	55
CCV	trou /tʀu/	14
V	où /u/	6
CCSV	trois /tʀwa/	1
	Pourcentage de syllabes ouvertes	76
CVC	coupe /kup/	17
CVCC	carte /kaʀt/	4
VC	art /aʀ/	2
CVCC	muscle /myskl/	1
	Pourcentage de syllabes fermées	24

En anglais, par contre, les syllabes, en particulier celles qui portent un accent fort ou un accent secondaire, sont généralement fermées. Comparez la structure syllabique des mots apparentés suivants:

	FRANCAIS	ANGLAIS
animal / *animal*	a ni **mal**	æn ɪm əl
fatalités / *fatalities*	fa ta li **te**	fêʲt **æl** ɪt îz
démocratique / *democratic*	de mɔ kʀa **tik**	dêm ək ræt ɪk
animation / *animation*	a ni ma **sjõ**	æn ɪm e ʲʃ ən

1.6 FRONTIÈRE DES MOTS

La joncture

En anglais, les mots sont nettement démarqués grâce à l'accent fort ou à l'accent secondaire que porte l'une de leur syllabe, mais aussi grâce aux **jonctures**. Celles-ci sont diverses caractéristiques phonétiques des consonnes qui se trouvent à la fin ou au début des mots. Par exemple, les deux groupes de mots suivants, *the night rate* vs. *the nitrate*, sont identiques du point de vue des voyelles, des consonnes et des accents qu'ils contiennent. Mais, en les articulant nettement, vous noterez que dans le premier groupe *night* se termine avec un /t/ faiblement articulé et que le /r/ de *rate* commence avec un /r/ fort, typique des /r/ initiaux. Ces variantes phonétiques de /t/ et /r/ indiquent qu'il y a une frontière, une joncture, entre les deux mots. Par contre, dans le deuxième groupe, ces deux consonnes ne sont pas séparées par une joncture et elles s'influencent mutuellement. Le /t/ de *nitrate* est fort, plus caractéristique des /t/ initiaux, et le /r/ est faible. En fait dans certaines variétés d'anglais américain la séquence /tr/ de *nitrate* ressemble presque à la consonne initiale de *chew*. La joncture, se combinant avec l'accentuation, permet aux Américains de distinguer entre *it swings* vs. *its wings* ou *a nice man* vs. *an iceman*. Ces distinctions sont très difficiles pour les Français qui apprennent l'anglais puisqu'ils ont tendance à transposer la structure syllabique de leur langue qui ne connaît ni les différences d'accentuation des syllabes, ni les jonctures à la frontière des mots.

En effet, en français, il n'y a pas de délimitation nette de la frontière des mots puisque l'unité rythmique fondamentale n'est pas le mot mais le groupe rythmique. Les mots perdent leur individualité; ils ne sont qu'une suite de syllabes qui se fondent au sein de cette plus large unité qu'est le groupe rythmique. Ce n'est que lorsqu'un mot est composé d'un nombre important de syllabes qu'il peut former un groupe rythmique par lui même. Le plus souvent il forme un seul corps avec des mots grammaticaux (articles, la particule négative *ne*/*n'*, pronoms, verbes auxiliaires), par exemple, *l'individualité*, *il les y a sacrifiés*. C'est par des différences d'intonation plutôt que par des différences de joncture que les Français distinguent entre des groupes rythmiques contenant les mêmes séquences de voyelles et de consonnes telles que:

Ils sont treize amis.	/tʀe za **mi**/	They're thirteen friends.
vs. Ils sont très amis.		They're good friends.
trois petites roues	/tʀwa pti **tʀu**/	three little wheels
vs. trois petits trous		three little holes
un nain valide	/œ̃ nɛ̃ va **lid**/	a worthy dwarf
vs. un invalide		an invalid

L'enchaînement et la liaison

Les phénomènes de l'**enchaînement** et de la **liaison** (voir le Chapitre 10) contribuent également à rendre floues les frontières entre les mots. Ce qui rend les groupes rythmiques *trois petites roues* et *trois petits trous* difficiles à distinguer, c'est que le /t/ final de *petites* est incorporé au mot suivant et se confond avec un /t/ initial, comme celui de *trous*. Dans les deux groupes rythmiques, les deux premières syllabes sont ouvertes. Les mêmes facteurs expliquent la confusion de *treize amis* et *très amis*, qui sont tous les deux formés des mêmes combinaisons de phonèmes: /tʀe za **mi**/. Dans le groupe *treize amis*, il y a enchaînement du /z/ final de *treize* au mot suivant; dans le groupe *très amis*, il y a liaison et enchaînement du /z/ de liaison de *très*. Il en résulte que dans les deux cas, la première syllabe est ouverte et que le /z/ du premier mot fait partie intégrante du deuxième.

En français, l'effacement des frontières de mots par l'effet combiné de l'égalité rythmique, de la syllabation ouverte, de la liaison et de l'enchaînement est une source importante de jeux de mots et d'humour. Les **devinettes** ci-dessous partent de l'ambiguïté créée par l'absence de frontières nettement démarquées entre les mots. Vous trouverez au dessous de la devinette la réponse et, entre parenthèses, l'explication sous la forme de deux énoncés ayant la même prononciation mais différentes combinaisons de mots:

1. De quelle couleur est un tiroir quand il n'est pas fermé?
   —Il est tout vert (Il est ouvert /i le tu **vɛʀ**/)

2. Quelle est la sainte qui n'a pas besoin de jarretières?
   —Sainte Sébastienne (ses bas se tiennent /sɛt se ba **stjɛn**/)

3. Un homme de Berne trouve un emploi comme plongeur dans un restaurant genevois, mais il est vite congédié. Pourquoi?
—Parce qu'il est Suisse Allemand (il essuie salement /i le sɥi sal **mã**/)

1.7 SYLLABATION EN FRANÇAIS PARLÉ

La syllabation ouverte est l'une des bases de la structure rythmique du français. Pour bien prononcer, il est important de produire les groupes rythmiques avec un nombre maximal de syllabes ouvertes. Le principe de base de la syllabation ouverte est de prononcer les consonnes intervocaliques avec la syllabe suivante de façon à ce que la syllabe qui précède cette consonne se termine par une voyelle, par exemple:

l'attitude	/la ti **tyd** /
les civilisations	/le si vi li za **sjõ** /

Les consonnes finales et les consonnes de liaison sont traitées comme les consonnes intervocaliques:

il es*t* arrivé	/i le ta ʀi **ve** /
vo*s* amis vou*s* atten*d*ent ici	/vo za **mi** vu za tã di **si** /

Lorsque deux voyelles sont séparées par un groupe de consonnes, ce principe est complémenté par deux règles:

1. Lorsqu'un groupe de consonnes intervocaliques fonctionne comme une seule consonne, il est prononcé avec la voyelle de la syllabe suivante. Il existe trois types de groupes de consonnes intervocaliques qui fonctionnent comme une seule consonne:

    a) Les groupes de consonnes intervocaliques composés des occlusives (/p, t, k, b, d, g/ ou /f/ ou /v/) + une liquide (/ʀ/ ou /l/); ces groupes de consonnes sont les plus fréquents en français: *après* /a **pʀɛ**/, *tableau* /ta **blo**/, *africain* /a **fʀi** kẽ/, *février* /fe **vʀi** je/, *affliger* /a **fli** ʒe/.

    b) Les groupes composés d'une consonne + semi-voyelle (/j, w, ɥ/): *étui* /e **tɥi**/, *papier* /pa **pje**/, *réjouir* /ʀe **ʒwiʀ**/.

    c) Les groupes composés de /s/ + consonne: *esquimau* /e **ski** mo/, *estimer* /e **sti** me/, *respirer* /ʀe **spi** ʀe/.

2. Dans les autres groupes, les consonnes fonctionnent comme deux conson-

nes séparées. La division syllabique se fait entre les deux consonnes. Comparez le traitement des trois types de groupes de consonnes fonctionnant comme une consonne simple (colonne de gauche) à ce type de groupe où les consonnes fonctionnent séparément:

GROUPE DE CONSONNES UNI	DEUX CONSONNES SÉPARÉES
caprice /ka pRis/	charpentier /ʃaR pã tje/
remplir /Rã pliR/	alpine /al pin/
entier /ã tje/	pailleté /paj te/
casquer /ka ske/	accident /ak si dã/

Les groupes composés de plus de deux consonnes se divisent en appliquant ces deux règles. Par exemple, la Règle 1 s'applique au groupe /spl/ de *resplendissant* /Rø splã di sã/ ou au groupe /plw/ d'*employer* /ã plwa je/, tandis que la Règle 2 s'applique au groupe /rdw/ de *l'ardoise* /laR dwaz/ ou au groupe /ktR/ de *l'actrice* /lak tRis/.

1.8 INDICATIONS PÉDAGOGIQUES

Il est essentiel de maîtriser la structure rythmique du français dès le début. Les diverses techniques illustrées ci-dessous vous aideront à maintenir l'égalité rythmique, à acquérir la syllabation ouverte et à éviter de transposer la structure rythmique de l'anglais: les différences d'accentuation à l'intérieur du groupe rythmique, la réduction du timbre des voyelles et la syllabation fermée.

1. a) **Battre la mesure.** Avant de prononcer un groupe rythmique, divisez-le en syllabes. Avec un crayon ou le doigt, battez une cadence régulière en donnant un coup plus fort sur la dernière syllabe.

   b) Ensuite, en battant la mesure, prononcez chaque groupe rythmique en substituant un *la* pour chaque syllabe; le dernier *la* sera plus long et prononcé avec un ton plus bas.

   c) Enfin, prononcez le groupe rythmique en maintenant l'égalité des syllabes:

(a)	(b)	(c)
– – – =	la la la **la**	l'Alabama /la la ba **ma**/
– – =	la la **la**	il oublie /i lu **bli**/

— — =	la la **la**	la cabane /la ka **ban**/
— — — =	la la la **la**	les étudiants /le ze ty **djã**/

2. **L'anticipation vocalique.** Pour découper les groupes rythmiques en une série maximale de syllabes ouvertes, il faut prendre la position articulatoire des voyelles avant de prononcer les consonnes. Par exemple, en prononçant le groupe de mots *la finalité* /la fi na li **te**/, il faut bien ouvrir la bouche pour /a/ avant de prononcer le /l/ de la première syllabe, écarter les lèvres avant de prononcer le /f/ de la deuxième syllabe, ouvrir la bouche avant de prononcer le /n/ de la troisième syllabe, écarter de nouveau les lèvres avant de prononcer le deuxième /l/ et le /t/ de la dernière syllabe. Pour bien anticiper la position articulatoire des voyelles, il est utile de ne prononcer d'abord que les voyelles d'un groupe rythmique et ensuite les mots entiers, par exemple:

	(a)	(b)
la finalité	/a i a i **e**/	/la fi na li **te**/
il oublie tout	/i u i **u**/	/i lu bli **tu**/
Guy n'a pas pris les valises.	/i a a i e a i/	/gi na pa pʀi le va **liz**/

3. **Le changement de débit.** Changer le débit de prononciation aide à maintenir l'égalité rythmique. Par exemple, pour les groupes rythmiques de l. ci-dessus, ralentissez d'abord le débit en prononçant chaque syllabe comme si elle constituait un groupe rythmique par elle-même:

la————la————ba————ma

Ensuite, accélérez progressivement le débit et essayez de prononcer deux fois l'énoncé en un seul groupe rythmique:

la la ba ma la la ba **ma**

i—lu—bli → i lu bli i lu **bli**

4. **Découpage progressif.** Découpez les groupes rythmiques en syllabes et construisez l'énoncé progressivement, syllabe par syllabe. Le découpage peut être progressif, c'est à dire en commençant par la première syllabe, par exemple:

Lavez-les tous!	
la	=
Lavez!	— =

Lavez-les!   — — =
Lavez-les tous!   — — — =

ou régressif, c'est à dire en commençant par la dernière syllabe, par exemple:

la cécité
té   =
cité   — =
cécité   — — =
la cécité   — — — =

5. **La versification.** Les vers français sont organisés en groupes rythmiques ayant une certaine régularité. Les vers se retrouvent non seulement dans les textes poétiques mais aussi dans des textes utilisés tous les jours, en particulier les proverbes et les slogans:

PROVERBES
Tel père, tel fils.   — =   — =
Qui vole un œuf, vole un bœuf.   — — — =   — — =
Pierre qui roule, n'amasse pas mousse.   — — =   — — — =

SLOGANS
Au volant, la vue, c'est la vie.   — — =   — =   — — =
Barre un, Barre deux, Barre-toi!   — =   — =   — =

(Ce dernier slogan a été scandé dans des manifestations protestant contre la politique de Raymond Barre lorsqu'il était premier ministre sous la présidence de Valéry Giscard d'Estaing. En argot, *se barrer* veut dire "s'en aller".)

La versification se retrouve aussi dans les comptines, un aspect important du folklore et de la littérature orale. Les comptines sont très importantes au point de vue pédagogique en raison de leur caractère ludique. Le rythme prend la priorité et le sens occupe un rôle secondaire. Voici un exemple extrême d'une telle comptine, dans laquelle la plupart des mots n'existe pas en français:

Am stram **gram**   — — =
Piqué pi**qué** colé**gram**   — — — =   — — =
Bourré bour**ré** rata**tam**   — — — =   — — =
Am stram **gram**   — — =

Par contre dans la comptine citée dans la section 1.3 (reproduite ci-dessous), tous les mots existent en français, mais l'ensemble de la comptine n'a pas beaucoup de sens. Les enfants qui ont créé cette comptine s'amusaient avec les sons:

J'ai vu dans la **lune**   − − − − =

Trois petits la**pins**   − − − − =

Qui mangeaient des **prunes**   − − − − =

En buvant du **vin**.   − − − − =

CHAPITRE
2

La tension articulatoire et la labialisation: les voyelles /i/ et /u/

2.1 TENSION ARTICULATOIRE

La deuxième clé pour acquérir une bonne prononciation en français est la tension articulatoire. C'est par un effort musculaire constant au cours de la production des sons que l'on obtient un haut niveau de tension. Les organes articulatoires doivent conserver leur position d'origine pendant l'articulation, et le canal buccal doit maintenir sa forme par l'effort de ces organes—la langue, les lèvres, les mâchoires. Les muscles de la poitrine (qui déterminent le degré de pression de l'air expiré) et les cordes vocales (qui règlent le débit et la pression de l'air) jouent aussi un rôle important. Evidemment, les Français ne sont pas du tout conscients de l'énergie qu'ils apportent à la production des sons de leur langue puisque l'effort articulatoire se fait inconsciemment. Toutefois, puisque leur langue est marquée par un plus grand relâchement articulatoire, les apprenants anglo-américains doivent essayer d'augmenter le niveau de tension articulatoire lorsqu'ils parlent français. En fait, il est souhaitable qu'ils exagèrent le niveau de tension en produisant certains sons du français. L'effort articulatoire se manifeste sur tous les sons du français, mais il est particulièrement marqué dans la prononciation de certaines voyelles.

Voyelles simples (ou "pures") et voyelles diphtonguées

Du point de vue de la tension articulatoire, l'anglais possède deux types de voyelles: les voyelles **brèves** et **relâchées**, comme celles de *sit* ou *set*, et les voyelles **longues** et **diphtonguées**, comme celles de *sea* ou *say*. Vous noterez qu'en prononçant les voyelles de ce dernier mot, vous commencez avec la voyelle /ɛ/ de *set* et vous terminez avec le /i/ de *sea*; vous allez en fait au delà de la zone articulatoire de /i/ pour aboutir à la semi-voyelle /j/ de *yes*. Les voyelles diphtonguées sont donc des voyelles complexes dont l'articulation change au cours de leur production. Ces deux types de voyelles ne se retrouvent pas dans les mêmes contextes: les voyelles brèves se retrouvent seulement devant une consonne tandis que les voyelles diphtonguées se retrouvent devant une consonne ou une voyelle, voir la Figure 2.1.

FIGURE 2.1

DISTRIBUTION DES VOYELLES LONGUES/DIPHTONGUÉES ET BRÈVES/RELÂCHÉES
DE L'ANGLAIS SELON LE TYPE DE SYLLABE

Voyelles diphtonguées		Voyelles brèves et relachées
Devant voyelle	*Devant consonne*	*Devant consonne*
iʲ sea	seat	ɪ sit
eʲ bay	bait	ɛ bet
aʷ bow	bout	
uʷ do	fool	ω full
oʷ dough	coat	ɔ caught
ɔʲ boy	boil	

En français, au contraire, les voyelles sont toujours simples et jamais diphtonguées. Le **timbre**, c'est à dire la qualité de la voyelle, demeure constant tout au cours de sa production, même dans le cas des voyelles allongées à la fin d'un groupe rythmique ou devant certaines consonnes finales (voir le Chapitre 8), et la tension articulatoire demeure très forte. Par l'influence des habitudes articulatoires de l'anglais, les apprenants anglo-américains ont tendance à transposer le relâchement et la diphtongaison sur les voyelles du français lorsque celles-ci se retrouvent dans les mêmes contextes que les voyelles correspondantes de l'anglais. Les cinq procédures suivantes pourront vous aider à produire des voyelles plus tendues.

1. Prolongez la voyelle sans en changer le timbre. Il est important de maintenir une forte tension articulatoire, par exemple, *si* /si/ → /siiiii/, *doux*

/du / → /duuuu /. Bien sûr, normalement, les voyelles françaises sont brèves et se terminent brusquement à la fin d'un groupe rythmique.

2. Placez le dessus de votre main sous votre menton. Si votre main bouge pendant la production de la voyelle, vous avez déplacé votre mâchoire et vous avez modifié la position articulatoire de la voyelle vers le haut et vers l'avant pour des voyelles antérieures, comme celles de *sea* ou *say*, et vers l'arrière et vers le haut pour des voyelles postérieures, comme celles de *do* et *dough*.

3. Anticipez la position articulatoire de la voyelle avant de prononcer la consonne qui la précède. Comme vos organes articulatoires seront déjà en place, vous ne risquez pas d'introduire de mouvement lorsque vous prononcez la voyelle. Par exemple, dans la production de l'énoncé *Lise a rougi*, les lèvres sont écartées pour la production de /i/ avant la prononciation de /l/; la bouche est grande ouverte avant la production de /z/, etc. Il est utile aussi de prononcer d'abord les voyelles de l'énoncé sans les consonnes en exagérant l'ouverture de la bouche et l'écartement ou l'arrondissement des lèvres: *Lise a rougi* /i a u i /, /li za ʀu ʒi /.

4. Accélérez le débit de prononciation: plus le débit est rapide, plus l'articulation devient tendue.

5. L'acquisition de l'articulation tendue du français exige un effort musculaire global, qui commence par les muscles de la cage thoracique. Pour activer ces muscles, pliez vos bras et placez les coudes contre chaque côté du corps. Ensuite, tout en serrant la partie supérieure de vos bras contre le corps, prononcez des syllabes individuelles, telles que *si*, *tout,* avec un mouvement brusque des bras vers le haut.

2.2 LE QUADRILATÈRE ARTICULATOIRE

En français, les voyelles /i/ (*si*), /u/ (*sous*) et /a/ (*ça*) sont produites avec la langue à sa position extrême sur les axes avant-arrière et haut-bas (voir la Figure 2.2). C'est à dire que pour la production de /i/ la langue est bien avancée, derrière les dents inférieures et l'ouverture de la bouche très réduite. Cela se traduit par une position très écartée des lèvres. Pour /u/, la langue est très rétractée et les lèvres fortement arrondies. Enfin, pour /a/, la cavité buccale est à son ouverture presque maximale. Par contraste, les voyelles correspondantes de l'anglais, /iʲ/ de *sea* et /uʷ/ de *Sue*, ont des positions articulatoires moins extrêmes. Il n'existe pas vraiment de voyelle anglaise correspondant au /a/ français, puisque le /æ/ de *pat* est beaucoup plus avancé et le /ɑ/ de *pot* plus rétracté.

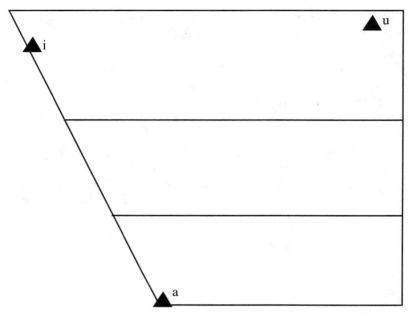

Figure 2.2 Le quadrilatère articulatoire

Nous avons vu dans l'Introduction qu'il existe un lien entre l'articulation des sons et leurs caractéristiques acoustiques. La voyelle /i/ est à la fois la voyelle la plus tendue et la plus aiguë du français. Par contraste, la voyelle /u/, tout en étant très tendue, est la voyelle la plus grave. Comme l'indique sa position sur le quadrilatère, /a/ est neutre du point de vue de l'acuité acoustique.

2.3 LA VOYELLE /i/

Caractéristiques phonétiques

En français, la voyelle /i/ se distingue des deux voyelles de l'anglais qui lui correspondent, le /iʲ/ de (*seat*) et le /ɪ/ de (*sit*), comme suit: comparée à /iʲ/, elle est brève et non-diphtonguée; comparée à /ɪ/, elle est beaucoup plus tendue. Dans la production de /i/, les lèvres sont écartées, le milieu de la langue s'élève vers le palais dur, sans toutefois le toucher, et la pointe s'appuie sur l'intérieur des incisives inférieures. Tous les organes participant à la production de ce phonème — les lèvres, la langue, la mâchoire, ainsi que les muscles de la cage thoracique — sont tendus.

Comme /i/ est une voyelle aiguë, son contexte optimal est constitué par les consonnes les plus aiguës, les dentales /t, d, s, z/. Par contre, il sera plus difficile d'obtenir une tension maximale avec les consonnes graves /p, b, m/. Les autres consonnes sont plus ou moins neutres. La montée intonative favorise aussi l'acuité. La série suivante illustre la progression sur l'axe de l'acuité. Vous noterez que dans le premier mot, il vous sera plus facile de produire le phonème avec une forte tension, et qu'il vous faudra faire un effort de plus en plus croissant au fur et à mesure que vous progressez dans la série: *site, type, dis, gîte, chic, fils, vite, lis, niche, qui, gui, riche, pire, abîme, mime.*

Variation

Dans certaines variétés de français, en particulier celles que l'on retrouve en Amérique du Nord, le phonème /i/ a deux variantes: une variante tendue [i] à la fin d'un mot ou d'une syllabe ouverte, par exemple, *ici, didi* ('pinky'), *kilo*; l'autre variante, [ɪ], est relâchée comme son homologue anglais, et elle se retrouve en syllabe fermée: *site, vite, chic*. Comparez la prononciation de /i/ en français standard et en français québécois, respectivement, dans les mots suivants: *six* [sis] vs. [sɪs], *vite* [vit] vs. [vɪt]. Toutefois, le mot *si*, où la voyelle se trouve en syllabe finale ouverte, se prononce avec une voyelle tendue, [si], dans les deux variétés.

Orthographe

La voyelle /i/ a une représentation graphique systématique puisqu'elle s'écrit généralement avec la lettre *i*: *si, le riz, il dit, le nid, la vie, l'avis, le fils*. Dans des cas exceptionnels, qui sont imprévisibles, elle peut s'écrire avec trois autres signes:

î: une *île, dîner, la dîme* ('tithe'), *ci-gît* ('here lies' [tombstone inscription]). L'accent circonflexe sert de marque grammaticale pour les première et deuxième personnes du pluriel du passé simple des verbes en *-ir* et *-re* et la troisième personne du singulier de l'imparfait du subjonctif: *nous finîmes, vous finîtes, qu'il finît; nous rendîmes, vous rendîtes, qu'il rendît.*

y: Dans des mots d'origine grecque: *le lycée, le mystère, le python*; à la fin des mots empruntés à l'anglais: *le jury, le whisky.*

ï: Pour distinguer les cas exceptionnels où la combinaison *ai* ne représente ni la voyelle /e/ (*j'irai*) ni la voyelle /ɛ/ (*le lait, je fais*) mais la séquence /a/ + /i/: *naïf, haïr, caïman* ('alligator'), *héroïne, Haïti*. Dans le mot *ouïe* /ui/ ('the sense of hearing'), le tréma distingue ce mot de *oui* /wi/.

Procédant dans le sens inverse, c'est à dire en partant de la lettre pour aboutir au son, la lettre *i* est potentiellement ambiguë, car elle peut représenter les phonèmes /i/ et /j/. Mais la valeur phonétique de ce signe est relativement prévisible: *i* se prononce /j/ lorsqu'il précède une voyelle: comparez *le lit* /li/ mais *le lieu* /ljø/, *la liaison* /ljezõ/. La lettre se combine avec d'autres signes vocaliques pour représenter divers phonèmes ou séquences de phonèmes: *ai* et *ei*, qui représentent /e/ ou /ɛ/ (*j'irai, je vais, la veine*); *oi*, qui représente /wa/ (*la loi*); *ain, ein, in, im*, qui représentent /ɛ̃/ (*le pain, plein, le vin, le timbre*); et *oin*, qui représente /wɛ̃/ (*le coin*).

2.4 LA LABIALISATION

Le troisième trait fondamental de la prononciation du français est la **labialisation**. La position des lèvres est importante car elle permet d'opposer des mots: en d'autres termes, c'est un trait distinctif de la langue. Ainsi, l'écartement ou l'arrondissement des lèvres permet de distinguer deux séries de voyelles antérieures: d'une part les voyelles non-labialisées (lèvres relativement écartées) de *dis* /di/, *dé* /de/, *dais* /dɛ/, et d'autre part, les voyelles labialisées (lèvres arrondies): *du* /dy/, *deux* /dø/, *de* /dœ/. Ces trois voyelles antérieures labialisées présentent de sérieux problèmes aux apprenants anglo-américains puisque leur langue maternelle n'offre pas de sons correspondants. Le français possède en fait une autre voyelle labialisée ayant un phonème correspondant en anglais et posant également des problèmes de prononciation aux apprenants anglo-américains. Il s'agit de la voyelle postérieure arrondie: /u/ de *doux*. La prononciation défectueuse de cette voyelle rend difficile la bonne réalisation de /y/.

2.5 LA VOYELLE /u/

Caractéristiques phonétiques

La voyelle /u/ est la voyelle la plus grave du français. Elle se distingue de ses deux voyelles correspondantes de l'anglais, /ʊʷ/ (*fool, cool, coo*) et /ɷ/ (*full, bull*), par la position des lèvres et de la langue. Elle est aussi plus grave que ces dernières. Pour bien prononcer /u/, la langue doit se placer dans sa position la plus haute et la plus rétractée car, comme le montre la Figure 2.1, elle occupe une position extrême sur le quadrilatère articulatoire. Comparée à /ʊʷ/, la voyelle /u/ est plus brève et non-diphtonguée. Elle est aussi produite différemment: les lèvres sont plus tendues et plus arrondies, et la langue est plus rétractée. Cela explique pourquoi cette voyelle est plus grave du point de vue de son impression auditive. Les différences d'articulation sont encore plus grandes entre /u/ et /ɷ/. En fait, comme les deux voyelles de l'anglais, /ʊʷ/ et /ɷ/, sont plus centrales que /u/, la transposition des habitudes articulatoires de l'anglais aboutit à des sons qui sont diphtongués ou qui se rapprochent de la zone articulatoire de la voyelle antérieure arrondie /y/. Ainsi, la prononciation correcte de cette dernière voyelle commence par la production d'un /u/ tendu et rétracté. Cela devrait permettre une différentiation maximale entre /u/ et /y/.

Du point de vue acoustique, les contextes optimaux pour la prononciation de /u/ sont les consonnes graves /p, b, m/ et une intonation descendante. Notez la plus grande difficulté à produire un /u/ très grave au fur et à mesure que vous procédez dans la liste suivante: *mou, la boue, le pou, le cou, le fou, le loup, la joue, le chou, doux, tout, sous.*

Variation

Tout comme la voyelle /i/, dans les variétés de français d'Amérique du Nord, et en particulier en français québécois, /u/ a une variante relâchée en syllabe fermée: *douce* [dʊs], *la mousse* [mʊs], *il en doute* [dʊt]. Comparez les prononciations du français standard et du français québécois, respectivement, dans les mots suivants: *toute* [tut] vs. [tʊt], *le pouce* [pus] vs. [pʊs], *toujours* [tuʒuʀ] vs. [tuʒʊʀ]. Mais en syllabe finale ouverte, par contre, dans *tout* [tu] ou *vous* [vu], la voyelle est tendue dans les deux variétés de la langue.

Orthographe

La voyelle /u/ est représentée par la combinaison *ou*, excepté dans quelques cas où apparaît l'accent circonflexe: *le goût, goûter*; *le coût, coûter*; *la voûte*. Dans *le mois d'août* /du/, notez la graphie *aoû*, bien que certaines personnes prononcent ce mot /dau/, /daut/ ou /dut/. L'adverbe *où* /u/ s'écrit avec l'accent grave pour le différencier de la conjonction *ou*.

CHAPITRE

3

Consonnes finales: stables et muettes; la détente des consonnes finales

En français, la prononciation des consonnes finales écrites pose un problème complexe. Le problème tient au fond à la nature non-systématique de l'orthographe. Lorsqu'on se trouve devant un mot qui se termine par une consonne écrite, on ne sait pas si elle représente:

(1) une **consonne stable**, c'est à dire une consonne orale toujours prononcée, par exemple, *la dot* /dɔt/ 'dowry';

(2) une **consonne latente** ou **de liaison**, c'est à dire une consonne orale pouvant être prononcée ou pas, par exemple, le *t* du mot *dit*, qui n'est jamais prononcé dans *il dit cela* /il di sla/ mais qui est prononcé ou pas dans *il le dit à ses parents* /il lø di ta se pa ʀã/ ou /il lø di a se pa ʀã/;

(3) une **consonne muette**, c'est à dire une consonne écrite qui n'est jamais prononcée, par exemple, le *t* de *et* /e/.

Dans les trois cas, la représentation graphique est la même: *t* final.

La situation se complique parce que, d'une part, les consonnes stables de certains mots sont sujettes à variation, et d'autre part, les consonnes écrites finales suivies de *e* s'apparentent aux consonnes stables du fait qu'elles sont toujours prononcées, par exemple, *la fête*, *une muette*. Voici un inventaire des différents cas de figure:

48

1. *petite*: Les formes féminines des adjectifs se terminent toujours avec -*e*: toute consonne écrite suivie de *e* représente une consonne orale toujours prononcée.

2. *petit*: Cette forme masculine d'un adjectif se termine par une consonne latente. La prononciation des consonnes latentes est soumise à des règles que nous examinerons au Chapitre 9 (Liaison et Enchaînement). Dans ce cas particulier, le *t* est toujours prononcé lorsque l'adjectif précède un nom commençant par une voyelle ou une semi-voyelle (*un petit éléphant* /œ̃ pti **t**e le fã/, *un petit oiseau* /œ̃ pti **t**wa zo/); ailleurs, devant une consonne ou à la fin d'un groupe rythmique, il n'est jamais prononcé (*un petit cheval* /œ̃ pti ʃval/; *il est petit* /i le pti/).

3. *il finit*: Cette forme verbale se termine par la désinence de la troisième personne du singulier du présent de l'indicatif. Cette désinence prend la forme d'une consonne latente. Mais comparée à celle de *petite*, celle-ci est prononcée facultativement même lorsqu'elle précède une voyelle. Ainsi, on peut prononcer: *il finit à six heures* /il fi ni a si zœʀ/ ou /il fini **t**a si zœʀ/, d'après certains facteurs d'ordre stylistique. Cependant, lorsqu'il y a inversion du pronom, ce *t* latent est toujours prononcé, par exemple, *Finit-il?* /fi ni **t**il/.

4. *le but* /byt/ ou /by/ 'goal': Ce nom possède une consonne finale stable variable. La variation est sujette à des facteurs d'ordre essentiellement stylistique. La même personne peut prononcer indifféremment l'une ou l'autre des deux variantes.

5. *la dot* /dɔt/: Ce nom se termine par une consonne stable qui est toujours prononcée.

6. *et* /e/: Cette conjonction se termine en fait par la voyelle /e/. La lettre *t* n'est jamais prononcée; il s'agit d'une consonne muette.

Dans ce chapitre, nous nous limiterons au cas des consonnes finales écrites qui représentent des consonnes orales stables, telles que celles de *but* et *dot*. D'abord, nous aborderons un aspect phonétique de ces consonnes: leur détente à la fin d'un groupe rythmique; ensuite, nous proposerons certains principes qui vous permettront de savoir si une consonne écrite finale est une consonne stable ou une consonne muette.

3.1 LA DÉTENTE DES CONSONNES FINALES

/p, t, k/ en position finale

Les consonnes sont produites par la **constriction** ou la **fermeture (occlusion)** du canal buccal. Les **occlusives**, telles que /p, t, k, b, d, g/, résultent de la fermeture momentanée de la cavité buccale. Leur production se fait en trois phases:

(1) la **mise en place** ou l'**implosion**, pendant laquelle les organes articulatoires se mettent en place pour fermer la cavité buccale;

(2) la **tenue**, pendant laquelle a lieu la fermeture elle-même;

(3) la **détente** ou l'**explosion**, la phase où les organes phonatoires qui ont effectué la fermeture se séparent et où la cavité buccale s'ouvre, laissant passer l'air expulsé par les poumons.

Pour les occlusives du français, il est important de bien former l'articulation en rapprochant l'articulateur du lieu d'articulation (voir les Figures 0.6, 0.7 et 0.8 de l'Introduction). Par exemple, dans la production de /t/, la pointe de la langue (l'articulateur) se rapproche de l'arrière des incisives supérieures (le point d'articulation) et, après la brève tenue, s'en sépare avec un mouvement énergique.

En anglais, la détente des consonnes finales, surtout celle des occlusives sourdes /p, t, k/, se fait moins énergiquement qu'en français. Ces consonnes anglaises sont donc difficilement perceptibles pour une oreille française habituée à une forte détente. Cela ne veut pas dire que les anglophones ne peuvent pas percevoir la différence entre des mots comme *sip, sit, sick* ou *sap, sat, sack*. Mais pour eux, la perception des diverses articulations — labiale, dentale et vélaire — dépend des différences de timbre des voyelles qui précèdent ces occlusives sourdes. En effet, lorsque la voyelle /ɪ/ se trouve dans le contexte d'une consonne labiale (grave) comme /p/, elle est moins aiguë que lorsqu'elle apparaît dans le contexte d'une consonne aiguë comme /t/. C'est donc par la gravité du /ɪ/ de *sip* par rapport à celui de *sit* plutôt que par la détente de la consonne que l'auditeur américain reconnaît le /p/ final. L'auditeur français a besoin d'entendre la détente énergique des occlusives sourdes pour les distinguer entre elles. Il est vrai qu'en anglais les locuteurs ont tendance à prononcer les consonnes finales avec plus d'énergie dans un parler plus formel, mais c'est le parler de tous les jours qui sert de référence lorsqu'on compare deux systèmes phonologiques, puisqu'il forme les habitudes des locuteurs.

La prononciation emphatique des consonnes finales

Le mode plus relâché de l'anglais se manifeste par une plus faible articulation de toutes les consonnes, y compris les **constrictives**, les consonnes produites avec une constriction plutôt qu'avec une fermeture de la cavité buccale. Comparez les paires de mots anglais et français suivantes, contenant des consonnes continues correspondantes. La détente énergique est représentée par le signe [˭]:

ANGLAIS	FRANÇAIS
pass	passe [pas˭]
tough	touffe [tuf˭]
grieve	grive [gʀiv˭]
rush	roche [ʀɔʃ˭]
seize	sise [siz˭]

Non seulement les consonnes françaises correspondantes sont-elles articulées avec plus de force, mais elles peuvent être suivies d'une voyelle brève: [ᵊ]. Toutefois, il ne faut pas confondre cette voyelle finale brève avec la voyelle pleine [ə], qui caractérise l'accent dit **méridional**. Cette voyelle a pleine valeur syllabique au même titre que les autres voyelles de la langue (voir la discussion du *e* muet au Chapitre 12).

    Le contraste entre l'articulation molle de l'anglais et celle plus énergique du français apparaît plus nettement dans le cas des occlusives sourdes où l'absence de détente, indiquée par le signe [˺], s'oppose à la forte détente, [˭]. Comparez:

ANGLAIS		FRANÇAIS	
tip	[tɪp˺]	type	[tip˭]
sit	[sɪt˺]	site	[sit˭]
pick	[pɪk˺]	pique	[pik˭]

Le plein voisement des consonnes sonores finales

En anglais, la faible force articulatoire des consonnes finales occlusives et continues **sonores** (produites avec la vibration des cordes vocales), se traduit par un **dévoisement** partiel, c'est à dire que pour une oreille française, elles ressemblent aux consonnes sourdes correspondantes. Pour bien distinguer une consonne sonore finale de sa consonne sourde correspondante, il est important de prolonger le **voisement**. Pour y parvenir, il est utile d'ajouter la voyelle brève [ᵊ]. Comparez les paires de consonnes suivantes:

OCCLUSIVE		CONTINUE	
Sourde	*Sonore*	*Sourde*	*Sonore*
le bac	la bague	la griffe	la grive
la râpe	l'arabe	la casse	la case
la soute	la soude	la cache	la cage

La valeur différentielle des consonnes finales

Les consonnes finales jouent un rôle très important dans le système grammatical du français. Par exemple, elles permettent de distinguer les formes féminines des adjectifs des formes correspondantes du masculin, ou la troisième personne du pluriel du présent de l'indicatif de nombreux verbes de la forme correspondante du pluriel. C'est pourquoi il est recommandé de les prononcer énergiquement, afin, non seulement de les distinguer entre elles, mais aussi de déceler correctement leur présence ou leur absence.

Le genre des noms

Du point de vue de la langue parlée, il existe deux grandes classes d'adjectifs en français:

(1) Ceux dont les formes féminine et masculine ont une prononciation identique, même lorsque les deux formes diffèrent par leur orthographe:

elle est rouge	il est rouge
elle est noire	il est noir
elle est carrée	il est carré

(2) Ceux dont les formes féminine et masculine diffèrent. Pour les adjectifs réguliers — du point de vue de leur prononciation et non de leur orthographe, rappelons-le — les deux formes se distinguent par la présence (au féminin) opposée à l'absence (au masculin) de la consonne finale:

CONSONNE FINALE PRONONCÉE *féminin*		ABSENCE DE CONSONNE *masculin*		CONSONNE FINALE
elle est grande	/gʀãd/	il est grand	/gʀã/	/d/
elle est petite	/ptit/	il est petit	/pti/	/t/
elle est basse	/bas/	il est bas	/ba/	/s/
elle est grise	/gʀiz/	il est gris	/gʀi/	/z/
elle est longue	/lõg/	il est long	/lõ/	/g/
elle est fraîche	/fʀɛʃ/	il est frais	/fʀɛ/	/ʃ/
elle est soûle	/sul/	il est soûl	/su/	/l/

Ainsi, en ce qui concerne la prononciation, le masculin de ces adjectifs est formé à partir du féminin, en supprimant la consonne finale: *petite* /ptit/ – /t/ → /pti/ *petit*. En ce qui concerne la forme écrite, c'est bien évidemment le contraire; le féminin est formé à partir du masculin en ajoutant un -*e*: *petit* + -*e* → *petite*.

La troisième personne du singulier et pluriel du présent de l'indicatif des verbes

Selon le nombre de leurs formes orales au présent de l'indicatif et la relation de ces formes entre elles, les verbes du français se regroupent en deux classes:

1. Verbes dont le radical est invariable. Ce sont, pour la plupart, les verbes formant leur infinitif en *-er* (première conjugaison). Les trois formes du singulier et la forme de la troisième personne du pluriel contiennent les désinences graphiques *-e*, *-es*, *-e*, *-ent*, respectivement. Du point de vue de la langue parlée, ces désinences ne représentent généralement aucun son: ce sont des marques purement graphiques. Ainsi, pour ces verbes, les formes orales de la troisième personne du singulier et de la troisième personne du pluriel sont identiques: *chanter: il chante, ils chantent* [il ʃãt]. Un nombre limité de verbes en *-ir*, tels que *cueillir* et *ouvrir*, appartiennent aussi à cette classe: *cueillir: elle cueille, elles cueillent* [kœj].

2. Verbes dont le radical est variable. Il s'agit des verbes qui forment leur infinitif en *-ir* ou *-re*, et dont les désinences du singulier sont *-s*, *-s*, *-t*. En fait, du point de vue de la langue parlée, ces désinences sont des consonnes latentes qui apparaissent assez rarement devant des mots commençant par une voyelle. Pour ces verbes, le radical régulier apparaît dans les formes du pluriel. Les formes du singulier sont formées à partir d'un radical court que l'on obtient en supprimant la consonne finale du radical régulier. Ainsi le radical régulier de *partir* est /paʀt/; le radical court s'obtient en supprimant le /t/ final: /paʀt/ → /paʀ/.

NOTE: Le radical des verbes dits *-ir/-iss-* est dérivé en supprimant la désinence de l'infinitif et en ajoutant ensuite /is/, écrit avec *iss*; le radical de certains verbes en *-re*, comme *conduire*, *écrire* et *lire*, contient une consonne qui n'apparaît pas à l'infinitif. Dans le tableau ci-dessous, ces verbes sont précédés de l'astérisque (*). Par ailleurs, pour les verbes dont le radical régulier se termine par /d/, la désinence de la troisième personne du singulier s'écrit avec *-d* plutôt qu'avec *-t*. Mais elle se prononce /t/: *il descend au salon* /il de sã to sa lõ/; *descend-il* /de sã til/.

INFINITIF	3ÈME PLURIEL (RADICAL RÉGULIER)	3ÈME SINGULIER (RADICAL COURT)	CONSONNE FINALE ORALE
part ir	ils part ent /paʀt/	il part /paʀ/	/t/
dorm ir	elles dorm ent /dɔʀm/	elle dort /dɔʀ/	/m/
rend re	ils rend ent /ʀãd/	il rend /ʀã/	/d/

viv re	ils viv ent /viv/	il vit /vi/	/v/
*fin ir	elles finiss ent /finis/	elle finit /fini/	/s/
*condui re	elles conduis ent /kɔ̃dɥiz/	elle conduit /kɔ̃dɥi/	/z/
*écri re	ils écriv ent /ekʀiv/	il écrit /ekʀi/	/v/

Outre ces deux distinctions grammaticales fondamentales, la présence opposée à l'absence de la consonne finale différencie de nombreuses paires de mots, par exemple:

+ CONSONNE	– CONSONNE	CONSONNE
la patte 'paw' /pat/	le pas 'step' /pa/	/t/
la loupe 'magnifying glass' /lup/	le loup 'wolf' /lu/	/p/
le bouc 'billy goat' /buk/	le bout 'end' /bu/	/k/
la cave 'cellar' /kav/	le cas 'case' /ka/	/v/
la vis 'screw' /la vis/	l'avis 'advice' /la vi/	/s/
la bouche 'mouth' /buʃ/	la boue 'mud' /bu/	/ʃ/

3.2 LA PRONONCIATION DES LETTRES FINALES

Avant de produire des consonnes finales fortement articulées, encore faut-il savoir quelles sont les consonnes finales écrites qui se prononcent. Nous reviendrons au problème des consonnes latentes au Chapitre 6; ci-dessous, nous traitons des consonnes stables. Comme nous ne pouvons pas passer en revue la totalité des mots de la langue française, nous essaierons de présenter un certain nombre de règles générales que l'on peut étendre à des cas particuliers.

Premièrement, toute consonne ou groupe de consonnes suivie de -e est toujours prononcé: *rouge*, *noire*, *verte*, *blanche*, *violette*.

Deuxièmement, une simple consonne finale, ou la dernière consonne d'un groupe de consonnes final, est en principe muette: *laid*, *petit*, *long*, *blanc*, *vert*, *court*.

Troisièmement, les lettres *c*, *r*, *f*, *l* représentent en général des consonnes stables. Le mot anglais *careful*, qui contient ces quatre consonnes, peut servir d'aide-mémoire pour se rappeler de ces lettres. Nous traitons ces quatre cas individuellement.

La lettre *c*

1. Cette lettre se prononce lorsqu'elle est la seule consonne à la fin d'un mot:

sec, avec, le chic, le fric 'dough (money)', le lac, le cognac, le roc, le bouc 'billy goat', caduc 'declining, null and void'

EXCEPTIONS: le tabac, l'estomac, le caoutchouc 'rubber', l'escroc 'swindler', l'accroc 'difficulty'

2. La lettre *c* est toujours prononcée lorsqu'elle se trouve à la fin d'un groupe de consonnes:

le parc, le talc 'talcum powder', le fisc 'French Internal Revenue Service'

EXCEPTIONS: le porc, le clerc 'clerk, clergyman', le marc 'coffee grounds'. (Notez que les mots anglais apparentés aux deux premiers mots, *pork* et *clerk*, contiennent un /k/ final. Comme vous l'aurez deviné, ce sont deux emprunts au français pendant la période qui a suivi l'invasion de l'Angleterre par les Normands francophones au 11ème siècle. A cette époque, toutes les consonnes finales du français se prononçaient. A partir du 12ème siècle, elles ont été progressivement supprimées, et on peut dire que des cas comme *c*, *r*, *f*, *l* et les consonnes latentes représentent les vestiges de l'ancien système phonologique.)

3. La lettre *c* n'est généralement pas prononcée quand elle suit une voyelle nasale, représentée par *an* et *on* dans la plupart des cas:

le banc, blanc, le franc, le tronc 'trunk (of a tree)', le jonc 'furze', je vaincs 'I conquer'

EXCEPTIONS: donc (prononcé /dõk/, excepté dans les expressions dis-donc /di dõ/ et dites-donc /dit dõ/), le zinc /zɛ̃g/ 'zinc'

Les lettres *k* et *q* sont prononcées /k/, comme l'est *c* en position finale. La lettre *k* se retrouve dans des mots empruntés aux langues étrangères: *le bifteck, le dock, le mark* 'German Deutsch Mark'. Et *q* apparaît dans: *le coq, cinq*.

La lettre *f*

Cette lettre est généralement stable lorsqu'elle apparaît seule à la fin des mots:

le chef, l'œuf, neuf, vif, le veuf 'widower', le pouf 'hassock'

EXCEPTION: la clef /kle/ (que l'on épelle aussi, clé).

Dans les groupes de consonnes, la prononciation de la lettre *f* est variable; elle est prononcée dans *le serf* 'serf, slave' mais pas dans *le nerf* 'nerve', *le cerf* 'deer' et *le cerf-volant* 'kite'. Notez la différence de prononciation de *f* dans les formes simples et complexes des mots *chef, neuf, œuf* et *bœuf* :

- le chef /ʃɛf/, chef-lieu /ʃɛfljø/ 'county seat (administrative center of a *département*)', mais le chef /ʃɛ/ d'œuvre 'masterpiece'
- neuf /nœf/ et Châteauneuf /ʃatonœf/ du Pape (un vin renommé), mais Neufchâteau /nøʃato/ ('Newcastle', une ville en Belgique)
- l'œuf /œf/, mais les œufs /ø/
- le bœuf /bœf/, mais les bœufs /bø/

La lettre *r*

En français, les consonnes /ʀ/ et /l/ partagent plusieurs traits phonologiques (voir le Chapitre 5). Du point de vue phonétique, ce sont des **liquides**, c'est à dire des consonnes produites avec très peu de constriction. Du point de vue distributionnel, elles font partie de la plupart des groupes de consonnes du français. En ce qui concerne la prononciation de *r* écrit, il faut distinguer deux cas:

1. Le suffixe infinitif *-er* et le suffixe agentif *-er/-ier*. Ce dernier s'ajoute à des noms se référant à des personnes ou à des choses. Par exemple, à partir d'un nom désignant un fruit, on forme le nom désignant l'arbre qui le produit: *la pomme* /pɔm/, *le pommier* /po mje/. Dans ces deux formes le *r* n'est jamais prononcé; nous verrons toutefois (Chapitre 9) que dans un style très soutenu le *r* de l'infinitif peut se prononcer à l'intérieur d'un groupe rythmique devant une voyelle:

INFINITIFS: chanter, geler, commencer

AGENTIFS ANIMÉS:

le boucher, le boulanger, le banquier, le charpentier, le berger, le batelier (← le bateau)

AGENTIFS INANIMÉS:

l'abricotier, le cerisier, le pêcher, le pommier; le clocher (← la cloche), le cendrier (← la cendre), l'encrier (← l'encre), le clavier (← la clé), le panier (← le pain)

2. Le *r* final se prononce dans les infinitifs en *-ir*, le suffixe agentif et adjectival *-eur* et les mots individuels, y compris ceux qui se terminent en *-er* et *-ier*; un grand nombre de mots se terminant en *-er* sont des noms empruntés à l'anglais:

INFINITIFS: finir, choisir, mentir, sortir

AGENTIFS ET ADJECTIFS: professeur, moteur, menteur, trompeur

EXCEPTIONS: monsieur /møsjø/, messieurs /mesjø/

MOTS INDIVIDUELS:

> pour, la cour 'yard, court', le pair 'peer', car, l'or, sur, le bon-
> heur, le cœur, cher, le fer, la mer, le cancer, l'hiver, la cuiller
> 'spoon' (écrit aussi *cuillère*), le ver 'worm', amer 'bitter', l'enfer
> 'hell', hier, fier, le gangster, le poker, le revolver

EXCEPTIONS:

> le chancelier, l'escalier, le gosier 'gullet', le papier, premier, der-
> nier (notez que les mots simples se terminant en *-er* ou en *-ier* où
> le *r* final ne se prononce pas ont généralement plus d'une syllabe
> tandis que ceux où il se prononce n'en ont qu'une. Comparez:
> *porter, l'escalier* vs. *le fer* /fɛʀ/, *fier* /fjɛʀ/).

La lettre *l*

En position finale, cette lettre est toujours prononcée:

> le bal, mal, cheval, bol, mol, avril, le cil 'eyelash', le fil 'thread',
> le sel, bel, nouvel, solennel, seul

EXCEPTIONS: La plupart des mots où, exceptionnellement, *l* n'est pas prononcé,
se terminent en *-il*:

> le sourcil 'eyebrow', gentil, l'outil, le fusil, le fournil 'bakehouse',
> le coutil 'ticking', le chenil 'kennel', le persil 'parsley', le nombril 'belly but-
> ton'

NOTE: La prononciation du *-l* dans ces trois derniers mots est variable.

AUTRES EXCEPTIONS:

> le cul 'ass' (et ses composés *cul-de-sac* 'dead end', *cul-de-jatte* 'legless crip-
> ple'), soûl

Quand il est suivi de *s*, le *l* final est muet:

> le fils /fis/, le pouls /pu/ 'pulse'

Il faut séparer des cas énumérés ci-dessus celui de *l* précédé de *i* dans les combinaisons *-ail, -eil, -euil, -œil, -ouil*. En effet, dans ces combinaisons, la graphie *-il* représente la semi-voyelle /j/: *le travail* /travaj/, *pareil* /parɛj/, *le deuil* /dœj/, *l'œil* /œj/, *le fenouil* /fønuj/.

Les autres consonnes

Pour les autres consonnes-lettres finales, il est plus efficace de supposer qu'elles sont muettes et de considérer les cas où la lettre se prononce comme des exceptions à apprendre par cœur. Ci-dessous, nous présentons sous forme de liste les diverses consonnes écrites: la première colonne contient la lettre en question ainsi que le contexte graphique, si nécessaire; la deuxième colonne donne les cas réguliers, c'est à dire ceux où la consonne n'est pas prononcée; la troisième colonne montre les cas exceptionnels, ceux où la consonne écrite correspond à une consonne stable. Cette liste n'est qu'indicative. Pour les *m* et *n* en position finale, voir le Chapitre 9.

Lettre écrite finale (plus contexte)	Régulier (lettre muette)	Exception (consonne stable)
p	le drap, le champ	le stop, le cap 'headland, heading' (in navigation), le slip 'briefs' (underwear)
b	le plomb	un snob
t -it	le débit	le déficit, le transit
-ot	le mot	la dot
-ut	le salut, le statut	chut, zut, brut 'rough, unpolished', (tout) azimut 'in all directions'
-out	le bout	le scout, août (variable /u/ ou /ut/)
-ct	le suspect /syspɛ/, distinct /distɛ̃/, un instinct /ɛ̃stɛ̃/, prompt /pʀõ/	strict, le contact, correct, exact (variable /egza/ ou /egzakt/)
-st	il est	l'est, l'ouest, le test
d	grand, le nœud, le nord	le sud noms propres: Alfred, David, Madrid, George Sand
g	le rang, le sang, le bourg	le gang, le zigzag, le grog, le joug 'yoke'

s	-as	le pas, le cas	l'as 'ace', hélas, l'atlas
	-ens	aux dépens 'at the expense'	le sens 'meaning, direction'
	-ous	nous, vous	le couscous, tous (pronom)
	-is	la souris, le tapis, l'avis, le paradis	le tennis, le maïs, la vis 'screw', l'oasis, le cassis 'black currant', bis 'encore'
	-us	le jus, le refus, le pus	le bus, le campus, le virus, le cactus
	-os	le dos 'back', le héros, le repos, les os /o/	l'os /ɔs/, le tétanos
	-ès	le progrès, très, le succès	le palmarès 'list of prizes, hit parade'
	-ours	le secours 'help', le velours 'velvet'	l'ours, les mœurs ('manners, mores', aussi /mœʀ/)

ADVERBES ET PRÉPOSITIONS:

		alors, mais, toujours, dans, sans, sous, vers, volontiers 'gladly'	jadis 'formerly'
	-ess		express
z		assez, chez	le gaz
x		la paix, le prix	= /ks/: l'index, le silex

Mots particuliers

La prononciation du *s* final de *tous* et de *plus* appelle des remarques particulières, car ces formes recouvrent des mots ayant des fonctions et des sens différents. Il s'agit en fait de mots **homophones**, chaque forme ayant sa propre prononciation.

Tous

Le *s* final se prononce dans le pronom:

Il les prend **tous** /tus/.
Ils sont **tous** /tus/ présents.

Il est muet dans l'adjectif:

Tous /tu/ les fruits sont chers.

Plus

Il faut distinguer le quantitatif, le négatif et le comparatif; pour cette dernière fonction, il faut aussi distinguer les groupes adjectivaux ou adverbiaux des
groupes verbaux.

1. **Le quantitatif.** Le *s* représente la consonne stable /s/ dont la prononciation est variable; celle-ci est prononcée en fin de groupe rythmique et
lorsqu'elle signifie *et* dans les additions:

> J'en ai **plus** /plys/. 'I have more of them.'
> Je t'aime le **plus** /plys/. 'I like you best.'
> Deux **plus** /plys/ deux font quatre.
> Lui, **plus** /plys/ un autre. 'Him and another (person).'

Dans les expressions *en plus*, *au plus* et *de plus*, la prononciation est
variable; on entend indifféremment /plys/ ou /ply/:

> Il veut trois francs de **plus** /plys/ ou /ply/.
> Au **plus** /plys/ ou /ply/, je lui donne trois jours pour changer d'avis.
> En **plus** /plys/ ou /ply/, elle se plaint toujours.

Toutefois, la prononciation /plys/ tend à se généraliser puisque, comme
le *ne* du négatif tombe en conversation ordinaire, c'est le /s/ qui permet
de différencier le quantitatif positif du négatif. Comparez:

> NÉGATIF: J'en veux **plus** /ply/. (Je n'en veux plus.)
> QUANTITATIF POSITIF: J'en veux **plus** /plys/.

Dans l'expression *de plus en plus* et dans les constructions contrastives
plus + groupe verbal ... adverbe + groupe verbal, le *s* représente la consonne latente; celle-ci est réalisée facultativement comme /z/ devant une
voyelle, excepté dans l'expression *de plus en plus* où elle est prononcée
obligatoirement:

> Il va **de plus en plus** /plyzãply/ mal.
> **Plus** /plyz/ (ou /ply/) on fait de sport, mieux on se sent.

Mais:

> **Plus** /ply/ vous tricherez, moins vous gagnerez.

2. **Le négatif:** Le *s* est muet:

> Je ne travaille **plus** /ply/. — Moi non **plus** /ply/.

3. **Le comparatif adjectival ou adverbial.** Le *s* est une consonne latente
qui se prononce /z/ lorsqu'elle est réalisée devant une voyelle:

    a. ADJECTIVAL:

            Il est **plus** /ply/ fort que moi.
            C'est le **plus** /ply/ fort.
    Mais:
            C'est le **plus** /plyz/ énergique.

    b. ADVERBIAL:

            Il n'a **plus** /ply/ soif.
    Mais:
            Il n'a **plus** /plyz/ (ou /ply/) envie de manger.

4. Le comparatif verbal. Le *s* représente la consonne stable /s/, mais celle-ci est variable:

    Nous gagnons **plus** /plys/ ou /ply/ qu'eux.
    Vous aimez cet enfant **plus** /plys/ ou /ply/ que les autres?

CHAPITRE

4

L'intonation

Le terme d'**intonation** décrit les modifications de la hauteur de la voix, c'est à dire, la **mélodie** de la parole. Au point de vue acoustique, la hauteur correspond à la fréquence de vibration de la colonne d'air expiré au niveau du larynx. Plus la fréquence de vibration est élevée, plus le ton est perçu comme haut, et inversement. Chaque langue a sa mélodie particulière, et c'est de cet aspect de la prononciation d'une langue que le locuteur est le plus conscient. En effet, pour décrire des langues ou accents autres que le nôtre, nous disons que leurs locuteurs "chantent". Puisque toutes les langues ont un système intonatif, cela veut dire que pour nous, ceux qui parlent une langue ou un dialecte autre que le nôtre, ou qui parlent notre langue avec un autre accent, chantent autrement que nous, c'est à dire que leur intonation diffère de la nôtre. L'intonation recouvre la variation de la hauteur de la voix dans un énoncé, qui peut être un mot, un groupe de mots ou une phrase. L'intonation se manifeste par des **contours intonatifs** particuliers.

4.1 LA FONCTION DE L'INTONATION

L'intonation sert quatre fonctions dans la langue:

1. L'expressivité. Les modifications de contours intonatifs expriment les émotions du locuteur et servent à transmettre certaines connotations. C'est par l'utilisation de contours intonatifs particuliers que l'on exprime la joie ou la tristesse, une attitude bienveillante ou ironique, l'indifférence ou la surprise. Par exemple, si la question *Le bureau est fermé?* (qui demande une réponse positive ou négative) est prononcée avec une montée aiguë de la voix sur la dernière syllabe, elle exprimera la surprise indignée ou incrédule. Ce qui est sous-entendu est:

> Vous voulez me dire qu'on a fermé le bureau avant l'heure usuelle;
> je ne vous crois pas.

2. La démarcation. Nous avons vu qu'au contraire de l'anglais, le français ne marque pas nettement la frontière entre les mots par l'accentuation ou les jonctures (voir 1.6). C'est donc aux différences d'intonation que l'on a recourt pour cette importante fonction. Les deux énoncés *Il est Suisse allemand* et *Il essuie salement* sont identiques au point de vue des segments qui les composent: /i le sɥi sal **mã**/, ainsi que de l'accentuation: c'est la dernière syllabe qui est proéminente dans les deux cas. Il est possible de distinguer les deux énoncés en prononçant la troisième syllabe /sɥi/ *(sui)* de *Il essuie salement* avec un ton plus élevé que celui de la syllabe correspondante de *Il est Suisse allemand*.

3. Caractéristiques géographiques et sociales. Comme certains segments, les contours intonatifs varient d'une région francophone à une autre et d'un groupe social à un autre. Cependant, s'il est possible d'établir des liens précis entre la variante phonétique d'un segment et une région particulière de la France ou du domaine francophone (par exemple, la variante [ɪ] de /i/ du Québec, voir Chapitre 2), il n'existe aucune étude empirique de la variation au niveau de l'intonation. Mais, même si elles ne sont pas encore documentées et ne reposent que sur des observations impressionnistes, les différences d'intonation entre un Parisien et un Alsacien, par exemple, sont frappantes.

4. Sémantique. Les segments permettent de distinguer les mots: par exemple, la substitution de /u/ à /y/ change le mot *bureau* à *bourreau*. C'est donc une distinction qui a des conséquences sémantiques. De même, la substitution d'un contour intonatif à un autre change le sens d'un énoncé. La différence entre un segment comme /y/ et un contour intonatif est que le sens que porte ce dernier est global. Ainsi, la montée opposée à la descente de la voix sur la dernière syllabe de la même séquence de segment distingue une question d'une phrase déclarative: *Elle sort?* vs. *Elle sort.* /ɛl sɔʀ/:

4 ──────────────────── SƆR ↑

3 ────────────────────
    εl

2 ────────────────────

1 ────────────────────

4 ────────────────────

3 ────────────────────
    εl

2 ────────────────────
                   SƆR ↓

1 ────────────────────

4.2 COMMENT DÉCRIRE LES CONTOURS INTONATIFS

Certains aspects de l'intonation sont partagés par le français et l'anglais. Par exemple, les **questions totales**, qui demandent une réponse affirmative ou négative, sont produites avec une montée finale du ton:

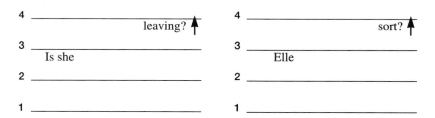

Mais d'autres aspects des contours intonatifs sont particuliers à une certaine langue. Par exemple les **questions partielles**, qui demandent un renseignement précis, se terminent en anglais et en français par une descente finale de la voix. Mais la courbe intonationelle diffère:

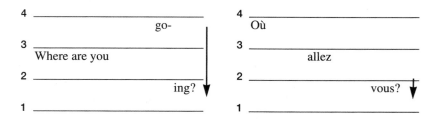

En anglais, l'énoncé commence sur un ton moyen. Le point le plus haut de l'intonation correspond à la syllabe qui porte l'accent principal de l'énoncé, la première syllabe de *going*. Le ton tombe brusquement au cours de la production de ce mot. En français, le point le plus haut correspond au mot interrogatif *où*, et l'intonation descend progressivement. Elle peut également remonter sur la dernière syllabe et tomber en fin d'énoncé.

Dans ce chapitre, nous passerons en revue les contours intonatifs de base du français. Ces contours, basés généralement sur la lecture de phrases isolées, sont quelque peu simplifiés et normalisés; ils ne reflètent pas la variabilité résultant de facteurs stylistiques ou communicatifs. Vous aurez noté qu'ils comprennent deux paramètres: (1) le mouvement intonatif final, montant ou descendant, indiqué par une flèche; (2) la hauteur de la voix au début et à la fin d'un groupe rythmique indiquée sur une grille à quatre niveaux. Par exemple, pour la question totale *Elle sort?*, le niveau intonatif sur la première syllabe est moyen (niveau 2), et l'énoncé se termine par une montée de la voix du niveau 3 au niveau 4. Le mouvement intonatif final est montant. Par contre, pour la question partielle, le ton sur la première syllabe est au niveau 2, et il tombe progressivement. Toutefois, le mouvement final peut être descendant ou montant.

Il est important de tenir compte de ces deux paramètres. Ceci ressort de l'exemple offert par le regretté Pierre Delattre, l'un des plus éminents spécialistes de phonétique française. Dans un article intitulé "L'intonation par les oppositions," *Le Français dans le Monde* 64 (avril-mai 1969), P. Delattre part de la question partielle *Qu'est-ce qu'on a pour le dîner, Maman?* et montre que selon le niveau intonatif au début et à la fin du deuxième groupe rythmique, *Maman*, cette question est sujette à quatre interprétations sémantiques fort différentes (voir la Figure 4.1).

Le premier contour intonatif, où l'intonation sur *Maman* commence au niveau 1 et reste plate, correspond à une question parfaitement normale qu'un enfant curieux de savoir ce qu'il y a à manger adresserait à sa mère. En revanche, le deuxième contour ne serait normal que dans le monde des contes de fées. Il s'agit d'une conversation entre deux ogres pour lesquels manger sa mère ne sort pas de l'ordinaire. Ce contour s'étend en fait sur deux énoncés: une question partielle suivie d'une question totale. Notez que la première syllabe de *Maman* commence au niveau 2 et se termine en un mouvement montant qui dépasse le niveau 4. Plus le niveau final est haut, plus ce contour intonatif connote la suprise. Pour le troisième contour, où *Maman* commence au niveau 4 et se termine au niveau 1 par un mouvement descendant, nous sommes toujours chez les ogres. L'un des ogres répond à l'autre sans hésiter en disant qu'ils mangeront leur mère. Le dernier contour, dans lequel *Maman* commence au niveau 2, continue au niveau 4 et se termine par un mouvement descendant, reflète la même situation que celle du troisième contour intonatif, mais la réponse est plus nuancée. Comme le fait remarquer Pierre Delattre, cette réponse "est douteuse et pleine de sous-entendus qu'on pourrait rendre plus explicites en complétant la pensée du locuteur par: on va manger maman, naturellement, que veux-tu (regrets); maman, cette fois-ci (c'est son tour)."

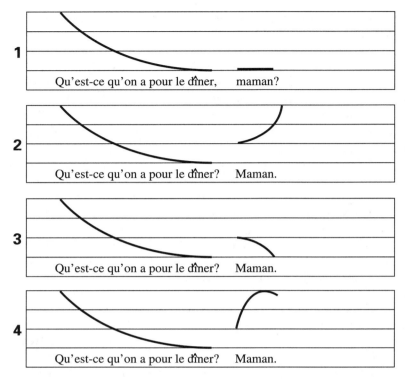

Figure 4.1   Différentes intonations pour la question: "Qu'est-ce qu'on a pour le dîner, Maman?"

Les contours intonatifs modèles que nous offrons suivent de très près les tracés intonatifs réels des énoncés choisis effectués au laboratoire de phonétique acoustique de l'Université de Nice-Sophia Antipolis l'été de 1992. Voici par exemple, le contour intonatif de la suggestion *Prenez l'avion.*

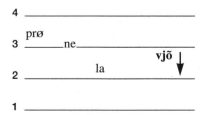

4.3 LES CONTOURS INTONATIFS DE BASE SIMPLES

Le français compte quatre contours intonatifs de base s'étendant sur un seul groupe rythmique. Ils correspondent à certains types d'énoncés: (1) déclaratif, (2) impératif, (3) questions totales (*oui*/*non*), (4) questions partielles (contenant un mot interrogatif).

Le contour déclaratif
Les énoncés déclaratifs sont produits avec une intonation qui débute au niveau 2, descend vers le niveau 1 et se termine par un mouvement descendant:

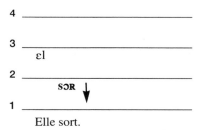

Dans les groupes rythmiques de plus de deux syllabes (ce qui représente bien sûr la majorité), il y a généralement une montée (appelée **continuation**) vers le niveau 3 au milieu du groupe rythmique. Cette montée peut même atteindre jusqu'au niveau 4, mais dans ce cas la descente s'arrête au niveau 2. Les contours déclaratifs prennent ainsi la forme d'une cloche ou d'un V inversé, avec une montée et une descente. Voici deux contours intonatifs possibles pour la déclaration *Il attend son fils* /i la tã sõ fis/:

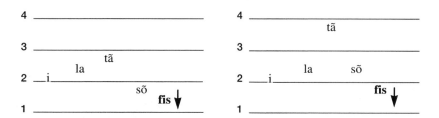

La descente peut être graduelle, comme pour le contour ci-dessus, ou plus abrupte:

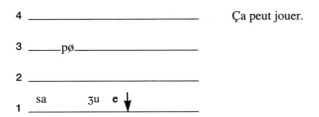

Ça peut jouer.

Le contour impératif

Les ordres sont accompagnés d'une intonation descendante abrupte qui part du niveau 4 et descend jusqu'au niveau 2 ou même 1:

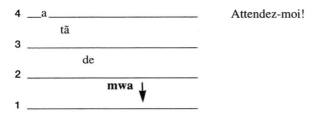

Attendez-moi!

Pour les suggestions, la descente est moins abrupte. Le contour commence au niveau 3, et, sur la dernière syllabe, l'intonation remonte vers le niveau 3 avant de tomber à la fin de l'énoncé. Comparez le commandement à gauche et la suggestion à droite pour la phrase *Prenez l'avion*:

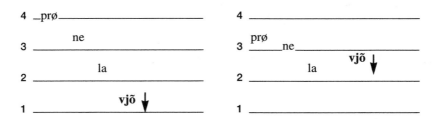

Le contour intonatif des exclamations ressemble beaucoup au contour impératif, excepté que la descente est moins abrupte. Aussi, les exclamations contiennent un accent d'insistance (voir 14.3, 15.6). La syllabe portant l'accent est prononcée avec un ton plus haut. Ci-dessous le contour de droite représente l'énoncé qui contient un accent d'insistance:

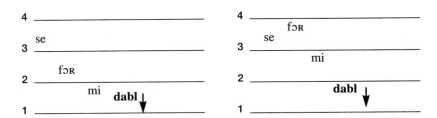

Il faut souligner que, puisqu'une des fonctions de l'intonation est d'exprimer les émotions, il ne faut pas interpréter les divers contours intonatifs de base offerts ici comme des modèles absolus. Par exemple, le contour intonatif descendant des ordres cède la place à un contour montant lorsqu'il est modulé par un certain sentiment d'impatience ou d'exaspération. Supposons que mes amis s'apprêtent à partir sans moi, je leur dirais *Attendez-moi!* (sous entendu: *Donnez-moi donc le temps de me préparer!*) avec un contour commençant au niveau 2 et montant à la fin vers le niveau 4. Notez que le flèche verticale sur /mwa/ essaie de montrer que le mouvement ascendant ne commence pas après la voyelle finale mais avec la syllabe finale entière. Sur cette syllabe, le ton part du niveau 2 et monte jusqu'au niveau 4:

```
4 _____
                 mwa ↑
3 _____
    a    tã   de
2 _____

1 _____
```

Les questions totales

L'intonation associée à ce type d'énoncé dépend de la structure grammaticale utilisée. Les questions qui ne diffèrent des déclarations correspondantes que par l'intonation sont prononcées avec une montée continue. Comparez les contours intonatifs de *Il arrive ce soir* et de *Il arrive ce soir?*

```
4 _____          4 _____
                                                 swaʀ ↑
        ʀiv____                              sø
3 ____ la       ____            3 ____ la  ʀiv____
    i         sø                    i
2 _____          2 _____
          swaʀ ↓
1 _____          1 _____
```

La montée de la voix peut être plus abrupte selon la valeur communicative de la question. En effet, le terme de "question" masque le fait que ce type d'énoncé a un grand nombre de valeurs dans le discours. Il est vrai que les questions servent souvent à obtenir des renseignements, mais du point de vue des actes de parole (c'est à dire des intentions communicatives), elles peuvent formuler une offre (par exemple, *Vous voulez un sac? = Je vous offre un sac, si vous le voulez*) ou une demande (par exemple, *Vous avez un stylo? = Puis-je vous demander de me prêter un stylo?*). Le contour intonatif utilisé variera selon l'intention communicative et le découpement d'un énoncé en groupes rythmiques, par exemple, la montée de la voix est plus graduelle pour une offre que pour une demande. Aussi, il y a une montée intonative sur la dernière syllabe de *avez,* qui se trouve à la fin du premier groupe rythmique:

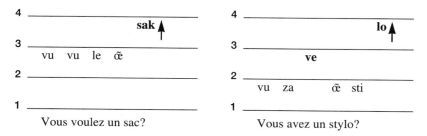

Les questions totales, formées avec l'adjonction de l'élément interrogatif *est-ce que* ou l'inversion du pronom sujet, sont caractérisées par la prononciation au niveau 3 ou 4 de la syllabe contenant l'élément *est-ce que* ou le pronom inverti, respectivement, avant la montée finale. Les autres syllabes du groupe rythmique sont prononcées avec une intonation plus basse:

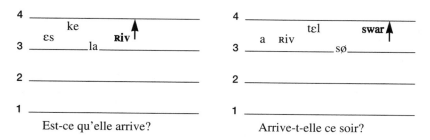

Au point de vue de leur utilisation en contexte communicatif, ces deux derniers types structuraux de questions totales se distinguent nettement des questions conservant l'ordre déclaratif des éléments de la phrase et ne comportant que l'intonation montante. En effet, seul ce dernier type peut être utilisé dans des énoncés à valeur non interrogative, par exemple lorsque l'on veut recevoir confirmation d'une déclaration ou exprimer la surprise. Ainsi, si vous vouliez qu'on vous confirme la déclaration *Le train est déjà parti*, vous diriez: *Le train est parti?*, mais jamais *Est-ce que le train est parti?* ou *Le train est-il parti?* De même, lorsque vous ne croyez pas que le train soit déjà parti (par exemple, parce que d'après votre montre ce n'est pas encore l'heure du départ), vous n'utiliserez que *Le train est parti?* Les questions totales formées avec l'adjonction de *est-ce que* ou avec l'inversion du pronom sujet n'ont donc qu'une valeur interrogative. Cette différence de valeur communicative explique pourquoi les questions comme *Elle sort?* ou *Le train est parti?* sont souvent produites avec une intonation finale très aiguë. C'est précisément la hauteur de la voix qui sert à communiquer les diverses connotations et à exprimer certaines émotions telles que la surprise.

Il existe un autre type de question totale dont la fréquence d'emploi est très élevée en français parlé: l'utilisation d'un élément postposé comme *n'est-ce pas*, ou *d'accord*. Dans le discours, cet élément a une valeur **phatique**, c'est-à-dire qu'il sert à s'assurer de l'accord de l'interlocuteur, de s'assurer qu'il écoute, etc. Le contour intonatif commence assez bas (niveau 2) et reste plat; il comporte ensuite une montée finale et un mouvement montant sur cet élément. On pourrait dire qu'il s'agit ici d'un contour complexe composé d'une continuation et d'une question totale constituée seulement par l'élément postposé:

```
4 _____
                  miʀ   nɛs pa ↑
3 _____
    il   fo   dɔʀ
2 _____

1 _____
    Il faut dormir, n'est-ce pas?
```

Les questions partielles

On appelle question partielle une phrase interrogative où la question ne porte que sur un élément de la phrase. Ces questions commencent toutes avec un élément interrotatif (pronom ou adverbe). Du point de vue syntaxique, elles peuvent prendre quatre formes principales illustrées par les exemples ci-dessous.

1. Inversion:

    (a)   Quand partent **vos amis**?

    (b)   Quand vos amis partent-**ils**?

Notez que ce type de question comprend deux sous-types: dans l'exemple (a) le syntagme nominal sujet *vos amis* est inverti; dans (b) le syntagme nominal sujet reste à sa place devant le verbe mais une copie — le pronom sujet correspondant — est insérée après le verbe. Lorsqu'il s'agit d'un verbe composé, l'élément inverti apparaît après le verbe auxiliaire, comme dans les exemples (c) et (d):

(c) Quand vos amis sont-**ils** partis?

(d) Quand vos amis vont-**ils** partir?

2. Adjonction de *est-ce que*:

Quand **est-ce que** vos amis sont partis?

3. Post-position:

Vos amis sont partis **quand**?

4. Pré-position:

Quand vos amis sont partis?

Les deux derniers types de questions partielles sont perçues comme incorrects par de nombreuses personnes. Cependant ils caractérisent le style familier de ces mêmes personnes, et ils sont très fréquents dans la langue parlée. Au contraire, l'inversion, qui est fortement valorisée, caractérise le style soutenu, et n'apparaît que rarement dans la conversation.

A l'exception du type comprenant la post-position, les questions partielles sont caractérisées par une intonation descendante. Cette intonation se distingue cependant de l'intonation des énoncés déclaratifs par le fait que leur contour intonatif part du niveau 3 ou 4, puis descend jusqu'au niveau 2 ou 1. Souvent il se termine par une légère remontée. Comparez la question *Où allez-vous?* à la déclaration correspondante *Nous allons à Cannes*:

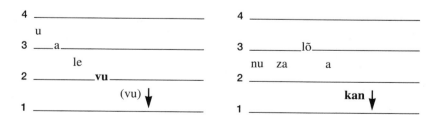

Dans le cas de pronoms ou d'adverbes interrogatifs comprenant plus d'une syllabe, l'intonation part du niveau 3 et monte au niveau 4 sur la deuxième partie de l'élément interrogatif. Il en est de même si l'élément interrogatif est composé d'un adjectif interrogatif + nom. Comparez le contour de *Où allez-vous?* ci-dessus à ceux de *Pourquoi l'avez-vous pris?* et *Quel temps fait-il ce soir?*, respectivement:

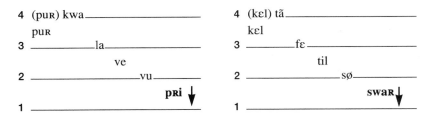

Il est aussi possible de prononcer tout l'élément interrogatif, y compris la combinaison de l'adjectif interrogatif + nom, sur le même ton, comme l'indiquent les parenthèses dans /(puʀ) kwa/ et /(kɛl) tã/.

Les questions partielles des types *est-ce que* et pré-position ont le même contour intonatif:

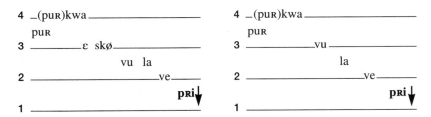

Les questions formées par la post-position de l'adverbe ou du pronom interrogatif ont un contour intonatif fort différent de celui qui caractérise les trois autres types de questions partielles. Leur contour commence au niveau 4 et ne descend qu'au niveau 3. Il se termine par une remontée finale dont l'ampleur dépend du degré d'expressivité. Par exemple, si le locuteur veut exprimer la surprise, le ton sur l'élément interrogatif montera jusqu'au niveau 4. Comparez les contours intonatifs de la question *Vous allez où?* à celui de la déclaration correspondante *Nous allons à Cannes*:

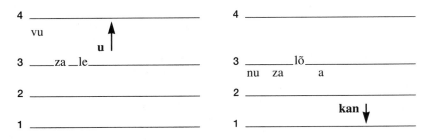

Les liquides /l/ et /ʀ/

On donne le nom **liquide** aux consonnes /l/ et /ʀ/. Ces deux phonèmes ont en commun leurs caractéristiques phonétiques, intermédiaires entre les consonnes et les voyelles, et le fait qu'ils se combinent aisément avec les consonnes. La plupart des groupes de consonnes du français contiennent une liquide. Bien que chacun de ces phonèmes corresponde à un phonème de l'anglais, il s'en distingue nettement du point de vue articulatoire.

5.1 LA LIQUIDE LATÉRALE /l/

Production et distribution

En français, /l/ est une **latérale** produite par le contact de la pointe de la langue contre les incisives ou les alvéoles supérieures; c'est une **dentale** ou une **alvéo-palatale**. Dans la production d'une latérale, il se produit une faible constriction, et l'air peut passer soit par un côté de la langue, soit par les deux côtés. La langue tend à se masser vers l'avant de la bouche, et elle prend une forme convexe, voir la Figure 5.1. Comme la cavité de résonance est relativement petite et orientée vers l'avant par la forme convexe de la langue, il se produit un son plu-

Figure 5.1   /l/ dental français

tôt aigu acoustiquement. L'articulation de /l/ varie peu quels que soient les sons qui l'entourent ou sa position dans le groupe rythmique.

En anglais, /l/ est aussi une latérale mais la position de la langue diffère nettement de celle du phonème français correspondant. Le contact de la pointe de la langue se fait plus vers l'arrière, contre les alvéoles ou l'avant du palais dur. Un creux se forme entre la pointe et le dos de la langue, ce qui donne à cette dernière une forme concave. Elle a également tendance à se masser vers le voile du palais ou le pharynx. Comme la cavité de résonance est relativement grande et orientée vers l'arrière, le son produit est plutôt grave. En fait, il existe deux variantes du /l/ anglais: la variante claire ([l]) de *light* ou *clear* et la variante sombre ([ɫ]) de *bill*, *belt*, ou *holding*. Dans la production de la variante claire, la masse de la langue se place moins vers l'arrière que pour la variante sombre (voir les Figures 5.2 et 5.3). La rétraction de la masse de la langue peut produire un son vocalique proche du [ʊ] de *foot*, en particulier après une voyelle postérieure, par exemple, *full* [fʊɫ] ou [fʊᶷ], *fill* [[fɪɫ] ou [fɪᶷ]. Malgré leurs différences articulatoires appréciables, ces deux variantes sont en **distribution complémentaire**: [ɫ] se retrouve après une voyelle en position finale ou devant une consonne, et [l] partout ailleurs:

[l] *clair*	[ɫ] *sombre*
lease	bill
light	full
belief	old
yellow	helper

Il existe une troisième variante du /l/ anglais: /l/ syllabique, [ļ]. Cette variante se retrouve en position finale après une consonne, par exemple dans *apple* [æpļ], *camel* [kæmļ], *fiddle* [fɪdļ]. Ces trois mots contiennent deux syl-

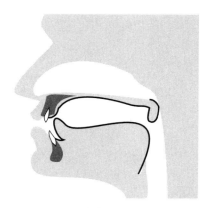

Figure 5.2 /1/ anglais clair   **Figure 5.3** /ɬ/ anglais sombre

labes, [ļ] servant comme noyau de la deuxième syllabe. Lorsque ces mots sont prononcés lentement, [ļ] alterne avec une séquence composée de la voyelle centrale [ə] plus [l]; la syllabe contenant cette voyelle ou [ļ] n'est jamais accentuée. Par exemple, *camel* se prononce soit [**kæm**ļ] ou [**kæm**əl] (la syllabe accentuée est indiquée en caractères gras).

Variation

La seule variation notable de la liquide /1/ est sa chute dans les pronoms personnels *il* et *ils*. Dans la conversation ordinaire, /1/ tombe devant une consonne. Au pluriel, le /1/ n'apparaît pas non plus devant une voyelle puisqu'il tombe devant le /z/ de liaison:

> il va /i va/ vs. il a /i la/
> ils disent /i diz/ vs. ils arrivent /i za ʀiv/

Cette prononciation remonte loin dans le temps, et la prononciation de /1/ dans le style soutenu constitue une hypercorrection récente influencée par l'orthographe. Dans certaines variétés régionales, en particulier celles d'Amérique du Nord, la chute de /1/ s'étend à *il* devant voyelle. Là il est remplacé par /j/:

> il arrive /ja ʀiv/ il a dit /ja di/

Dans ces parlers, /1/ tombe aussi dans *elle* et *elles* devant consonne:

> elle dit /ɛ di/ ou /a di/
> elles partent /ɛ paʀt/ ou /a paʀt/

Aspects pédagogiques

Le principal problème que la prononciation du /l/ français pose aux anglophones provient du transfert de la variante sombre après une voyelle. Par exemple, au lieu de prononcer *il* [il] et *elle* [ɛl], les apprenants anglophones ont tendance à produire un /l/ sombre: [ɪɫ] et [ɛɫ]; aussi, la rétraction de la langue rend plus grave le timbre des voyelles. Pour contrecarrer cette tendance, il faut commencer par s'habituer à prononcer un /l/ clair dans toutes les positions du groupe rythmique. Les voyelles aiguës (les voyelles antérieures fermées /i/ et /e/ en particulier) rendent /l/ plus clair, et il est utile de commencer à s'entraîner à produire la liquide dans l'environnement de ces voyelles:

lisible   /li zibl/
visibilité   /vi zi bi li te/
il était libre   /i le te libʀ/
il les élimine   /i le ze li min/
elle appelle Alice au téléphone   /e la pe la lis o te le fɔn/

Pour éviter de produire un /l/ sombre après une voyelle, surtout en position finale, il est important de prolonger l'articulation de la liquide et de la prononcer avec une forte détente (/⁼/). On peut aussi imaginer qu'elle est suivie d'un /i/. De cette manière, la langue prendra la position d'articulation antérieure de cette voyelle et ne se retirera pas vers l'arrière. Une intonation montante favorisera un son clair (la suite de deux points, ::::, représente la longueur de la détente):

le fil? [fil⁼ ::::(i)]   la belle? [bɛl⁼ ::::(i)]

Pour s'habituer à produire /l/ avec le contact entre la pointe de la langue et l'arrière des incisives supérieures, il est utile de produire des séries de mots se terminant par une autre consonne dentale, notamment /t/ et /d/:

vite /vit/	vide /vid/	la ville /vil/
sept /sɛt/	il cède /sɛd/	celle /sɛl/
la soute /sut/	il soude /sud/	soûl /sul/

On peut aussi prononcer des séries de mots se terminant par une voyelle + /l/ suivis d'autres mots commençant par une voyelle dans le même groupe rythmique:

il a /i la/	il /il/
quelle année /ke la ne/	quelle /kɛl/
une foule animée /yn fu la ni me/	une foule /yn ful/

Un problème mineur résulte de l'insertion d'un /l/ syllabique ou de la séquence [ə] + [l] entre une consonne et un /l/ final: *le peuple* [pœpl̩] ou [pœpəl], au lieu de [pœpl]. Cela résulte en l'adjonction d'une syllabe supplémentaire au mot.

Orthographe

1. La liquide /l/ est représentée d'ordinaire par la lettre *l*: *le lit, l'élision, l'amplitude, l'altitude, les bals*.

2. En position finale, comme nous l'avons vu (3.3), *l* est généralement prononcé, excepté:

    — dans certains mots se terminant en *-il*:

    le fusil /fy zi/, gentil /ʒã ti/, l'outil /lu ti/;
    par contre: il /il/, le fil /fil/, civil /si vil/, l'exil /le gzil/

    — dans des mots au singulier se terminant en *-s*:

    le pouls /pu/, le fils /fis/

    — dans une liste de mots exceptionnels:

    le cul /ky/, soûl /su/

3. /l/ est aussi représenté par *ll*:

    elle appelle /e la pɛl/, l'allée /la le/, l'alliance /la ljãs/,
    folle /fɔl/, molle /mɔl/, la balle /la bal/, la salle /la sal/

Au Chapitre 14 nous examinerons la prononciation du /l/ double ou **géminé** que l'on trouve dans des mots comme *une illusion* /il ly zjõ/ ou *illégitime* /il le ʒi tim/.

4. Après *i* précédé d'une voyelle, la lettre *l* représente /j/:

    le travail /tra vaj/, le soleil /so lɛj/, le fauteuil /fo tœj/,
    le fenouil /fø nuj/

5.2 LA CONSTRICTIVE DORSALE /ʀ/

La liquide /ʀ/ se réalise en français sous la forme d'une grande variété de sons. Comme nous le verrons ci-dessous, la variation dépend principalement de facteurs géographiques, mais elle est aussi déterminée par la position du phonème dans le groupe rythmique.

Production et distribution

La variante standard de /ʀ/, celle qui jouit du plus grand prestige auprès des francophones, et qui est ainsi offerte comme modèle pour les apprenants étrangers, est un son produit par une faible constriction entre le dos de la langue et une zone articulatoire allant de l'arrière du voile du palais au pharynx (voir les Figures 5.4 et 5.5). Les articulations illustrées par ces figures sont toutes formées à l'arrière de la cavité buccale et caractérisées par la rétraction de la masse de la langue, qui prend une forme convexe, la pointe s'orientant vers l'avant. La production de cette liquide se distingue de celle des autres consonnes du français par l'absence de contact entre le dos de la langue et un point de la voûte de la cavité buccale: /ʀ/ est donc un son très ouvert et relativement doux.

Au plan articulatoire, le phonème /ʀ/ se distingue nettement de son homologue anglais. Comme l'anglais compte aussi un grand nombre de variantes géographiques de /r/, seules les variétés américaines seront traitées. Il existe aux Etats-Unis deux variantes principales: une faible constrictive rétroflexe, représentée par le symbole [ɹ], et une voyelle centrale, [ɚ]. Cette dernière variante se retrouve en position post-vocalique dans les régions de Boston et de New York et dans le Sud, par exemple, *for* [foɚ], *guard* [gaɚd]. Elle consiste en fait en un mouvement articulatoire vers la position d'articulation de [ɹ]. Dans l'articulation de ce dernier son, la pointe de la langue s'élève vers les alvéoles et l'avant du palais dur mais en s'orientant vers l'arrière. Le dos de la langue est rétracté, mais la langue prend une forme concave, et la cavité buccale est relativement grande, voir la Figure 5.6.

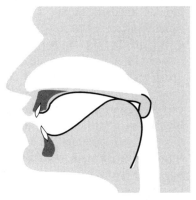

Figure 5.4 /ʀ/ dorso-vélaire dit "parisien"

Figure 5.5 /ʀ/ dorso-uvulaire

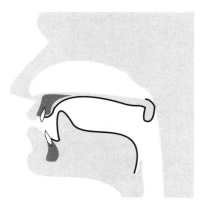

Figure 5.6 /r/ américain rétroflexe

Figure 5.7 /ʀ/ apico-alvéolaire roulé "frappé"

Variation

La **constrictive dorsale** du français, qu'elle soit vélaire, uvulaire ou pharyngale, montre des différences articulatoires appréciables selon sa position dans le groupe rythmique. Le degré de constriction est le plus faible en position finale (par exemple, *pour* /puʀ/) et le plus fort après une consonne, en particulier une occlusive, par exemple, *prix* /pʀi/. Mais les variantes les plus marquées de /ʀ/ ont un caractère régional.

Dans certaines régions du Québec et du Canada, en Louisiane et dans certaines zones de la France, dont notamment la Bourgogne et le sud-ouest (Carcassonne, Toulouse), il existe une variante roulée **apico-dentale** [r] (voir la Figure 5.7) produite par des battements de la pointe de la langue contre l'arrière des incisives supérieures. Cette variante, qui ressemble au *r* de l'italien ou de l'espagnol, est perçue comme un trait rural, et partout cède du terrain devant la variante standard. En fait, le *r* roulé était utilisé partout en France avant le dix-septième siècle, et fut remplacé progressivement par la constrictive dorsale.

Dans le Midi, en particulier dans le sud-est (Provence-Côte d'Azur), /ʀ/ est dévoisé en position finale: *pour* [puʀ̥]. Cette variante, transcrite par [x] dans l'AIP, ressemble au son final du mot allemand *lach* ou au son initial du mot espagnol *jugar*. Aux Antilles, /ʀ/ disparaît en position post-vocalique. Devant les voyelles arrondies, il est remplacé par /w/. Là où il est conservé, il est réalisé par une constrictive **dorso-vélaire** très faible ([ɣ]), semblable au son intervocalique qui apparaît dans des mots espagnols comme *lago*. Ainsi, la phrase *Sa sœur Régine porte une robe rouge* serait prononcée aux Antilles comme: [sa sœ ɣe ʒin pɔ tyn wɔb wuʒ]. La constrictive **pharyngale** [ʁ], illustrée par la Figure 5.8, caractérise la variété populaire du parler parisien, dénommée "Parigot" ou "parler du titi parisien". La forte rétraction de la masse de la langue influence la prononciation des voyelles avoisinantes, qui semblent sortir du fond de la gorge.

Figure 5.8 /r/ dorso-pharyngal

Comme le Parigot est une variété négativement stéréotypée, ce type de *r* est déconseillé aux étrangers.

Toutes ces variantes phonétiques de /ʀ/ n'ont pas de rôle distinctif dans la langue, c'est à dire qu'il n'y a aucune différence de sens, par exemple, entre les diverses réalisations de *par*: [pax], [par] ou [paʁ]. Mais la prononciation de la liquide assume une valeur sociolinguistique considérable puisqu'elle permet d'identifier l'origine géographique ou l'appartenance sociale d'un locuteur.

Aspects pédagogiques

Vu la grande variation qui existe dans la réalisation de /ʀ/ au sein de la communauté francophone et le fait qu'il n'y a aucune consonne en français dont la prononciation se rapproche de ses variantes phonétiques, les formes déviantes que pourraient utiliser les apprenants étrangers posent peu de problèmes au plan phonologique. C'est à dire que, par exemple, l'utilisation d'un *r* roulé [r] au lieu de la constrictive dorsale [ʀ] dans la phrase *Sa sœur Régine porte une robe rouge* [sa sœr re ʒin pɔr tyn rɔb ruʒ] n'a aucun effet sur le sens et n'empêche pas l'énoncé d'être correctement perçu par les francophones. Mais il est important pour les apprenants étrangers d'acquérir la prononciation standard avec une constrictive dorso-vélaire ou **dorso-uvulaire** s'ils visent une prononciation non-marquée qui n'évoquerait aucune réaction dépréciative ou amusée de la part des francophones cultivés.

Comme les liquides correspondantes du français et de l'anglais américain sont réalisées par des sons phonétiquement apparentés — des faibles constrictives relativement ouvertes — les apprenants américains auront tendance à transférer leur réalisation de /r/ lorsqu'ils parlent français. L'identification de la liquide elle-même ne sera pas affectée, mais, comme l'articulation de [ɹ] s'accompagne d'une orientation vers l'arrière et d'une forme concave de la langue qui contraste avec l'orientation vers l'avant et de la forme convexe de la langue pour [ʀ], elle modifie le timbre des voyelles avoisinantes. Celles-ci risquent d'être mal perçues par une oreille francophone. Ainsi, la prononciation standard de /ʀ/ comme [ʀ] s'impose.

Les conseils pédagogiques suivants serviront à éviter le remplacement de [ʀ] par [ɹ].

1. **La langue doit prendre une forme convexe.** Pour éviter la rétroflexion de la pointe de la langue, il faut la placer contre les incisives inférieures et s'assurer qu'elle ne bouge pas pendant l'articulation de [ʀ] et de la voyelle qui suit. On prononcera des séries contenant des voyelles antérieures non-arrondies comme: /iʀi/, /eʀe/, puis des mots comme *iris* /i ʀis/, *errer* /e ʀe/, *serrer* /se ʀe/, ensuite on essaiera de faire monter le dos de la langue vers le voile du palais en produisant un son doux: [iɣi]. On ajustera alors le son pour le rendre plus uvulaire ou pharyngal: [iʀi]. On peut aussi faire suivre la voyelle par un [h], puis adoucir et voiser la consonne: [ihi → iʀi]. Enfin, les apprenants qui connaissent l'allemand, l'espagnol, le russe ou toute autre langue contenant la fricative dorso-vélaire [x] peuvent utiliser ce son, puis l'ajuster vers [ʀ]: [ixi → iʀi].

2. On commencera par les environnements où il est plus facile de produire [ʀ]: en position intervocalique et en position finale. Ainsi, on suivra l'ordre:

   INTERVOCALIQUE: iris /i ʀis/, à ras /a ʀa/, aura /o ʀa/, auront /o ʀõ/
   FINALE: par /paʀ/, pour /puʀ/, port /pɔʀ/, père /pɛʀ/, pire /piʀ/
   INITIALE: riz /ʀi/, ré /ʀe/, rat /ʀa/, rond /ʀõ/, roux /ʀu/, rue /ʀy/

   GROUPES DE CONSONNES:

   après consonne: prix /pʀi/, pré /pʀe/, prêt /pʀɛ/, prendre /pʀãdʀ/
   avant consonne: parc /paʀk/, partir /paʀ tiʀ/, large /laʀʒ/, arbre /aʀbʀ/

3. En position finale, on commencera par /a/ et les voyelles postérieures puisqu'elles favorisent la rétraction de la masse de la langue. On veillera toutefois à ne pas bouger la pointe de la langue: celle-ci doit rester ancrée contre les incisives inférieures. Pour /a/ on substituera /ɑ/, qui est articulée avec une plus grande rétraction:

   /ɑ → ɑʀ/;
   l'âme → l'art, lasse → l'art;
   part, pour, port

4. En position initiale et post-consonantique, il est utile de commencer avec les consonnes vélaires /k/ et /g/, articulées vers l'arrière de la cavité

buccale avec un contact entre le dos de la langue et le voile du palais. On utilisera d'abord des voyelles postérieures:

> gars → ras, le gars → le rat, goutte → route, la goutte → la route;
> gars → gras, quand → cran;
> gras → grand → gronder → graisse → gris.

5. Pour les groupes de consonnes où /ʀ/ apparaît devant une consonne, on partira de la position finale, et on ajoutera la consonne:

> part → partent → partir
> court → courte → courtiser
> fort → forte → fortifier

Orthographe

1. La liquide /ʀ/ est représentée d'ordinaire par la lettre *r*:

> la rue, le train, la série, pour, partir

Pour la prononciation de la lettre *r* en position finale, voir page 56.

2. Dans quelques cas exceptionnels, ce phonème est représenté par la combinaison *rh*; voici une liste indicative de ces graphies:

> le rhume, la rhétorique, le Rhin, le rhinocéros, rhabiller

3. Comme son homologue /l/, la liquide /ʀ/ s'écrit parfois avec une lettre double, *rr*. Dans la plupart des cas, dans un style familier, cette graphie ne représente pas une consonne géminée:

> arriver /a ʀi ve/, irriter /i ʀi te/, carré /ka ʀe/

Au Chapitre 14 nous examinerons les cas où la graphie *rr* représente toujours un /ʀ/ géminé, /ʀʀ/.

Les voyelles moyennes
/e/ vs. /ɛ/ et /o/ vs. /ɔ/

6.1 LES VOYELLES MOYENNES

Au Chapitre 2, nous avons vu que les voyelles hautes /i/ et /u/, ainsi que la voyelle basse /a/, se trouvent aux pointes extrêmes d'un quadrilatère formé par deux paramètres articulatoires: la position de la langue sur l'axe antérieur-postérieur et la position de la langue de haut en bas. Le premier paramètre correspond à la qualité acoustique puisque /i/ est la voyelle la plus aiguë du français et /u/ la voyelle la plus grave. Quant au deuxième paramètre, il correspond à l'ouverture relative de la cavité buccale: /i/ et /u/ sont des voyelles produites avec une ouverture réduite. Ce sont des **voyelles fermées** (articulées avec la langue élevée et se rapprochant du palais), tandis que /a/ est une **voyelle ouverte** (articulée avec la langue abaissée en position neutre).

Le français compte aussi six autres voyelles orales (non-nasales) produites avec une ouverture intermédiaire, les **voyelles moyennes**: /e, ɛ, ø, œ, o, ɔ/ (voir la Figure 6.1). Si l'on exclut /a/, qui occupe une place neutre, six des neuf voyelles orales sont produites dans la partie antérieure de la cavité buccale. L'on notera également que les voyelles moyennes forment trois paires, chaque voyelle mi-fermée correspondant à une voyelle homologue mi-ouverte.

Dans ce chapitre nous examinerons deux des trois paires de voyelles moyennes, les voyelles antérieures non-arrondies /e/ et /ɛ/ et les voyelles pos-

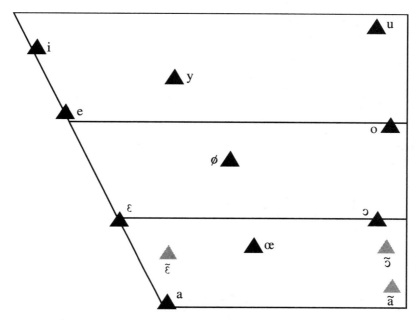

Figure 6.1 Le quadrilatère des voyelles

térieures arrondies /o/ et /ɔ/. Ces voyelles posent trois types de problèmes aux apprenants anglo-américains:

1. Les voyelles mi-fermées, comme les voyelles fermées, sont prononcées avec une forte tension articulatoire sans diphtongaison.

2. En syllabe ouverte finale le français a un plus grand nombre de voyelles antérieures non-arrondies que l'anglais. Il en résulte qu'en syllabe ouverte les distinctions /i/ vs. /e/ vs. /ɛ/ seront relativement difficiles à percevoir et à reproduire pour des américanophones.

3. Les voyelles moyennes constituent un aspect très variable du système phonologique du français. Certains locuteurs ne différencient pas du tout les membres des deux paires; d'autres ne les différencient pas dans certains contextes phonologiques. Le même locuteur peut varier sa prononciation des mots contenant ces voyelles selon le style ou bien d'autres facteurs de la situation d'énonciation. Ainsi certains Français prononcent le mot *le lait* /lɛ/, d'autres /le/; dans certaines régions on prononce régulièrement *gauche* /goʃ/, dans d'autres /goʃ/. Enfin, la même personne, même à Paris, peut prononcer *joli* /ʒɔli/ ou /ʒoli/; certains Parisiens pro-

noncent la voyelle /ɔ/ de *le bord* avec un timbre se rapprochant de celui du /œ/ de *le beurre*.

6.2 LA PAIRE DE VOYELLES MOYENNES /e/ VS. /ɛ/

Différences distributionnelles entre les systèmes anglais et français

En comparant deux systèmes phonologiques, il est important de prendre en compte la distribution ainsi que les caractéristiques phonétiques des phonèmes. En français, le facteur distributionnel fondamental est la nature de la syllabe: ouverte ou fermée (voir le Chapitre 1). Les voyelles /i/, /u/ et /a/ se retrouvent dans les deux types de syllabes, tant à la fin qu'à l'intérieur des mots et des groupes rythmiques (voir la Figure 6.2).

FIGURE 6.2

DISTRIBUTION DES VOYELLES /e/, /u/ ET /a/ PAR RAPPORT À LA STRUCTURE SYLLABIQUE

Position finale		Position interne	
Syllabe ouverte	*Syllabe fermée*	*Syllabe ouverte*	*Syllabe fermée*
la vie /vi/	fais vite /vit/	vider /vi de/	la victoire /vik twaʀ/
il coud /ku/	ils cousent /kuz/	la cousine /ku zin/	courtiser /kuʀ ti ze/
le bas /ba/	le bac /bak/	le tapis /ta pi/	la tartine /taʀ tin/

En ce qui concerne la paire de voyelles moyennes /e/ vs. /ɛ/, la première voyelle ne se retrouve jamais en syllabe fermée; cela veut dire que les deux voyelles s'opposent seulement en syllabe ouverte (voir la Figure 6.3). En tout, le français a trois voyelles antérieures non-arrondies en syllabe ouverte: le /i/ de *la vie*, le /e/ de *lavé* et le /ɛ/ de *il lavait*. Mais l'anglais en a encore moins dans la même zone articulatoire; seulement deux: le /iʲ/ de *sea* et le /eʲ/ de *say*. Cela signifie que les apprenants anglo-américains auront du mal à distinguer les trois voyelles du français qui se retrouvent dans ce type de syllabe puisque leur langue n'offre que deux contrastes dans ce contexte. Ils auront peu de difficulté à entendre la différence entre les deux voyelles extrêmes /i/ et /ɛ/, par exemple, entre *le mari* /maʀi/ et *le marais* /maʀɛ/. Mais l'introduction d'un troisième élément, par exemple, *la marée* /maʀe/, poserait des problèmes, car ils auraient tendance à l'entendre soit comme /maʀi/, soit comme /maʀɛ/.

FIGURE 6.3

COMPARAISON DE LA DISTRIBUTION DES VOYELLES ANTÉRIEURES NON-ARRONDIES
EN FRANÇAIS ET EN ANGLAIS

Syllabe ouverte		Syllabe fermée	
Anglais	*Français*	*Anglais*	*Français*
/iʲ/ sea	/i/ si	/iʲ/ seat	/i/ le site
/ɪ/ —		/ɪ/ sit	
/eʲ/ say	/e/ la fée	/eʲ/ sate	/e/ —
/ɛ/ —	/ɛ/ il fait	/ɛ/ set	/ɛ/ sept

En syllabe fermée, c'est l'anglais qui a le plus grand nombre de contrastes. Les apprenants anglo-américains n'auront aucune difficulté à distinguer les deux contrastes que le français offre dans ce type de syllabe. Ils pourront facilement différencier des oppositions comme *il* vs. *elle*.

Différences phonétiques

Non seulement l'anglais n'a que deux voyelles correspondant aux trois voyelles /i/, /e/ et /ɛ/ en syllabe ouverte, mais les deux voyelles qui se retrouvent dans ce type de syllabe, /iʲ/ et /eʲ/, sont relâchées et diphtonguées; comparez: *si* /si/ et *sea* /siʲ/, *le nez* /ne/ et *nay* /neʲ/. La diphtongaison, nous l'avons vu au Chapitre 2, est le résultat d'un mouvement des organes articulatoires pendant la production d'un son. Pour éviter de diphtonguer la voyelle /e/, on adoptera les procédures conseillées pour la production d'un /i/ très stable et nettement articulé, à savoir:

1. Prolonger la voyelle sans en changer le timbre: la fée /fe/ → /feeee/.

2. En prononçant des mots contenant /e/, placer le dessus de la main sous le menton: si la main bouge pendant la production de la voyelle, la mâchoire s'est déplacée et la position articulatoire de la voyelle s'est modifiée vers le haut; au lieu d'un /e/ bref et articulé avec énergie, il en résultera une voyelle ressemblant à celle de *say*.

3. Anticiper la position articulatoire de la voyelle avant de prononcer la consonne qui la précède, prendre la position d'articulation de la voyelle, et ensuite prononcer la consonne et la voyelle.

4. Accélérer le débit de prononciation: plus le débit est rapide, plus l'articulation devient tendue.

5. Activer les muscles intercostaux en pliant les bras et en plaçant les coudes contre chaque côté du corps. Ensuite, en serrant la partie supérieure des

bras contre le corps, prononcer /e/ avec un mouvement brusque des bras vers le haut.

La prononciation de la voyelle mi-ouverte /ɛ/ pose peu de problèmes en syllabe fermée, puisque la voyelle correspondante de l'anglais s'en rapproche du point de vue phonétique; comparez les paires anglais/français suivantes: *set/sept, says/seize, beck/bec, less/laisse.* En syllabe ouverte, les apprenants anglo-américains auront bien sûr tendance à diphtonguer la voyelle et donc à produire la même voyelle déviante que pour /e/.

Comme /i/, les voyelles /e/ et /ɛ/ sont aiguës, un peu moins toutefois, puisque l'acuité d'une voyelle diminue avec son ouverture; /e/ et /ɛ/ sont plus ouvertes que /i/. Mais toutes les voyelles antérieures non-arrondies du français sont plus aiguës que les voyelles correspondantes de l'anglais. Il est utile, en prononçant /e/, de viser la prononciation de /i/, par exemple, en produisant des séries comme /si/ → /se/, /di/ → /de/, /ki/ → /ke/. Comme /i/ est la voyelle la plus aiguë, un /e/ s'orientant vers elle aura une plus grande acuité. Il faut aussi placer la voyelle dans des contextes aigus optimaux: prononcer la syllabe avec une intonation montante et la mettre dans le contexte des consonnes aiguës /s, t, d, z, ʃ, ʒ/: *tes dés?, ses thés?, desséché?*

La variation dans la répartition de /e/ et de /ɛ/

Dans l'Introduction, nous avons fait l'inventaire des diverses variétés de français. L'un des traits variables du français est précisément l'opposition entre /e/ et /ɛ/. Seulement une minorité des Français distingue ordinairement ces deux voyelles, et encore ne le fait-elle que dans des situations communicatives où l'attention porte sur la forme. Une étude sociolinguistique récemment effectuée à Tours, région réputée pour l'excellence de sa prononciation, a démontré qu'en conversation ordinaire les locuteurs, toutes classes sociales confondues, ne prononçaient les mots se terminant en /ɛ/ selon la norme du français standard que dans seulement 5% des cas. Même lorsque ces locuteurs lisaient des phrases, la proportion de /ɛ/ ne montait qu'à 55%.

Pour ce trait variable, nous adopterons une norme pédagogique (voir 0.2 de l'Introduction). Il est plus important pour un apprenant anglophone de ne pas diphtonguer /e/ en syllabe finale ouverte que de savoir si tel ou tel mot doit se prononcer avec /e/ ou /ɛ/. Ainsi, nous procéderons de la manière suivante:

1. Nous exposerons le système du français standard.
2. Nous indiquerons les diverses variantes en usage dans la langue de tous les jours de diverses catégories de locuteurs qui suivent la norme du français standard.

3. Nous proposerons une norme pédagogique qui permet à un étranger d'avoir une prononciation parfaitement acceptable et conforme à celle de la plupart des Français cultivés sans avoir à apprendre la prononciation de chaque mot individuellement.

La répartition de /e/ et de /ɛ/ en français standard

En français standard, /e/ et /ɛ/ s'opposent en syllabe finale ouverte, par exemple, *un pré* vs. *un prêt*. Cette distinction produit un grand nombre de paires minimales, voir la Figure 6.4. Mais, nous l'avons vu, ce système est minoritaire en France, et la plupart des Français a tendance à remplacer /ɛ/ par /e/ dans cet environnement phonologique. Cependant il ne faut pas croire que la suppression de ce contraste est un trait populaire. En fait, dans la région parisienne, les locuteurs non-cultivés suivent étroitement la norme du français standard pour la répartition des voyelles /e/ et /ɛ/. La seule exception consiste en une extension de l'utilisation de /ɛ/: ils ont tendance à utiliser cette voyelle au lieu de /e/ pour la première personne singulier du futur, c'est à dire à prononcer *j'aurai* et *j'aurais* identiquement avec /ɛ/.

FIGURE 6.4

CONTRASTES (PAIRES MINIMALES) ENTRE /e/ ET /ɛ/
EN SYLLABE FINALE OUVERTE

/e/		/ɛ/	
un pré	'a meadow'	un prêt	'a loan'
un gué	'a ford'	un guet	'a watch' (*faire le guet,* 'to be on watch')
jouer	'to play'	un jouet	'a toy'
j'irai	'I'll go'	j'irais	'I would go'
j'allai, je suis allé	'I went'	j'allais	'I used to go'

Bien qu'elle ne caractérise que le parler d'une minorité de francophones, cette répartition des voyelles /e/ et /ɛ/ sert de référence aux locuteurs cultivés, et c'est vers elle que tend, dans des situations où ils soignent leur prononciation, l'usage des locuteurs qui ont d'autres systèmes. Par ailleurs, le système français standard s'appuie sur des traits orthographiques, voir pp. 93–94.

La Loi de Position

Dans de nombreuses régions de la France, surtout dans tout le **Midi**, les locuteurs généralement ne différencient pas les voyelles [e] et [ɛ]. Ces locuteurs ont deux sons différents, mais ceux-ci se retrouvent dans des contextes distincts. Ils sont en fait en **distribution complémentaire**, donc ils ne peuvent s'opposer. C'est pour cette raison que nous les avons représentés entre des crochets ([ɛ]) plutôt qu'entre des barres obliques (/ɛ/). Cette représentation indique que les deux sons font partie d'un seul phonème réalisé par deux sons différents: [e] en syllabe ouverte et [ɛ] en syllabe fermée, voir la Figure 6.5. Cette distribution complémentaire est connue sous le nom de **Loi de Position**. Les locuteurs qui suivent la Loi de Position prononcent *la marée* et *le marais* de la même façon, [maʀe], et ils ne font de distinction ni entre les formes de la première personne du singulier du futur et celles du conditionnel (*j'irai/j'irais,* prononcés tous deux [ʒiʀe]), ni entre le participe passé et les formes de l'imparfait en *-ais, -ait* et *-aient* des verbes du groupe *-er* (*chanté, il chantait* [ʃɑ̃ te]).

FIGURE 6.5

DISTRIBUTION DES VOYELLES [e] ET [ɛ] EN SYLLABE FINALE
SELON LA LOI DE POSITION

	Syllabe ouverte	**Syllabe fermée**
Mi-fermée [e]	un pré, un prêt	——————
	j'irai, j'irais	
	jouer, le jouet	
Mi-ouverte [ɛ]	——————	il prête, belle, ils mettent

La Loi de Position ne décrit que le **système** et non l'**usage** effectif de la plupart des locuteurs de français. L'usage est fort variable et, sous l'effet de nombreux facteurs, dont une plus grande formalité de la situation d'énonciation et l'influence de l'orthographe, ces locuteurs auront tendance à remplacer [e] par [ɛ] dans les formes qui ont cette voyelle en français standard.

La neutralisation

En syllabe non-finale d'un mot ou d'un groupe rythmique, la distinction entre [e] et [ɛ] tend à disparaître, à être **neutralisée**, même chez les locuteurs qui opposent ces sons en syllabe finale. En général, la Loi de Position s'applique dans ce contexte, voir la Figure 6.6. Elle a tendance à être absolue pour les locuteurs méridionaux.

FIGURE 6.6

DISTRIBUTION DES VOYELLES [e] ET [ɛ] EN SYLLABE INTERNE
SELON LA LOI DE POSITION

	Syllabe ouverte	**Syllabe fermée**
Mi-fermée [e]	l'état [e ta] la maison [me zõ]	————————
Mi-ouverte [ɛ]	————————	rester [Rɛs te] percer [pɛR se]

Mais des facteurs d'ordre grammatical, sémantique et phonétique peuvent compliquer ce système simple et symétrique. Pour les locuteurs qui distinguent entre les deux voyelles en syllabe finale, deux types d'influences entrent en jeu: l'**analogie** (les liens dérivationnels) et l'**harmonisation vocalique** (la nature des voyelles des syllabes avoisinantes, en particulier celle de la syllabe suivante).

L'analogie représente l'influence d'une forme simple et monosyllabique d'un mot sur une forme dérivée. Ainsi, la première voyelle de *laissons* /le sõ/ ou de *laisser* /le se/ a tendance à s'ouvrir sous l'effet du /ɛ/ contenu dans la forme simple de ce verbe, *laisse* /lɛs/; de même pour *plaisir* /ple ziR/ sous l'effet de *plaise* /plɛz/; de *sécher* /se ʃe/ sous l'effet de *sec* /sɛk/ ou *sèche* /sɛʃ/; de l'infinitif des verbes en -éCer, comme *céder* /se de/ ou *répéter* /Re pe te/ sous l'influence des formes où le radical apparaît seul et sa dernière voyelle devient /ɛ/: *je cède* /sɛd/ (radical régulier /sed-/), *ils répètent* /Re pɛt/ (radical régulier /Re pet/.

L'harmonisation vocalique est un phénomène phonétique. Elle conduit à la modification du timbre d'une voyelle en syllabe interne sous l'effet d'une voyelle avoisinante, d'ordinaire celle qui la suit. Pour la paire /e/ vs. /ɛ/ elle conduit à la fermeture de la voyelle /ɛ/ suivie d'une voyelle plus fermée, par exemple, *pertinent* /pɛR ti nã/ → /peR ti nã/, *la restitution* /Rɛs ti ty sjõ/ → /Res ti ty sjõ/. Elle conduit à l'ouverture de /e/ suivie d'une voyelle plus ouverte, par exemple, *véloce* /ve lɔs/ → /vɛ lɔs/, *le perroquet* /pe Rɔ kɛ/ → /pɛ Rɔ kɛ/. Parfois l'analogie et l'harmonisation vocalique donnent des résultats opposés. Par exemple, dans *laisser* /le se/, l'effet de la voyelle fermée suivante a tendance à fermer la voyelle de la syllabe interne (→ /le se/), mais l'effet de l'analogie avec la forme simple, *il laisse*, a tendance à l'ouvrir (→/lɛ se/).

Une norme pédagogique

Lorsqu'un apprenant anglophone aborde la paire de voyelles /e/ vs. /ɛ/, sa première priorité est de les produire sans diphtongaison en syllabe finale, là où l'anglais ne possède qu'une seule voyelle correspondante longue et fortement diphtonguée. Il est évident que sa tâche sera facilitée si on lui demande d'abord de se concentrer sur la production d'une seule voyelle tendue bien articulée en syllabe finale, au lieu de différencier deux voyelles. En effet, si chacune de ces voyelles est diphtonguée, il en résultera le son [eʲ] qui ne permettra pas de faire des distinctions comme *le pré* /pʀe/ vs. *le prêt* /pʀɛ/. Par ailleurs, puisqu'en français standard il n'y a pas de règles simples qui permettent de prédire si un mot contient /e/ ou /ɛ/, une prononciation en tous points conforme à cette norme nécessite la mémorisation de longues listes de mots. Il est donc plus réaliste de permettre à des étrangers de procéder par étapes progressives, dont la première serait d'adopter la Loi de Position et de se concentrer sur la prononciation d'un /e/ articulé sans diphtongaison en syllabe finale.

Pour la paire de voyelles /e/ vs. /ɛ/, la Loi de Position permet de produire n'importe quel mot de la langue avec une prononciation acceptable, c'est à dire conforme à celle de la majorité des francophones. Le principe en est simple: /e/ en syllabe ouverte, /ɛ/ en syllabe fermée. La Figure 6.7 compare la prononciation de divers mots selon la norme du français standard et selon celle de la Loi de Position.

FIGURE 6.7

LA NORME DU FRANÇAIS STANDARD ET DE LA LOI DE POSITION

Type de syllabe	Exemple	Prononciation selon	
		le français standard	la Loi de Position
Ouverte	le pré	[pʀe]	[pʀe]
Ouverte	le prêt	[pʀɛ]	[pʀe]
Fermée	prête	[pʀɛt]	[pʀɛt]
Ouverte	prêter	[pʀɛ te]	[pʀe te]
Ouverte	il prêtait	[pʀɛ tɛ]	[pʀe te]
Ouverte	l'essai	[e sɛ]	[e se]
Ouverte	essayer	[e sɛ je]	[e se je]
Fermée	rester	[ʀɛs te]	[ʀɛs te]

La norme pédagogique proposée n'est pas statique. Au contraire, elle représente un processus dynamique dont l'objectif éventuel est l'approximation de la norme du français standard. Dès que sont acquises la maîtrise de la Loi de

Position et la production d'un /e/ non-diphtongué, on peut procéder à l'apprentissage des exceptions à la Loi de Position. Il s'agit de formes qui contiennent
ce que nous appellerons la variable *è*. Toute forme qui peut se prononcer /e/ ou
/ɛ/ contient cette variable. Par exemple, elle apparaît dans les désinences de
l'imparfait/conditionnel, *-ais*, *-ait*, *-aient*, et dans les mots *le lait*, *laid* ou *guet*.
Par contre, elle n'est pas présente dans *laide*, qui se prononce toujours avec la
voyelle /ɛ/, ou dans la désinence du participe passé des verbes en *-er*, *-é*, qui se
prononce toujours avec /e/. L'apprentissage le plus efficace des formes contenant la variable *è* se fait par l'intermédiaire de l'orthographe, mais en tenant
compte des formes grammaticales importantes, telles que les désinences de
l'imparfait/conditionnel et les formes individuelles comme *j'ai*, *je fais*, *je vais*.

L'orthographe des voyelles /e/ et /ɛ/

1. La représentation orthographique de la voyelle /e/ est relativement systématique. Cette voyelle s'écrit généralement *-é*, *-ée*, *-ez* et *-er*:

-é	le café, le thé, lavé, il est allé
-ée	la fée, l'allée, elle est allée
-ez	assez, le nez

   Cette voyelle s'écrit *-er* pour l'infinitif des verbes de la première classe, *-é*
   pour le participe passé et *-ez* pour la désinence de la deuxième personne
   du pluriel:

   > chanter, chanté, vous chantez

2. Le /ɛ/ invariable, qui se retrouve toujours en syllabe fermée, s'écrit de
   diverses manières; le signe C représente une consonne écrite:

e + C	sec, bel, net
e + CC	correct
e + CC + *e*	vitesse, vieille
è + C + *e*	la crème, je préfère
ê + C + *e*	la tête, la guêpe
ai + C + *e*	laide, la laine, il aime, il laisse
ei + C + *e*	la neige, seize, le peigne

3. La variable *è*, prononcée /e/ ou /ɛ/, mais pour laquelle la norme du français standard préconise /ɛ/, a aussi un grand nombre de représentations
   graphiques:

-et	l'effet, le projet, le brevet, le poulet
-ès	près, après
-êt	le prêt, l'arrêt, le béret
-ect	un suspect, un aspect
-ai	le balai, gai
-ais	mauvais, frais, je sais, jamais
-ait	du lait, le trait, parfait, il se tait
-aid	laid
-aie	la craie, la raie, la baie
-aix	la paix
-ay	noms propres: Nolay, Viroflay
-aît	plaît, il apparaît

La variable *è* se retrouve aussi dans les désinences communes à l'imparfait et au conditionnel (*-ais*, *-ait*, *-aient*), dans la désinence de la première personne du singulier du futur (*-ai*), dans certaines formes fréquentes du présent de l'indicatif (*je vais*, *j'ai*, *je fais*, *il sait*) et dans les formes du pluriel des déterminants (*mes*, *tes*, *ses*, *ces*, *les*, *des*); dans les groupes rythmiques, ces dernières formes ne se retrouvent qu'en syllabe interne; par exemple, *les balais* / le ba lɛ /.

6.3 LA PAIRE DE VOYELLES MOYENNES /o/ VS. /ɔ/

Différences distributionnelles entre les systèmes anglais et français

Dans la zone postérieure, les systèmes phonologiques de l'anglais et du français montrent peu de différences du point de vue distributionnel. En syllabe finale ouverte, chacune des deux langues a deux phonèmes: en syllabe finale fermée, l'anglais a quatre phonèmes alors que le français en a trois (voir la Figure 6.8). Toutefois, en anglais, il existe une grande variabilité, surtout en syllabe fermée. Ainsi, certains Américains font une distinction entre *Paul* /pɔl/ et *pole* /poᵁl/, d'autres les prononcent tous deux avec [ɒᵁ]. Certains Américains prononcent *caught* [koᵁt] et *cot* [kɒt], respectivement; d'autres les prononcent de la même façon avec [kɒt]. En anglais américain, la prononciation de mots comme *roof* et *root* varie entre /uᵁ/ et /ɷ/.

FIGURE 6.8

DISTRIBUTION DES VOYELLES POSTÉRIEURES DU FRANÇAIS ET DE L'ANGLAIS

Syllabe ouverte		Syllabe fermée	
Anglais	*Français*	*Anglais*	*Français*
/uʷ/ do	/u/ doux	/uʷ/ pool	/u/ la poule
/ɷ/ —		/ɷ/ pull	
/oʷ/ dough	/o/ dos	/oʷ/ pole	/o/ la paume
/ɔ/ —	/ɔ/ —	/ɔ/ Paul	/ɔ/ la pomme

Les apprenants anglophones feront assez facilement la différence entre les voyelles françaises /u/ et /o/, par exemple, entre *c'est fou* /fu/ vs. *c'est faux* /fo/. Si dans leur variété d'anglais ils différencient quatre voyelles en syllabe fermée, ils auront peu de difficultés à distinguer des paires minimales comme *la moule* /mul/ 'mussel' vs. *le môle* /mol/ 'dike, jetty' ou *le saule* /sol/ 'willow tree' vs. *le sol* /ɔ/ 'ground'. Cependant la différentiation entre /u/ et /ɔ/ devient plus difficile devant un /ʀ/, par exemple dans *l'amour* /la muʀ/ vs. *la mort* /mɔʀ/.

Différences phonétiques

Comme c'est le cas pour /u/, la voyelle /o/ est produite avec l'arrondissement et la tension des lèvres. Pour éviter la diphtongaison, cette position articulatoire, un peu moins tendue que celle de /u/, doit être maintenue sans mouvement pendant la durée de l'articulation de la voyelle. Comparez les paires anglais/français: *boo* /uᵁ/ vs. *le bout* /bu/ et *bow* /oᵁ/ vs. *beau* /o/. Pour contrôler la bonne tenue de la position articulatoire de /o/, placez le dessus de la main sous votre menton; tout mouvement de la main vers l'arrière et le haut indique la diphtongaison. Vous pouvez aussi vous regarder dans une glace pour vous assurer que vos lèvres sont bien arrondies et tendues, et qu'elles ne bougent pas pendant la prononciation de la voyelle. La voyelle /ɔ/ ne pose aucun problème de prononciation. Les lèvres sont peu arrondies et tendues, et comme cette voyelle ne se retrouve pas en syllabe finale ouverte, il n'y a pas de risque de diphtongaison.

La voyelle /o/ recouvre en fait deux sons différents distingués par leur longueur. En syllabe fermée la voyelle est brève; elle est allongée en syllabe finale, comme l'indique la transcription phonétique [o:], où le signe [:] représente la longueur vocalique. La voyelle [ɔ] est généralement brève. Comparez: *le saut*, *le sot* [so], *il saute* [so:t], *la sotte* [sɔt]. Bien qu'allongée en syllabe fermée, la voyelle /o/ a un timbre stable, et elle est produite sans diphtongaison. Comparez le mot anglais *oat* [oᵁt] au mot français *ôte* [o:t].

Du point de vue acoustique, /o/ et /ɔ/ sont des voyelles graves. Elles seront plus faciles à produire correctement dans le contexte des consonnes labiales /p, b, m/ et avec une intonation descendante. Comparez les différences de gravité entre *le pot* et *le seau*, entre *le mot* et *le dos*, entre *beau* et *chaud*.

La répartition de /o/ et de /ɔ/ en français standard

Nous avons vu que les voyelles antérieures non-arrondies /e/ et /ɛ/ s'opposent seulement en syllabe finale ouverte. Par contre, les voyelles postérieures arrondies /o/ et /ɔ/ s'opposent seulement en syllabe finale fermée. Cette distinction produit certaines paires minimales mais, au contraire de la paire /e/ vs. /ɛ/, elle n'est associée à aucune marque grammaticale, voir la Figure 6.9. Il existe une autre différence avec les voyelles antérieures non-arrondies: le contraste /o/ vs. /ɔ/ est assez généralisé en France. Ce n'est que dans le Midi que les locuteurs ne font pas habituellement cette distinction.

FIGURE 6.9

CONTRASTES (PAIRES MINIMALES) ENTRE /o/ ET /ɔ/ EN SYLLABE FINALE FERMÉE

/o/		/ɔ/	
la côte	'coast, hill, rib'	la cote	'library call number'
le saule	'willow tree'	le sol	'ground'
la paume	'palm of hand'	la pomme	'apple'
le vôtre	(*pronom poss.*)	votre	(*adjectif poss.*)
rauque	'hoarse'	le roc	'rock'
le heaume	'helmet'	l'homme	'man'
la hausse	'raise'	l'os	'bone'

La Loi de Position

Certains locuteurs méridionaux ne différencient pas les voyelles [o] et [ɔ]. Comme c'est le cas pour /e/ et /ɛ/, ces locuteurs ont deux sons en distribution complémentaire, donc ils ne font pas les distinctions qui apparaissent dans la Figure 6.9; pour eux, les mots *la côte* et *la cote* sont prononcés identiquement comme [kɔt]. La voyelle fermée [o] apparaît en syllabe ouverte; la voyelle ouverte [ɔ] se retrouve en syllabe fermée, voir la Figure 6.10.

FIGURE 6.10

DISTRIBUTION DES VOYELLES [o] ET [ɔ] EN SYLLABE FINALE
SELON LA LOI DE POSITION

	Syllabe ouverte	Syllabe fermée
Mi-fermée [o]	le pot, la peau	————————
Mi-ouverte [ɔ]	————————	la pomme, **la paume**

Non seulement l'usage des locuteurs est variable, mais la pression imposée par la norme du français standard est plus forte dans le cas de la paire /o/ vs. /ɔ/ que pour la paire /e/ vs. /ɛ/. La prononciation méridionale, qui suit la Loi de Position, est fortement stéréotypée. Par exemple, c'est un trait marquant que l'on retient lorsqu'on veut imiter l'accent méridional. Ainsi faudra-t-il prendre en compte ce facteur dans l'élaboration de la norme pédagogique.

La neutralisation

Dans la syllabe non-finale d'un mot ou d'un groupe rythmique, la distinction entre [o] et [ɔ] a aussi tendance à être neutralisée. Un grand nombre de locuteurs non-méridionaux suit la Loi de Position dans cet environnement (voir la Figure 6.11). Dans la région parisienne, une seule voyelle a tendance à apparaître en syllabe non-finale. Il s'agit d'un [ɔ] antériorisé, [‹ɔ], qui est à mi-chemin du point de vue phonétique entre [ɔ] et [œ]. Ainsi, en syllabe non-finale, les locuteurs parisiens ont la même voyelle pour *le modèle* [m‹ɔ dɛl] et *mauvais* [m‹ɔ vɛ], qui devraient respectivement se prononcer [mɔ dɛl] et [mo vɛ], d'après la norme du français standard.

FIGURE 6.11

NEUTRALISATION DES VOYELLES POSTÉRIEURES ARRONDIES
PRONONCIATION SELON LA NORME PÉDAGOGIQUE, LE FS ET LA LOI DE POSITION

Type de syllabe	Exemple	Norme pédagogique	FS	Loi de Position
Finale ouverte	sot	/so/	[so]	[so]
Finale fermée	saute	/sot/	[sot]	**[sɔt]**
Finale fermée	sotte	/sɔt/	[sɔt]	[sɔt]
Interne ouverte	sauter	/so te/	[so te]	[so te]
Interne fermée	sortez	/sɔʀ te/	[sɔʀ te]	[sɔʀ te]
Interne ouverte	beauté	/bo te/	[bo te]	[bo te]
Interne ouverte	botté	**/bo te/**	[bɔ te]	**[bo te]**

La prononciation parisienne est indiquée entre crochets; les caractères gras indiquent une prononciation qui diffère de la norme orthoépique.

L'analogie et l'harmonisation vocalique modifient aussi la prononciation des voyelles /o/ et /ɔ/ en syllabe interne. En syllabe interne ouverte le /o/ s'ouvre dans les formes dérivées de mots simples ayant /ɔ/ en syllabe finale fermée: *écolier* /e ko lje/ → /ekɔ lje/ sous l'influence d'*école* /e kɔl/, *pommier* /po mje/ → /pɔ mje/ sous l'influence de *pomme* /pɔm/. Généralement, l'harmonisation vocalique opère sur des /ɔ/ en syllabe interne ouverte: *l'olive* /ɔ liv/ → /o liv/, *l'horizon* /ɔ ʀi zõ/ → /o ʀi zõ/. L'effet inverse se manifeste dans, par exemple, *austère* /o stɛʀ/ → /ɔ stɛʀ/, *il faussait* /fo sɛ/ → /fɔ sɛ/.

Une norme pédagogique

Pour la paire de voyelles /o/ vs. /ɔ/, la prononciation méridionale, qui suit la Loi de Position, inviterait des sourires ou une attitude dépréciative si elle était adoptée par des étrangers, puisqu'elle est défavorisée du point de vue sociolinguistique. Les locuteurs natifs d'une langue s'attendent souvent à ce que les étrangers perçus comme étant cultivés parlent "mieux" qu'eux, c'est-à-dire qu'ils suivent de près la norme standard. Pour le moins, ils tolèrent difficilement une prononciation trop marquée comme régionale ou qu'ils associent, à tort ou à raison, à une façon trop relâchée de parler ou à des locuteurs de groupes sociaux défavorisés. Ce problème ne se présente pas, nous l'avons vu, pour la paire de voyelles /e/ vs. /ɛ/. Dans ce cas, ni la non-différentiation de ces deux phonèmes en syllabe interne, ni la prononciation de *è* variable avec /e/ de la part d'étrangers, n'évoquerait une réaction négative. Mais, au contraire, cette réaction négative se manifesterait certainement face au remplacement de /o/ par /ɔ/ en syllabe finale. Ainsi, dans ce contexte, des prononciations suivant la Loi de Position comme [sɔt] pour *saute*, [gɔʃ] pour *gauche* ou [ʀɔz] pour *la rose* ne seraient pas recommandées. C'est plutôt la prononciation suivant la norme du français standard qui est indiquée: respectivement, [so:t], [go:ʃ] et [ʀo:z].

En syllabe interne, la Loi de Position demeure la prononciation la plus convenable pour des étrangers. D'une part, l'utilisation de [o] en syllabe ouverte et de [ɔ] en syllabe fermée est plus souhaitable que l'utilisation du [ɔ] caractéristique du parler parisien. D'autre part, cette solution permet de faire l'économie de la mémorisation de longues listes de mots. En effet, si l'on veut suivre la prononciation du français standard, il est difficile de prédire que *le modèle* se prononce [mɔ dɛl] mais que *le fossé*, qui s'écrit aussi avec la lettre *o*, exige la voyelle /ɔ/.

La norme pédagogique que nous proposons ne s'écarte que peu de celle du français standard. Nous l'exposons en deux parties, en faisant référence à l'orthographe où cela se doit.

1. Syllabes finales

a. En syllabe ouverte seule la voyelle /o/ est possible, quelle que soit l'orthographe:

-o	le dodo, le métro, le loto
-ot, *-os*	le boulot, le pot, le dos, gros
-au	le tuyau
-aud, *-aut*, *-aux*	chaud, l'artichaut, les maux, nationaux
-ô	allô
-ôt	tôt, bientôt, aussitôt
-eau(x)	l'eau, beau, le veau, le cadeau, le tableau, les nouveaux, les bateaux

b. En syllabe fermée:

(1) Dans les mots se terminant en /z/ (*-se*) la lettre *o* se prononce /o/: la rose, la pose, la dose, il se repose

(2) Les mots écrits avec *au*, *eau* ou *ô* se prononcent /o/: la faute, à gauche, la sauce, le heaume, le pôle, le nôtre, le rôle

(3) Dans les mots se terminant en /-ʀ/, *o* et *au* se prononcent toujours /ɔ/: l'or, le port, la mort, les Maures, il restaure

(4) La lettre *o* se prononce généralement /ɔ/ devant toutes les consonnes autres que /z/:

> la robe, le vote, la mode, la vogue, la coque, le philosophe, la poche, la loge, l'école, la colle, le bol, l'homme, le tome, le téléphone, bonne, notre, noble, l'or, encore

EXCEPTIONS:

(1) Certains mots savants d'origine grecque se terminant en *-ome* et *-one*:

> l'idiome /i djom/, l'atome /a tom/,
> l'hématome /e ma tom/, le cyclone /si klon/, la zone /zon/

> Notez toutefois la prononciation /ɔ/ dans: l'astronome /a stʀo nɔm/, l'hexagone /ek za gɔn/

(2) Une liste de mots divers:

> grosse /gʀos/ (lié à *gros* /gʀo/), la fosse /fos/ (lié à *fossé* /fo se/), il endosse /ã dos/ (lié à *dos* /do/)

2. Syllabes non-finales (internes)

La Loi de Position constitue le meilleur guide pour la répartition de /o/ et /ɔ/ dans ce contexte puisque leur contraste est neutralisée quelle que soit leur représentation orthographique (voir la Figure 6.11 ci-dessus). Voici d'autres exemples montrant la prononciation selon la norme pédagogique des graphies *o*, *ô*, *au* ou *eau* à l'intérieur du mot:

> le philosophe [fi lo zɔf], la clochette [klo ʃɛt], porter [pɔʀ te], la côtelette
> [kɔt lɛt], l'hôpital [o pi tal], le restaurant [ʀe sto ʀã], le cauchemar
> [kɔʃ maʀ], la beauté [bo te]

Toutefois, ces prononciations sont sujettes à l'effet de l'analogie et de l'harmonisation vocalique. Ainsi, dans *la côtelette*, l'analogie avec la forme simple *la côte* rendrait plus probable la prononciation [kot lɛt], et dans *la clochette*, l'analogie avec la cloche favoriserait la prononciation [klɔ ʃɛt]. Il faut souligner qu'en position interne la prononciation varie beaucoup pour toutes les voyelles moyennes. Ainsi, lorsque nous notons la prononciation d'un mot avec /e/ ou /o/, cela signifie qu'il peut se prononcer avec une voyelle variant entre [e] et [ɛ] ou [o] et [ɔ] (et même [‹ɔ]), respectivement, par exemple /ʀe sto ʀã/ peut se prononcer: [ʀe sto ʀã], [ʀɛ sto ʀã], [ʀe stɔ ʀã], [ʀe st‹ɔ ʀã], [ʀɛ stɔ ʀã], [ʀɛ st‹ɔ ʀã].

Les voyelles antérieures arrondies /y/, /ø/ et /œ/

Trois des onze voyelles orales fondamentales du français (voir la Figure 6.1) sont **marquées** du point de vue typologique, c'est à dire qu'elles sont relativement rares dans les autres langues du monde. Il s'agit des voyelles antérieures arrondies /y, ø, œ/. On peut donc s'attendre à ce qu'elles posent des problèmes particuliers aux apprenants dont la langue maternelle ne possède pas ces voyelles. C'est le cas précisément de l'anglais. Ces trois voyelles ont une caractéristique particulière: leur articulation antérieure est combinée avec la labialisation. En général, la labialisation se combine avec une articulation postérieure, comme c'est le cas pour /u, o, ɔ/.

7.1 LA VOYELLE /y/

La clé pour une bonne prononciation de /y/ est la production d'un /u/ très grave articulé avec la bouche très arrondie et la langue dans sa position extrême sur les axes avant-arrière et haut-bas. Les voyelles /ʊ/ (*full*) et /uᵁ/ (*fool*) de l'anglais sont relativement antérieures par rapport au /u/ français. Ainsi, comme les anglophones associent la voyelle /u/ du français à ces deux voyelles correspondantes de leur langue, ils ont tendance à la prononcer avec une articulation plus antérieure. Cela produit un son intermédiaire, du point de vue acoustique, entre /u/ et /y/. Pour éviter ce problème, il est important de produire un /y/ très antérieur (donc très aigu) et un /u/ très postérieur (donc très grave). Les procédures pédagogiques que nous offrirons ci-dessous tiendront compte de ce fait.

Distribution

Comme c'est le cas des deux autres voyelles fermées à ouverture réduite /i/ et /u/, la voyelle /y/ se retrouve dans tous les types de syllabes, voir la Figure 7.1.

FIGURE 7.1

La distribution de la voyelle /y/

Syllabe non-finale		Syllabe finale	
Initiale	*Interne*	*Ouverte*	*Fermée*
utile /y til/	lutter /ly te/	il a lu /ly/	la lutte /lyt/
hurler /yʀ le/	amuser /a my ze/	la rue /ʀy/	la muse /myz/
ultime /yl tim/	murmurer /myʀ my ʀe/	assidu /a si dy/	le rhume /ʀym/

Comme /y/ et /u/ se retrouvent souvent dans le même contexte phonologique, il existe de nombreuses paires minimales différenciées par ces deux voyelles, par exemple:

c'est dû	'it's due'	c'est doux	'it's sweet, soft'
une rue	'a street'	une roue	'a wheel'
c'est nu	'it's naked'	c'est nous	'it's us'
une mule	'a mule'	une moule	'a mussel'
une cure	'a cure'	une cour	'a courtyard'
une Russe	'a Russian woman'	une rousse	'a redheaded woman'
un bureau	'an office'	un bourreau	'a hangman, executioner'

De même, il existe de nombreuses paires minimales basées sur le contraste /i/ et /y/:

il a dit	'he said'	il a dû	'he had to'
l'habit	'suit, clothing'	l'abus	'abuse'
la biche	'doe'	la bûche	'log'
la bile	'bile'	la bulle	'bubble'
les riches	'rich people'	les ruches	'bee hives'

Production

Pour produire /y/, la langue est en position avancée, comme pour /i/, et les lèvres sont arrondies, avancées et tendues, comme pour /u/. Il est plus efficace de commencer avec un /i/ très tendu, donc très aigu, par exemple dans la syllabe *si* produite avec une intonation montante, *si?*, et ensuite d'arrondir et de tendre les lèvres. Plutôt que de prendre le risque de produire un son diphtongué, comme celui de l'anglais *cure, cute, cube*, en arrondissant progressivement les lèvres à partir de la position articulatoire de /i/, il vaut mieux alterner entre les deux voyelles: *ti?/tu?, si?/su?, dit?/du?* La voyelle /y/ étant aiguë, sa bonne prononciation sera favorisée dans l'environnement des consonnes aiguës /s, z, t, d, ʃ, ʒ/ et une intonation montante: *su?, zut?, tu?, du?, chute?, du jus?*

  Les deux problèmes les plus courants posés aux anglophones par la prononciation de /y/ proviennent de l'interférence graphique. Comme la lettre *u* est la représentation principale de cette voyelle, les apprenants anglophones ont tendance à y associer les valeurs phonologiques qu'elle a dans leur langue, c'est-à-dire, les diphtongues /juᵘ/ de *pure, cute*, etc. et de /uᵘ/ de *blue, sue*, etc., et la voyelle neutre non-accentuée /ə/ de *nature, pleasure*, etc. Comparez les formes correspondantes français/anglais suivantes: *nature* /na tyʀ/ vs. /néˈtʃər/, *tissu* /ti sy/ vs. *tissue* /tɪˈʃjuᵘ/, *azur* /a zyʀ/ vs. /ǽ ʒjər/ ou /ǽ ʒər/.

Fonction

La voyelle /y/ se retrouve dans plusieurs "mots outils" importants: la forme masculine du partitif et la contraction, *du*; la forme féminine de l'article indéfini, *une*; le pronom personnel de la deuxième personne du singulier, *tu*; le participe passé d'un grand nombre de verbes couramment utilisés des groupes *-ir, -re* et *-oir*:

INFINITIF	RADICAL PRÉSENT	PARTICIPE PASSÉ
courir	ils courent	couru
tenir	ils tiennent	tenu
venir	ils viennent	venu
attendre	ils attendent	attendu
croire	ils croient	cru
lire	ils lisent	lu
répondre	ils répondent	répondu
vivre	ils vivent	vécu
apercevoir	ils aperçoivent	aperçu
boire	ils boivent	bu
devoir	ils doivent	dû
pouvoir	ils peuvent	pu

Infinitif	Radical présent	Participe passé
recevoir	ils reçoivent	reçu
savoir	ils savent	su
valoir	ils valent	valu

La voyelle /y/ fait aussi partie des mots d'usage courant suivants: *fumer*, *punir*, *unir*, *suer*, *tuer*, *la lune*, *la rue*, *la vue*, *du jus*, *la prune*, *brune*, etc.

Variation

En français québécois, comme c'est le cas pour les deux autres voyelles fermées, la voyelle /y/ a une variante relâchée [Y] en syllabe fermée. Cette variante a tendance à se retrouver en toute syllabe interne, fermée ou ouverte. Comparez les prononciations standard et québécoise dans les mots suivants: *butte* [byt] vs. [bYt], *s'amuse* [sa muz] vs. [sa mYz], *s'amuser* [sa mu ze] vs. [sa mY ze], *utiliser* [y ti li ze] vs. [Y tɪ lɪ ze]. Toutefois, en syllabe finale ouverte, comme dans *tu* [ty], la voyelle reste tendue.

Orthographe

La lettre *u* est la représentation usuelle de /y/: *tu*, *lu*, *une*, *lune*, *fumer*, *punir*, *minuscule*. L'accent circonflexe s'ajoute afin de différencier, du moins pour l'œil, les **homophones**: (*il a) dû* vs. *du lait*; *un mur* vs. *mûr(e)*; *sur (le chemin)* vs. *sûr(e)*. Il apparaît aussi dans un nombre restreint de mots sans homophones, par exemple, *la bûche*, *brûler*, *une flûte*. Il existe aussi deux graphies relativement rares:

eu: *il a eu, il eut, que j'eusse* (et d'autres formes du passé simple et de l'imparfait du subjonctif, excepté celles citées ci-dessous); *gageure* 'a wager'

eû: les formes de la première et de la deuxième personne pluriel du passé simple d'*avoir*: *que nous eûmes, que vous eûtes*; la forme de la troisième personne singulier de l'imparfait du subjonctif d'*avoir*: *qu'il eût*

7.2 LES VOYELLES MOYENNES /ø/ ET /œ/

Les voyelles antérieures arrondies moyennes partagent les traits distributionnels de leurs homologues postérieures arrondies /o/ et /ɔ/, respectivement. Elles sont sujettes aux mêmes types de variation.

Distribution

La voyelle mi-ouverte /œ/ ne se retrouve pas en syllabe finale ouverte; les deux membres de la paire ne peuvent donc s'opposer qu'en syllabe finale, fermée; voir la Figure 7.2, qui récapitule la distribution de la paire de voyelles postérieures /o/ et /ɔ/.

FIGURE 7.2

DISTRIBUTION DE /ø/ VS. /œ/ ET DE /o/ VS. /ɔ/
SELON LE TYPE DE SYLLABE FINALE

		Syllabe ouverte		**Syllabe fermée**	
Mi-fermée	/ø, o/	le feu	le saut	**le feutre**	**saute**
				il est veule*	
Mi-ouverte	/œ, ɔ/	———————		ils veulent	la sotte

———————
*he is without will, energy

Les locuteurs méridionaux qui suivent la Loi de Position ne produisent ni /ø/ ni /o/ en syllabe fermée; pour eux, les membres des deux paires de voyelles sont en distribution complémentaire: les voyelles fermées, /o/ et /ø/, en syllabe ouverte; les voyelles ouvertes, /œ/ et /ɔ/, en syllabe fermée. Les formes indiquées en caractères gras seraient prononcées avec des voyelles ouvertes par ces locuteurs, par exemple *feutre* [fœtʀ], *veule* [vœl] et *saute* [sɔt].

Les locuteurs qui suivent la norme du français standard opposent /ø/ et /œ/, mais le nombre de paires minimales est très réduit. Il n'en existe que deux: *il est jeune* /ʒœn/ vs. *il jeûne* /ʒøn/ 'he fasts'; *ils veulent* /vœl/ vs. *il est veule* /vøl/ 'he's spineless, lacking in energy'. D'ailleurs, comme les membres de ces deux paires minimales n'appartiennent pas à la même catégorie grammaticale — *jeune* et *veule* sont des adjectifs, *jeûne* et *veulent* sont des verbes — leur probabilité de s'opposer dans le même contexte est très basse. Ainsi, le contraste /ø/ vs. /œ/ a une faible fonction différentielle dans la langue.

Comme c'est le cas pour /o/, lorsque la voyelle /ø/ apparaît en syllabe finale fermée, elle est toujours longue. Comparez *jaune* [ʒo:n] et *jeûne* [ʒø:n], où les voyelles mi-fermées sont longues devant /n/, puis *jeune* [ʒœn] et *jeûne* [ʒø:n], où seule la dernière voyelle est longue.

Production

Pour produire les voyelles /ø/ et /œ/, il vaut mieux partir de la position articulatoire de /y/, les lèvres bien arrondies et tendues, et abaisser la langue. Les lèvres deviendront progressivement moins tendues et arrondies. Elles le sont toutefois encore assez pour /ø/. Ces deux voyelles sont aussi aiguës, mais moins que /y/, puisque l'acuité diminue au fur et à mesure que la bouche s'ouvre. On prononcera des séries commençant par des consonnes aiguës, par exemple:

du/deux   su/ceux   le jus/le jeu   cru/creux   plus/pleut
sûr/la sœur   la cure/le cœur   pur/la peur   le mur/meurt

On peut aussi produire ces deux voyelles à partir de leurs homologues antérieures non-arrondies /e/ et /ɛ/:

c'est/ceux   dé/deux   le quai/la queue   la fée/le feu
la serre/la sœur   il veille/qu'il veuille   le flair/la fleur
la paire/la peur

Variation

Nous avons vu que pour les locuteurs méridionaux, il n'y a pas de contraste /ø/ vs. /œ/. Les deux voyelles sont en distribution complémentaire et ne sont que les réalisations phonétiques d'un phonème unique. La variante fermée, [ø], se retrouve en syllabe ouverte et la variante ouverte, [œ], en syllabe fermée.

Pour les locuteurs parisiens, la différence phonétique entre la voyelle /œ/ et son homologue postérieure arrondie /ɔ/ est réduite, car cette dernière voyelle s'articule vers l'avant, en particulier en syllabe interne (voir p. 97, **La neutralisation**). Ils ont aussi du mal à différencier des paires de mots comme l'office 'the pantry' et le fils, que l'on devrait prononcer respectivement [lɔ fis] et [lœ fis]. Ils ont tendance à prononcer les deux mots de la même façon: avec un son variant entre [ᶜɔ] et [œ]. Les locuteurs qui suivent la Loi de Position en syllabe interne n'ont aucune difficulté à faire cette dernière distinction puisqu'ils prononcent l'office [lo fis] et le fils [lø fis]. Dans la prononciation parisienne, la variété antériorisée de /ɔ/ s'étend aux syllabes finales fermées: c'est joli le Maroc se rapproche de c'est jeuli le Mareuc! (c'est ainsi que le linguiste français André Martinet intitule un article traitant de cette prononciation). Toutefois, le contraste entre les deux voyelles arrondies est plus stable en syllabe finale fermée, et les paires minimales suivantes sont généralement différenciées:

l'or   l'heure
les sorts   les sœurs
ils volent   ils veulent
le sol   seul

Le contraste entre /ø/ et /œ/ est neutralisé en position interne. La Loi de Position s'applique, voir la Figure 7.3.

FIGURE 7.3

DISTRIBUTION DE /ø/ ET DE /œ/ EN SYLLABE INTERNE

		Syllabe ouverte	**Syllabe fermée**
Mi-fermée	/ø/	heureux [ø ʀø]	————————
		deuxième [dø zjɛm]	
		neutraliser [nø tʀa li ze]	
Mi-ouverte	/œ/	————————	heurter [œʀ te]
			feuilleter [fœj te]

L'analogie et l'harmonisation vocalique rendent encore plus variables les réalisations de /ø/ et /œ/ en syllabe interne. L'analogie joue surtout dans le sens voyelle fermée → voyelle ouverte. Les formes simples contenant /œ/ en syllabe finale fermée influencent le timbre de la voyelle neutralisée /ø/ en syllabe interne ouverte. Ainsi, *feuillage* [fø jaʒ] → (aurait tendance à devenir) [fœ jaʒ] sous l'effet de *feuille* [fœj]; *ameublement* [a mø blø mã] →[a mœ blø mã] sous l'effet de *meuble* [mœbl]; *œillade* [ø jad] → [œ jad] sous l'effet d'*œil* [œj]. L'harmonisation vocalique aurait tendance à renforcer la fermeture de la voyelle dans, par exemple, *écœuré* [e kø ʀe] (par contre, l'analogie tendrait à l'ouvrir, *cœur* [kœʀ] → [e kœ ʀe]). Ce phénomène aurait tendance à fermer une voyelle ouverte en syllabe fermée, par exemple, dans *meurtri* [mœʀ tʀi], la voyelle fermée et aiguë /i/ tendrait à fermer le [œ]: → [møʀ tʀi].

Fonction

Les voyelles /ø/ et /œ/ font partie de plusieurs suffixes agentifs importants en français:

- Le suffixe masculin *-eur* et sa forme correspondante féminine *-rice*: *acteur/actrice, instituteur/institutrice, moteur/motrice*;
- Le même suffixe masculin *-eur* et sa forme correspondante féminine *-euse*: *menteur/menteuse, tricheur/tricheuse, voleur/voleuse*;
- Le suffixe masculin *-eux* et sa forme correspondante féminine *-euse*, qui forment des adjectifs à partir de noms: *chaleureux/chaleureuse, nerveux/nerveuse, paresseux/paresseuse*.

Ces deux voyelles servent aussi à distinguer les formes de la troisième personne du singulier de la forme correspondante du pluriel des verbes *pouvoir* et *vouloir*: *il peut* vs. *ils peuvent, il veut* vs. *ils veulent.*

Orthographe

Les voyelles /ø/ et /œ/ s'écrivent toutes deux de la même façon, avec les digraphes *eu* et *œu* (voir ci-dessous **La norme pédagogique** pour des exemples). Dans *jeûne*, /ø/ s'épelle *eû*. Devant la semi-voyelle /j/, représentée par *il*, /œ/ s'écrit *ue*: *il cueille, l'orgueil*. Notez la graphie spéciale dans *œil*. Dans *monsieur, -on-* et *-eur* représentent /ø/. Enfin dans des mots empruntés à l'anglais /œ/ s'écrit *u*: *le club, le brushing*.

La norme pédagogique

La Loi de Position peut servir comme norme pédagogique pour la prononciation des mots contenant /ø/ et /œ/. Mais comme l'application absolue de ce principe en syllabe finale conduit à des prononciations stéréotypées (par exemple, la prononciation méridionale *heureuse* [ø ʀœz] au lieu de [ø ʀøz] ou *un feutre* [fœtʀ] au lieu de [føtʀ]), il faut la modifier. Il suffit de traiter les mots pour lesquels la norme orthoépique demande /ø/ en syllabe finale comme étant exceptionnels. Voici les règles qui permettent une prononciation parfaitement acceptable à des francophones cultivés.

1. Seul /ø/ se retrouve en syllabe finale ouverte:

   le feu, le jeu, un peu
   il peut, il veut
   je peux, tu veux, deux, creux, sérieux, vaniteux
   la queue

2. En syllabe finale fermée par /z/, seul /ø/ est admis. Il s'agit de quelques mots et de la forme féminine des suffixes adjectivaux *-eux/-euse* et *-eur/ -euse*:

   creux, creuse; creuser/je creuse; sérieux, sérieuse;
   se vanter/vaniteux, vaniteuse; avoir peur/peureux, peureuse;
   mentir/menteur, menteuse; voler/voleur, voleuse

3. En syllabe finale fermée par /ʀ/, seul /œ/ apparaît:

   l'heure, la peur, le beurre, le cœur, la sœur, sonneur, embêteur

4. A l'exception des cas cités ci-dessus (Point 1) et d'un petit groupe de mots, dont *il jeûne* et *veule*, seul /œ/ est admis en syllabe fermée. Comparez, d'une part, les mots exceptionnels avec /ø/:

> neutre, le feutre, une meute 'mob', une émeute 'riot', la vache beugle et meugle 'bellows and moos'

et d'autre part, les mots réguliers avec /œ/:

> ils veulent, seul, le tilleul, l'œuf, le bœuf

5. En syllabe interne la Loi de Position s'applique pleinement:

> EN SYLLABE OUVERTE, [ø]:
> l'*Eu*rope /ø ʀɔp/, malh*eu*reuse /ma lø ʀøz/, n*eu*vième /nø vjɛm/, le p*eu*plier /pø pli je/, *œu*vrer /ø vʀe/

> EN SYLLABE FERMÉE, [œ]:
> h*eu*rter /œʀ te/, s*eu*lement /sœl mã/

La Figure 7.4 ci-dessous indique les différences entre la prononciation indiquée par la norme du français standard, celle indiquée par la Loi de Position et celle indiquée par la norme pédagogique proposée.

FIGURE 7.4

NEUTRALISATION DES VOYELLES ANTÉRIEURES ARRONDIES
PRONONCIATION SELON LA NORME PÉDAGOGIQUE, LE FS ET LA LOI DE POSITION

Type de syllabe	Exemple	Norme pédagogique	FS	Loi de Position
Finale ouverte	il veut	/vø/	[vø]	[vø]
Finale fermée	il jeûne	/ʒøn/	[ʒøn]	[ʒœn]
Finale fermée	il est jeune	/ʒœn/	[ʒœn]	[ʒœn]
Interne ouverte	heureux	/ø ʀø/	[œ ʀø]	[ø ʀø]
Interne fermée	heurter	/œʀ te/	[œʀ te]	[œʀ te]

7.3 LE e MUET

Le terme **e muet** (ou **e caduc**, **e instable**, **schwa**) fait référence à une voyelle qui n'est pas prononcée dans la plupart des cas. Du point de vue phonétique, c'est une voyelle brève dont la prononciation varie entre celle de /ø/ et de /œ/. Son nom provient du fait qu'elle est généralement représentée par la lettre e. Il est d'usage de la transcrire par le signe phonétique [ə], mais cette convention masque le fait que, lorsque le e muet est prononcé, sa prononciation dépend du contexte où il se trouve. Dans *dis-le* ou *fais-le*, par exemple, sa réalisation se rapproche de celle de /ø/; comparez *deux* [dø] et *dis-le* [di lø]. Dans d'autres cas, sa réalisation se rapproche de celle de /œ/, par exemple, comparez *il est jeune* [ʒœn] et *je ne sais pas* [ʒœn se pa]. Comme le e muet se retrouve rarement en syllabe finale (jamais en fait en syllabe finale fermée), sa prononciation sera sujette à la neutralisation de la distinction /ø/ et /œ/ en syllabe interne. C'est à dire qu'elle variera entre les sons [ø] et [œ], et on peut dire que le signe [ə] représente un son qui se rapproche tantôt de l'un, tantôt de l'autre.

Le problème que le e muet pose aux apprenants n'est pas celui de ses caractéristiques phonétiques. C'est plutôt de savoir s'il doit se prononcer ou pas dans tel ou tel cas particulier. Ou, en abordant le problème d'un autre point de vue, si le e de, par exemple, *premier, la vedette, mercredi, samedi, l'avenue, prends-le, c'est ce que je te demande*, est prononcé ou pas. Nous consacrerons le Chapitre 12 à ce problème. A présent, nous invitons le lecteur à prononcer le e muet comme une voyelle pleine, avec le même son que celui de /ø/ en syllabe ouverte. Ainsi, lorsque le e muet de *de* est réalisé, la prononciation de ce mot sera identique à celle de *deux*, la prononciation de *que* à celle de *queue*, la prononciation de *ne* à celle de *nœud*, etc.

CHAPITRE

8

Les voyelles nasales
/ã/, /õ/ et /ẽ/

8.1 LES VOYELLES NASALES

Ce chapitre comprend six parties. La première partie traite des voyelles nasales en général et compare la fonction et la distribution de la nasalisation vocalique en anglais et en français. Les trois parties suivantes décrivent les trois voyelles nasales principales du français: /ã/, /õ/ et /ẽ/. La cinquième partie examine le cas spécial du *n* de liaison et son effet sur les voyelles nasales. Enfin, la sixième partie traite du système des voyelles nasales du français méridional, la variété de la langue qui montre la plus grande différence par rapport à la norme orthoépique.

Caractéristiques phonétiques

Avec les voyelles antérieures arrondies, les voyelles nasales constituent l'un des aspects marquants du système vocalique du français. Comme nous l'avons vu, les voyelles nasales sont produites par l'abaissement du palais mou (voir la Figure 8.1), ce qui permet à l'air expulsé de transiter par le nez. L'abaissement du palais mou produit aussi une cavité vélique qui modifie la configuration générale de la cavité buccale. Il en résulte une qualité acoustique particulière, un timbre diffus et vague que savent bien exploiter les poètes.

Il est facile de percevoir la différence entre une voyelle orale et une voyelle nasale. Commencez avec la voyelle /a/, puis, avec deux doigts, pincez légèrement les ailes de votre nez. Vous noterez que le pincement nasal n'a aucun effet sur le son. Maintenant, produisez la voyelle nasale homologue /ã/. Vous constaterez que les cavités nasales vibrent. Si vous pincez plus fort, le son est interrompu. La vibration que vous sentez est la nasalisation. Il est difficile de sentir le jeu du palais mou — abaissement ou relèvement; le test de pincement permet un contrôle plus efficace du degré de nasalisation.

La transcription phonétique traditionnelle des voyelles nasales laisse croire que l'abaissement du palais mou, qui ouvre l'accès aux cavités nasales, constitue la seule différence phonétique entre chacune des quatre voyelles nasales du français et la voyelle orale la plus rapprochée du point de vue phonétique — sa voyelle orale homologue, c'est à dire, entre /ɛ̃/ et /ɛ/, /œ̃/ et /œ/, /ɑ̃/ et /ɑ/ et /ɔ̃/ et /ɔ/. En fait, comme nous l'indiquerons, il existe d'autres différences articulatoires entre chacune des voyelles nasales et son homologue oral. Par exemple /ɛ̃/ est produit avec une plus grande ouverture de la bouche que /ɛ/. Par ailleurs, excepté pour /ɔ̃/, les voyelles nasales ont des **relations morphologiques** avec plusieurs voyelles orales. Par exemple /ɛ̃/ alterne avec /ɛ/ (*il vient* /vjɛ̃/ vs. *ils viennent* /vjɛn/) mais aussi avec /i/ (*il est fin* /fɛ̃/ vs. *elle est fine* /fin/) et avec /e/ (*il est plein* /plɛ̃/ vs. *la plénitude* /plenityd/). Ainsi, tant pour ces raisons que par commodité, nous transcrirons les quatre voyelles nasales comme suit: /œ̃/ *un*, /ɔ̃/ *bon*, /ɛ̃/ *vin*, /ɑ̃/ *blanc*.

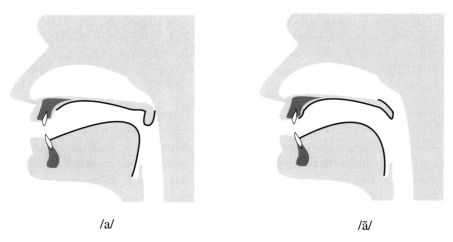

/a/   /ã/

Figure 8.1   Jeu du palais mou dans la production des voyelles orales (gauche) et nasales (droite)

Les voyelles nasales de l'anglais et du français

Du point de vue phonétique, l'anglais possède aussi des voyelles produites avec l'abaissement du palais mou. Mais il existe deux différences fondamentales entre la nasalisation vocalique du français et celle de l'anglais.

Premièrement, les voyelles nasales du français ont une fonction différentielle: elles forment des paires minimales où la voyelle nasale s'oppose à son homologue oral, par exemple:

/ɛ/ vs. /ɛ̃/   les baies 'the bays'/les bains 'the baths';
il plaît 'he, it pleases'/il plaint 'he commiserates with'

/a/ vs. /ã/   il est là 'he's here'/il est lent 'he's slow';
il va 'he's going'/il vend 'he sells'

/o/ vs. /õ/   il est beau 'he's handsome'/il est bon 'he's good';
il vaut 'it's worth'/ils vont 'they're going'

En anglais, par contre, les voyelles nasales ne s'opposent pas aux voyelles orales: toute voyelle qui précède une consonne nasale est nasalisée automatiquement et le degré de nasalisation peut varier. Pour observer la nasalisation de ces voyelles, faites le test de pincement nasal pendant que vous prononcez les paires de mots suivantes, dont le deuxième se termine avec une consonne nasale, /n/, /m/ ou /ŋ/. Vous constaterez qu'il y a vibration des cavités nasales seulement lorsque vous prononcez le deuxième mot:

sit/sing, peck/pen, pat/pan, boot/boon, load/loam, cot/con,
mob/mom, sud/sun, dice/dime

Comme les syllabes sont généralement fermées en anglais, il y a anticipation de la position articulatoire de la consonne. Pour les syllabes se terminant par une consonne nasale, le palais mou s'abaisse pendant la production de la voyelle orale précédente, et une nasalisation partielle s'ensuit. Paradoxalement, il y a plus de voyelles nasales en anglais qu'en français, puisque dans cette langue, en général, toute voyelle peut être accompagnée de nasalisation lorsqu'elle précède une consonne nasale. Comme la nasalisation vocalique n'a pas de rôle différentiel en anglais, nous dirons que les voyelles de cette langue ont des variantes **nasalisées**. Nous conserverons le terme **voyelle nasale** pour décrire des voyelles qui sont toujours nasalisées, quel que soit le contexte où elles se trouvent. Le problème pour les apprenants anglophones n'est pas d'apprendre à produire des voyelles nasales, mais plutôt d'apprendre à ne pas nasaliser une voyelle devant une consonne nasale. En d'autres termes, comme dans leur langue maternelle la nasalisation vocalique est liée automatiquement à la présence d'une consonne nasale, il leur faut apprendre à dissocier ces deux traits.

Deuxièmement, en anglais, comme nous venons de le voir, les voyelles nasalisées ne se retrouvent que devant une consonne nasale. En français, les voyelles nasales se retrouvent rarement dans ce contexte. Elles s'opposent à leur homologue oral en syllabe ouverte ou en syllabe fermée par une consonne autre que /n/, /m/ ou /ɲ/, voir la Figure 8.2 où le signe N représente une consonne nasale.

FIGURE 8.2

DISTRIBUTION DES VOYELLES ORALES ET NASALES EN SYLLABE FINALE

	Syllabe ouverte		Syllabe fermée		
			DEVANT N	DEVANT CONSONNE ORALE	
	Voyelle orale	*Voyelle nasale*	*Voyelle orale*	*Voyelle orale*	*Voyelle nasale*
/ɛ/: /ɛ̃/	la paix	le pain	la peine	sept	la sainte
/a/: /ã/	là	l'an	l'âne	la patte	la pente
/ɔ/ ou /o/: /õ/	beau	bon	bonne	la mode	le monde

En français, non seulement l'opposition entre une voyelle nasale en syllabe ouverte et une séquence composée de son homologue oral suivie d'une consonne nasale, spécialement /n/, permet-elle de distinguer des mots, mais elle joue aussi un rôle morphologique important. Cette distinction sert en particulier à distinguer le masculin et le féminin de certains adjectifs (*fin/fine, bon/bonne*), la troisième personne singulier et la troisième personne pluriel du présent de l'indicatif de certains verbes (*il peint/ils peignent, elle tient/elles tiennent*) et des formes simples et leurs dérivatifs (*l'an/l'année*).

Lorsque les voyelles nasales se retrouvent en syllabe finale fermée, elle sont longues; comparez:

SYLLABE OUVERTE INTERNE		SYLLABE FINALE OUVERTE		SYLLABE FINALE FERMÉE	
monter	[mõ te]	le mont	[mõ]	la montre	[mõːtʀ]
danser	[dã se]	la dent	[dã]	la danse	[dãːs]
pincer	[pɛ̃ se]	le pain	[pɛ̃]	la pince	[pɛ̃ːs]

Variation et norme pédagogique

Selon la norme orthoépique, le système des voyelles nasales du français comprend quatre distinctions (voir la Figure 8.3). Ce système est parfaitement

symétrique puisqu'il compte deux voyelles antérieures et deux voyelles postérieures. Deux de ces quatre voyelles sont des voyelles moyennes et deux des
voyelles ouvertes:

FIGURE 8.3

VOYELLES NASALES DU FRANÇAIS STANDARD

	Antérieures	**Postérieures**
Moyennes	ɛ̃ (ẽ)	ɔ̃ (õ)
Ouvertes	œ̃	ã (ɑ̃)

Toutefois, comme il ressort de la position des voyelles nasales sur le quadrilatère articulatoire (voir la Figure 6.1), les différences d'ouverture entre /ɛ̃/ et
/œ̃/, d'une part, et entre /ã/ et /ɔ̃/, d'autre part, sont réduites. Il n'est donc pas
surprenant que de nombreux locuteurs aient tendance à éliminer la distinction
d'ouverture, c'est à dire à confondre les membres de chacune de ces deux oppositions.

Par ailleurs, la voyelle /œ̃/ est peu fréquente. On ne la retrouve que dans
une vingtaine de mots courants, y compris des composés de *un*: *aucun, chacun,
quelqu'un*; *brun, emprunter, humble, opportun, parfum*. Le nombre de paires
minimales formées par l'opposition /œ̃/ vs. /ɛ̃/ est aussi limité:

un brun 'a dark haired man' vs. *un brin (d'herbe)* 'a bit of grass'
il emprunte 'he borrows' vs. *une empreinte* 'an imprint'
un volontaire 'a volunteer' vs. *involontaire* 'involuntary'

Notez que les membres de chacune de ces paires minimales appartiennent à une
catégorie grammaticale différente, et il est peu probable qu'ils puissent se
retrouver dans le même contexte. En résumé, le rôle différentiel de /œ̃/ est faible, et il n'est pas surprenant que dans la région parisienne l'opposition /ɛ̃/ vs.
/œ̃/ ait disparue au profit de /ɛ̃/.

La distinction /ã/ vs. /ɔ̃/ est plus solide. Elle est ancrée sur un grand
nombre de paires minimales possibles, par exemple les formes de la première
personne du pluriel du présent de l'indicatif vs. le participe présent: *nous chan-
tons* vs. *en chantant*. Toutefois, chez les jeunes Parisiens appartenant aux couches sociales supérieures, la prononciation de /ã/ se rapproche dangereusement
de celle de /ɔ̃/. Cette prononciation semble s'étendre aux autres couches sociales et aux autres régions du pays. La distinction se maintient parce que la prononciation de /ɔ̃/ devient très "pointue", c'est-à-dire que cette dernière voyelle
devient plus arrondie et, du point de vue de l'ouverture, plus proche de

/o/ que de /ɔ/. Toutefois, dans certaines variétés dialectales du français, les deux voyelles se confondent en un timbre intermédiaire. Cela se produit notamment en Louisiane et parmi les Français nés ou qui ont vécu en Algérie.

Nous traiterons à part le système des voyelles nasales du français méridional, qui se démarque nettement de la norme orthoépique. Pour la norme pédagogique, nous retiendrons les trois voyelles nasales principales, /ã/, /õ/ et /ẽ/, avec la valeur phonétique qu'elles ont en français standard. Nous estimons qu'il est utile pour des apprenants de pouvoir entendre la différence entre /ẽ/ et /œ̃/ mais qu'ils n'ont pas besoin de les différencier dans leur utilisation de la langue. Nous considérons cette dernière voyelle comme une variante associée à la graphie *un* (voir la section 8.4).

8.2 LA VOYELLE NASALE /ã/

Articulation

Pour produire la voyelle /ã/, il faut partir de la position articulatoire de /a/ et abaisser le palais mou. Comme il est difficile de sentir ce mouvement, il vaut mieux faire le test du pincement nasal et s'assurer de la vibration des cavités nasales pendant la production de la voyelle nasale, par exemple, en comparant des paires minimales telles que *là/lent*, *ça/cent*, *va/vent*. Puisqu'en anglais les voyelles nasales se retrouvent toujours devant une consonne nasale, les apprenants anglophones auront tendance à ajouter une brève consonne nasale à la fin des voyelles nasales du français, par exemple, pour *lent* à prononcer [lãⁿ] ou [lãŋ] au lieu de [lã]. Pour éviter l'insertion de cette consonne nasale, il faut s'assurer que la langue ne bouge pas du tout pendant l'articulation de la voyelle. Pour éviter l'introduction d'une consonne après une voyelle nasale, il est utile d'allonger les voyelles, par exemple, pour les paires de mots ci-dessus: *là* [laaaaa] → [lãããããã] *lent*, etc.

Le mouvement de la langue et l'insertion d'une consonne nasale qui en résulte sont particulièrement difficiles à éviter en position interne là où la voyelle nasale précède une consonne. Voici encore une autre manifestation de l'influence de la structure syllabique de l'anglais qui fait que les apprenants anglophones ont tendance à fermer les syllabes avec une consonne. Ainsi, dans le mot *santé* [sã te], ils auraient tendance à anticiper la position articulatoire de /t/ et à ajouter une brève fermeture nasale ayant une articulation dentale, [ⁿ], c'est à dire, à prononcer *[sãⁿ te] (l'astérisque indique une prononciation défectueuse). La fermeture nasale produite dépend du point d'articulation de la consonne qui suit: [ⁿ] devant des consonnes dentales (*penser* *[pãⁿ se], *vendu* *[vãⁿ dy]); [ᵐ] devant des consonnes labiales (*campagne* *[kãᵐ paɲ], *chambrer* *[ʃãᵐ bʁe]), et [ᵑ] devant des consonnes vélaires: *anglais* *[ãᵑ glɛ], *encore* *[ãᵑ kɔʁ]).

Les alternances entre /ã/ et les séquences voyelle orale + N

Nous avons vu l'importance d'une distinction très nette entre une voyelle nasale et les séquences formées de son homologue oral suivi d'une consonne nasale pour des distinctions sémantiques et des marques grammaticales importantes. Pour bien faire cette distinction, il est important, d'une part, d'éviter l'insertion d'une fermeture nasale après la voyelle nasale et, d'autre part, d'articuler fortement la consonne nasale de la séquence voyelle orale + N (l'une des consonnes nasales, /n/, /m/, /ɲ/), par exemple, pour *l'an* vs. *l'âne* de prononcer [lã] vs. [lan⁼] et non pas *[lãⁿ] vs. *[lanⁿ]. De cette manière, la distinction de telles paires minimales est assurée par deux traits phonétiques: (1) la présence opposée à l'absence de nasalisation sur la voyelle; (2) l'absence vs. la présence de la consonne nasale. La liste de paires minimales ci-dessous illustre la valeur différentielle de l'opposition /ã/ vs. /an/:

Jean		Jeanne	
le plan	'the plan'	il plane	'he glides'
l'an	'the year'	l'âne	'the donkey'
le vent	'the wind'	la vanne	'the sluice, lock gate'
le flan	'custard'	la flamme	'the flame'

Cette opposition sert aussi à distinguer le genre de noms apparentés et les formes masculine et féminine d'adjectifs variables:

le paysan	la paysanne	'peasant'
le gitan	la gitane	'gypsy'
le sultan	la sultane	'sultan, sultana'
le courtisan	la courtisane	'courtier, courtesan'
musulman	musulmane	'Muslim'

Dans le cas du présent de l'indicatif du verbe irrégulier *prendre*, l'alternance entre /ã/ et une autre séquence voyelle orale + N, /ɛn/, oppose les formes du singulier et du pluriel de la troisième personne:

il prend /pʁã/   ils prennent /pʁɛn/   'he takes, they take'

Les séquences /ã/ + N

Les combinaisons formées d'une voyelle nasale suivie d'une consonne nasale sont rares à l'intérieur des mots. La séquence /ã/ + N se retrouve notamment lorsque le préfixe *en-* /ã/ précède une voyelle ou une consonne nasale. Notez que ce préfixe s'écrit *em-* devant *m-*. Comparez:

dormir	/dɔʀ miʀ/	endormir	/ã dɔʀ miʀ/
ivre	/ivʀ/	enivrer	/ã ni vʀe/
neiger	/ne ʒe/	enneiger	/ã ne ʒe/
aménager	/a me na ʒe/	emménager	/ã me na ʒe/
amener	/am ne/	emmener	/ãm ne/

Elle apparaît aussi dans le mot *ennui* /ã nɥi/ et ses dérivées, par exemple, *ennuyer* /ã nɥi je/, *ennuyeux* /ã nɥi jø/. Le fait que les combinaisons /ã/ + N sont rares explique le remplacement de /ã/ par son homologue oral /a/ lorsque le suffixe adverbial *-ment* /mã/ s'ajoute à un adjectif dont la dernière syllabe contient /ã/. Comparez:

poli	/po li/	poliment	/po li mã/
carré	/ka ʀe/	carrément	/ka ʀe mã/

mais:

élégant	/e le gã/	élégamment	/e le ga mã/ au lieu de */e le gã mã/
constant	/ko stã/	constamment	/kõ sta mã/ au lieu de */ko stã mã/
évident	/e vi dã/	évidemment	/e vi da mã/ au lieu de */e vi dã mã/

Variation

Nous avons signalé que parmi certains Parisiens, /ã/ est réalisé par un son qui se situe entre [ɑ̃] et [ɔ̃]. Il est parfois difficile de savoir si, par exemple, ces locuteurs disent *le blanc* ou *le blond*. Ce trait caractérise aussi le parler des Français nés en Algérie et des Louisianais francophones.

En français québécois, /ã/ a une articulation plus antérieure, [æ̃]. Il s'ensuit que les autres francophones ont des difficultés à distinguer les paires minimales formées de /ɛ̃/ vs. /ã/, comme par exemple *le vin* vs. *le vent*, lorsqu'elles sont produites par les Québécois, puisque ces locuteurs les prononcent [vɛ̃] et [væ̃], respectivement. Les autres francophones perçoivent ces deux derniers sons comme les réalisations de la même voyelle, c'est à dire de /ɛ̃/.

Orthographe

1. **Les diverses graphies pour /ã/.** La voyelle /ã/ est représentée par deux digraphes: *an* et *en*. Malheureusement, il est difficile de prédire laquelle de ces deux graphies est utilisée dans un mot particulier. Ainsi, la voyelle /ã/ s'écrit avec *en* dans *le vent* mais avec *an* dans *le banc*. Il n'y a d'autre recours que la mémorisation des mots individuels.

Il existe deux graphies rares: *aon* dans *paon* /pã/ 'peacock', *faon* /fã/ 'fawn' et le nom de ville *Laon* /lã/; *aen* dans le nom de ville *Caen* /kã/.

Devant les consonnes labiales /p, b, m/, le *n* est remplacé par -*m*:

le jambon, le champion, embêter, emporter, emmener

2. **Le problème de la graphie *en*.** La graphie *en* représente aussi la voyelle nasale /ẽ/ dans un petit nombre de mots. Comparez:

/ã/		/ẽ/	
vendre	/vãdʀ/	l'examen	/eg za mẽ/
le centre	/sãtʀ/	le pentagone	/pẽ ta gɔn/
l'encre	/lãkʀ/	l'agenda	/la ʒẽ da/

Par ailleurs, ce digraphe représente la séquence /ɛn/ en syllabe finale dans quelques mots et dans certaines abréviations et certains acronymes:

l'abdomen, amen, le spécimen, la FEN (Fédération de l'Education Nationale)

3. **Le recours aux alternances.** Le lien morphologique entre les formes marquées par l'alternance /ã/ vs. /a/ + N permet d'identifier certains des mots où la voyelle nasale est représentée par *an*:

planer → le plan
l'année → l'an
la paysanne → le paysan
enrubanner → le ruban

4. **/ã/ suivie d'une consonne muette.** Pour savoir si, à la fin des mots, les graphies *an, am, en, em* sont suivies d'une consonne écrite muette, il faut relier le mot à une forme dérivée où cette consonne est prononcée. Comparez:

FORME SIMPLE		FORME DÉRIVÉE		

FORME SIMPLE	FORME DÉRIVÉE
le sang /sã/ 'blood'	sanguine /sãgin/ 'pertaining to blood'
le rang /ʀã/ 'rank'	la rangée /ʀãʒe/ 'row'
blanc /blã/ 'white'	la blanquette /blãkɛt/ 'white sauce'
champ /ʃã/ 'field'	champêtre /ʃãpɛtʀ/ 'pastoral'
la dent /dã/ 'tooth'	le dentiste /dãtist/ 'dentist'
le temps /tã/ 'time'	temporel /tãpoʀɛl/ 'temporal'
cent /sã/ '100'	une centaine /sãtɛn/ 'about 100'

8.3 LA VOYELLE NASALE /õ/

Articulation et distribution

Comme l'indique la Figure 6.1, la voyelle nasale /õ/ se situe sur l'axe fermé-ouvert (ou haut-bas), entre les voyelles postérieures arrondies /o/ et /ɔ/. Comme c'est une voyelle labialisée, pour la prononcer il vaut mieux partir de la position articulatoire de /o/ et abaisser le palais mou. Il est important d'arrondir les lèvres avant de produire le son et de les maintenir dans cette position pendant l'articulation afin d'éviter la diphtongaison, c'est-à-dire de ne pas produire le son *[õ^W]. En syllabe ouverte interne et en syllabe fermée, comme c'est le cas pour /ã/, les anglophones ont tendance à anticiper le point d'articulation de la consonne suivante et à insérer une brève consonne nasale, c'est à dire à produire *[bõ^{n}te] pour /bõ te/ *bonté*, *[tõ^{m}be] pour /tõ be/ *tomber*, *[lõ^{ŋ}gœʀ] pour [lõ gœʀ] *longueur*.

La voyelle /õ/ se retrouve en syllabe ouverte et fermée à la fin des mots et en syllabe ouverte en position interne, par exemple: *le ton* /tõ/, *il tombe* /tõb/, *ponton* /põ tõ/. Comme toutes les voyelles nasales, elle est longue en syllabe finale fermée: comparez: *le bon* [bõ] et *la bombe* [bõ:b].

L'opposition entre /ã/ et /õ/ a une forte valeur différentielle. Elle est à la base d'un grand nombre de paires minimales, par exemple:

le banc	'bench'	le bon	'bond'
le rang	'rank'	le rond	'circle'
il vend	'to sell'	ils vont	'to go'
ils mentent	'to lie'	ils montent	'to go up'
ils fendent	'to crack'	ils fondent	'to found'
la fente	'crack'	la fonte	'cast iron'

L'alternance entre la voyelle /õ/ et la séquence /ɔ/ ou /o/ + N

La voyelle /õ/ correspond à deux voyelles orales homologues, /o/ et /ɔ/. Il existe des paires minimales où /õ/ s'oppose à une séquence /o/ + N ou à /ɔ/ + N, par exemple:

	/õ/			/o/ + N	
les fonds	/fõ/	'funds'	les faunes	/fon/	'faunas'
le don	/dõ/	'gift'	le dôme	/dom/	'dome'
le jonc	/ʒõ/	'furze'	le jaune	/ʒon/	'yellow'

	/õ/			/ɔ/ + N	
Simon	/simõ/		Simone	/simɔn/	
les thons	/tõ/	'tunas'	les tonnes	/tɔn/	'tons'
les noms	/nõ/	'names'	les nonnes	/nɔn/	'nuns'

Mais seule la séquence /ɔ/ + N alterne avec /õ/ dans des formes morphologiquement apparentées: le masculin et le féminin d'adjectifs variables ou des noms masculins et féminins apparentés, et un nom ou un verbe qui en est dérivé:

MASCULIN/FÉMININ			NOM/VERBE DÉRIVÉ		
bon	bonne	'good'	la moisson	il moissonne	'harvest, he harvests'
mignon	mignonne	'cute'	l'action	il actionne	'action, he operates'
le patron	la patronne	'boss'	la façon	il façonne	'manner, he shapes'
l'espion	l'espionne	'spy'	le don	il donne	'gift, he gives'

Pour bien distinguer de telles paires de mots, il faut éviter d'insérer une consonne nasale après /õ/ et de nasaliser la voyelle dans les séquences /o/ + N ou /ɔ/ + N. La détente du /n/ final renforce aussi la distinction. Pour l'alternance *le don/il donne*, il faut donc prononcer [dõ] vs. [dɔn˥] et non pas *[dõⁿ] vs. *[dõn˥].

Orthographe

La voyelle /õ/ est l'unique voyelle nasale que l'orthographe représente de façon systématique. Elle s'écrit toujours avec le digraphe *on*, sauf devant une consonne labiale où *m* remplace *n*. Comparez: *tondre, la fonte, l'oncle* et *tomber, tromper, l'ombre, le pompon*. Dans *le plomb*, qui donne le verbe dérivé *plomber*, la graphie *om* est suivie d'un *b* muet. Exceptionnellement, *le bonbon* s'écrit avec *n*, car ce mot est formé par le redoublement de *bon* (*bon + bon*). Dans des emprunts récents, *on* s'écrit *un*: *secundo* /sø kõ do/, *l'acupuncture* /a ky põk tyʀ/, *le punch* /põʃ/. Le mot *jungle* se prononce /ʒõgl/ou /ʒœ̃gl/.

La lettre *o* suivie d'un *m* ou *n* redoublé ou de la séquence *m + n* est prononcée /o/ ou /ɔ/ (la variante neutralisée de ces deux phonèmes que nous transcrivons par /o/) à l'intérieur d'un mot et /ɔ/ en syllabe finale: *nommer* /no me/, *connaître* /ko nɛtʀ/, *omnisports* /om ni spɔʀ/, *la consonne* /kõ sɔn/, *la pomme* /pɔm/, *l'automne* /o tɔn/. Dans des emprunts au latin, la graphie *um* représente la séquence /ɔm/: *l'album, le radium, l'uranium, le maximum, l'aquarium*.

Comme c'est le cas pour les graphies *en* et *an*, la séquence *on* peut être suivie de lettres muettes. Pour savoir si un mot contient une lettre muette et pour découvrir quelle est cette lettre, il est nécessaire de relier le mot à une forme dérivée. La lettre muette de la forme simple est prononcée dans la forme dérivée. Comparez:

le mont	/mõ/	'mount'	la montagne	/mõtaɲ/	'mountain'
le pont	/põ/	'bridge'	le ponton	/põtõ/	'pontoon'
le front	/fʀõ/	'forehead'	frontal	/fʀõtal/	'frontal'
			affronter	/afʀõte/	'to face'
le fond	/fõ/	'base'	fonder	/fõde/	'to found'
rond	/ʀõ/	'round', *m.*	ronde	/ʀõd/	'round', *f.*
profond	/pʀofõ/	'deep', *m.*	profonde	/pʀofõd/	'deep', *f.*
le rebond	/ʀøbõ/	'rebound'	rebondir	/ʀøbõdiʀ/	'to rebound'

8.4 LA VOYELLE NASALE /ɛ̃/

Articulation et distribution

Comme le montre la Figure 6.1, du point de vue articulatoire, la voyelle nasale /ɛ̃/ est plus ouverte que le /ɛ/ de *sept*. Pour la prononcer, on peut partir de /ɛ/ et abaisser le palais mou, par exemple: *le lait/le lin, les raies/les reins*. Le test du pincement nasal permet de percevoir la nasalisation lorsque le deuxième mot de telles paires minimales est produit. Il est aussi important de bien différencier

/ɛ̃/ et la voyelle nasale qui s'en rapproche le plus du point de vue phonétique, /ɑ̃/:

/ɛ̃/	/ɑ̃/
le lin	lent
la fin	fend
le saint	le sang
feinte	la fente
mainte	la menthe
peindre	pendre

Les alternances entre la voyelle /ɛ̃/ et la séquence voyelle orale + N

On peut considérer /a/ comme l'homologue oral de /ɑ̃/ et, à la rigueur, /ɔ/ comme l'homologue oral de /õ/. Mais on ne peut pas affirmer que /ɛ/ soit l'homologue oral de /ɛ̃/. En effet, cette voyelle alterne avec huit types de séquences formées d'une voyelle orale + N. Ce fait conforte notre choix du signe /ɛ̃/ plutôt que /ɛ̃/ pour représenter cette voyelle. Voici les alternances entre /ɛ̃/ et les séquences voyelle orale + N:

1. ɛ̃/in *ou* ɛ̃/iɲ	fin/fine, la fin/final, le voisin/la voisine; malin/maligne
2. ɛ̃/ɛn *ou* ɛ̃/ɛɲ	sain/saine, italien/italienne, le mien/la mienne, il tient/ils tiennent, il vient/ils viennent; il plaint/ils plaignent, une plainte/un plaignant
3. ɛ̃/am *ou* ɛ̃/an	faim/famine, humain/l'humanité
4. ɛ̃/en	plein/la plénitude, serein/la sérénité
5. ɛ̃/øn	la main/la menotte, un grain/grenu
6. ɛ̃/waɲ	soin/soigner, il joint/ils joignent
7. ɛ̃ (œ̃)/øn	à jeun/jeûner
8. ɛ̃ (œ̃)/yn/ym	un/une, brun/brune, opportun/l'opportunité; le parfum/parfumer

Pour les alternances de type 7 et 8, les locuteurs non-parisiens utilisent /œ̃/ au lieu de /ɛ̃/.

Les alternances de type 3 à 7 marquent des relations dérivationnelles. La voyelle nasale apparaît dans la forme simple et la séquence voyelle nasale + N dans la forme dérivée. Les alternances de type 1, 2 et 8 sont d'une plus grande importance puisqu'elles servent à marquer des distinctions grammaticales: la distinction entre les formes du masculin et du féminin d'adjectifs variables et la distinction entre la troisième personne du singulier et la troisième personne du pluriel des verbes en *-ir* et *-re*. Ces trois types d'alternances apparaissent aussi dans les formes apparentées par dérivation: *la fin* /fɛ̃/ 'end', *final* /final/ 'final', *finir* /finiʀ/ 'to finish'; *la crainte* /kʀɛ̃t/ 'fear', *ils craignent* /kʀɛɲ/ 'they fear'; *le parfum* /paʀfœ̃/ 'perfume', *parfumer* /paʀfyme/ 'to perfume'.

L'orthographe de /ɛ̃/

Comme /ɛ̃/ correspond à plusieurs combinaisons de voyelle orale + N, son orthographe variera selon les alternances en question. Toutefois, ses deux graphies principales sont *in* et *en*. Cette dernière graphie est ambiguë puisqu'elle représente aussi la voyelle /ɑ̃/. Comme c'est le cas dans la représentation de toutes les voyelles nasales, *m* remplace *n* devant une consonne labiale; comparez: *pin*, *fin* et *timbre*, *simple*. Sauf une liste restreinte de mots, tels que *examen*, *agenda* et des noms propres, tels que *Stendhal*, *Mendès-France*, la graphie *en* se retrouve après /j/, épelé *i* ou *y*: *rien*, *le chien*, *le mien*, *elle tient*, *le moyen*, *le doyen*. Elle se retrouve aussi après /e/, épelé *é*: *européen*.

Les alternances entre /ɛ̃/ et les séquences de voyelle orale + N permettent d'orienter le choix parmi les nombreuses graphies de cette voyelle. Cela est notamment le cas pour les types d'alternances 1, 2 et 7, qui servent une fonction grammaticale. Mais les liens sont moins évidents pour les relations dérivationnelles. En effet, le lien entre *le pain* et *le panier* n'est évident que pour ceux qui savent qu'il fut un temps où les paniers servaient surtout à transporter le pain. Par contre, la plupart des Français sont conscients du lien entre *loin* /lwɛ̃/ et *s'éloigner* /elwaɲe/, *vain/vaine* /vɛ̃/ et *vanité* /vanite/, *faim* /fɛ̃/ et *famine* /famin/, *parfum* /paʀfɛ̃/ et *parfumer* /paʀfyme/. La forme pleine peut alors servir à indiquer quelle voyelle écrite entrera dans le digraphe: *a* (*l'humanité* /ymanite/ → *humain* /ymɛ̃/), *i* (*la pinède* /pinɛd/ → *le pin* /pɛ̃/), *oi* (*soigner* /swaɲe/ → *soin* /swɛ̃/), *u* (*opportunité* /opɔʀtynite/ → *opportun* /opɔʀtɛ̃/). Dans le cas des alternances /ɛ̃/ vs. /ɛn/ se retrouvant dans les adjectifs, la lettre *e* s'emploie après /j/ (*i*, *y*) et /e/ (*é*) et *a* ailleurs; comparez: *cubain* et *brésilien*, *moyen*, *européen*. Enfin, il existe des graphies rares, par exemple *yn* ou *ym*, *eim*, *eing*. Nous énumérons ci-dessous les diverses graphies de /ɛ̃/; les graphies rares sont indiquées en caractères gras:

in, im	le singe, indéfini; le timbre, impossible
yn, ym	la syntaxe, le lynx; la symphonie
ain, aim	le pain, certain, mexicain; la faim, le daim
ein, **eim**	plein, il feint; **Reims**
i, y, ou **é** + en	le chien, bien; le moyen, le citoyen; **européen**
en	**l'examen, l'agenda**
eing	**le seing** 'signature'
oin, **oing**	le coin, joint; **le poing**
un, um	lundi; le parfum

Le préfixe négatif *in*, qui s'attache aux adjectifs, s'écrit avec *m* devant une consonne labiale: comparez *impossible* et *indéfini*. Quand le suffixe se retrouve devant une consonne nasale, il se prononce /ɛ̃/ si l'adjectif est clairement dérivé d'un adjectif ou d'un verbe qui veux dire le contraire. Ainsi *infaisable* /ɛ̃føzabl/, 'quelque chose qu'on ne peut pas faire, qui n'est pas faisable'. Dans les cas où on ne peut pas facilement extraire un adjectif ou verbe sémantiquement apparenté, le préfixe se prononce généralement avec la voyelle orale, par exemple *inné* /ine/ ou *immanent* /imanã/.

8.5 LA LIAISON ET LES VOYELLES NASALES

Quand un adjectif précède un nom et qu'il contient une consonne de liaison (voir le Chapitre 3), cette consonne est toujours prononcée devant une voyelle, par exemple *un petit arbre* /ɛ̃ pti taʀbʀ/. Pour les adjectifs qui se terminent avec une voyelle nasale, tels que *bon* ou *aucun*, le *n* sera prononcé devant une voyelle, par exemple *un bon hôtel* /bo no tɛl/, *aucun homme* /o kɛ̃ nɔm/ (ou en FS /o kœ̃ nɔm/). Mais ce *n* fait partie du digraphe qui représente la voyelle nasale. Il se pose alors le problème de savoir comment, lorsqu'il y a liaison, le digraphe sera prononcé. Ce problème se pose aussi pour d'autres formes où la liaison est **obligatoire** (voir le Chapitre 9), les pronoms *on* et *en*, les adjectifs possessifs *mon, ton, son*, le nom *rien* et l'adverbe *bien*. Il y a deux possibilités.

Premièrement, le digraphe se divise en deux: voyelle + *n*, c'est le cas de *bon* dans *bon ami* /bo na mi/. Dans ce cas la voyelle conserve sa valeur orale. On dit que la voyelle nasale, ici *on* /õ/, se dénasalise, c'est à dire qu'elle se dissocie en une voyelle orale + /n/. Cette solution s'applique généralement aux adjectifs:

NON LIAISON	LIAISON
1. bon	
un bon /bõ/ café	un bon /bɔ n/ hôtel
2. certain, prochain, ancien	
un certain /sɛʀ tɛ̃/ jour	un certain /sɛʀ tɛn/ instant
le prochain /pʀo ʃɛ̃/ film	le prochain /pʀo ʃɛn/ événement
un ancien /ã sjɛ̃/ prof	un ancien /ã sjɛn/ élève

Les adjectifs *plein* et *divin* ne se retrouvent devant un nom que dans des expressions figées: *le plein emploi* /plɛ nã plwa/ 'full employment', *le divin Enfant* /di vi nã fã/ 'the divine Child (Jesus Christ)'. Il vaut mieux interpréter ces combinaisons comme des mots composés plutôt que comme des groupes adjectif + nom.

Dans le deuxième cas, le digraphe demeure inséparable: c'est le cas de *aucun homme* /o kɛ̃ nɔm/, où *un* continue de représenter une voyelle nasale. Cette prononciation des digraphes voyelle + *n* caractérise notamment les adjectifs indéfinis *aucun* et *commun*, les adjectifs possessifs, le pronom sujet *on* et *en* (pronom et préposition):

NON LIAISON	LIAISON
1. mon, ton, son	
mon /mõ/ fils	mon /mõ n/ enfant
ton /tõ/ père	ton /tõ n/ oncle
son /sõ/ copain	son /sõ n/ ami
2. aucun, commun	
aucun /o kɛ̃/ patron	aucun /o kɛ̃ n/ ouvrier
un commun /ko mɛ̃/ pacte	un commun /ko mɛ̃ n/ accord
3. en, on	
il en /ɑ̃/ veut	il en /ɑ̃ n/ a
en /ɑ̃/ France	en /ɑ̃ n/ Italie
on /õ/ dit	on /õ n/ écoute
4. bien, rien	
bien /bjɛ̃/ fait	bien /bjɛ̃ n/ ou /bjɛ̃/ entendu
rien /ʀjɛ̃/ dit	rien /ʀjɛ̃ n/ ou /ʀjɛ̃/ à dire

Dans le cas de *rien* et *bien*, la liaison est **facultative**.

8.6 LE SYSTÈME DES VOYELLES NASALES DU FRANÇAIS MÉRIDIONAL

Outre la Loi de Position pour les voyelles moyennes, le trait phonologique marquant du français méridional est la prononciation des voyelles nasales. Celle-ci diffère de celle de la norme orthoépique par le timbre des diverses voyelles nasales et par l'anticipation du point d'articulation de la consonne en syllabe finale fermée ou en syllabe interne ouverte.

Au point de vue du timbre, toutes les voyelles nasales sauf /œ̃/ ont un timbre phonétiquement différent de celui qu'elles ont en français standard. Ces différences phonétiques sont indiquées dans la Figure 8.4. La voyelle /ɛ̃/ est considérablement plus fermée et antérieure en français méridional, la voyelle /ɑ̃/ est plus centrale et la voyelle /õ/ est plus basse.

FIGURE 8.4

DIFFÉRENCES PHONÉTIQUES ENTRE LES VOYELLES NASALES DU FS
(NORME ORTHOÉPIQUE) ET CELLES DU FRANÇAIS MÉRIDIONAL

	Français standard		**Français méridional**	
	Antérieure	*Postérieure*	*Antérieure*	*Postérieure*
Mi-ouverte	[æ̃]	[õ]	[ɛ̃]	[ɔ̃]
Ouverte	[œ̃]	[ɑ̃]	[œ̃]	[ã]

Tout comme les apprenants anglophones, les Méridionaux anticipent la position articulatoire d'une consonne suivante lorsqu'ils produisent les voyelles nasales. En fait, ce ne sont pas des voyelles nasales aussi pures qu'en français standard, et on peut les analyser comme des séquences voyelle nasalisée + N. Ainsi, les Méridionaux insèrent [ⁿ] devant les consonnes dentales (*penser* [pãⁿse], *la bonté* [bɔ̃ⁿte], *indien* [ɛ̃ⁿdjɛ̃]), [ᵐ] devant les consonnes labiales (*la campagne* [kãᵐpaɲ], *le bonbon* [bɔ̃ᵐbõ], *le timbre* [tɛ̃ᵐbʁø]), [ᶬ] devant les consonnes labio-dentales (*l'enfant* [ãᶬfã]), et [ᵑ] devant les consonnes vélaires (*anglais* [ãᵑgle], *l'ongle* [ɔ̃ᵑglø]). Certains locuteurs méridionaux insèrent [ŋ] à la fin des mots: *Mais enfin, il chante bien* [me ãᵐfɛ̃ ŋ il ʃãⁿtø bjɛ̃ŋ]. Pour les séquences voyelle orale + N, ils ajoutent la voyelle atone [ə] après la consonne nasale. Comparez les prononciations standard et méridionale des mots suivants:

	PRONONCIATION STANDARD	PRONONCIATION MÉRIDIONALE
la bonté	[bõ te]	[bɔ̃ⁿ te]
il est bon	[bõ]	[bɔ̃ŋ]
elle est bonne	[bɔn]	[bɔnə]

Le système vocalique du français standard: autres contrastes

Dans les huit premiers chapitres, nous avons exposé le système vocalique minimal du français. Nous considérons ce système tout à fait convenable comme objectif pour des apprenants étrangers, et nous l'avons inclus dans la norme pédagogique proposée. Ce système comprend treize voyelles (voir la Figure 9.1). La plupart des francophones opèrent avec ce système. En fait, certains d'entre eux, notamment les Méridionaux, ont un système encore plus réduit, puisqu'ils n'ont que trois voyelles moyennes ayant valeur contrastive. Bien que pour chacune des trois paires encadrées dans la Figure 9.1, ils distinguent deux voyelles phonétiquement différentes, ces deux voyelles sont en distribution complémentaire, la voyelle mi-fermée se retrouvant en syllabe ouverte et la voyelle mi-ouverte en syllabe fermée (voir les Chapitres 6 et 7).

La norme orthoépique, qui sert de référence pour la plupart des locuteurs cultivés de toute la francophonie, requiert un plus grand nombre de contrastes (voir la Figure 9.2):

1. La distinction entre les membres mi-fermés et mi-ouverts des trois paires de voyelles moyennes est absolue en syllabe finale; par contre, en syllabe interne, elle montre une grande variabilité:

    SYLLABE FINALE:
    le pré /pʀe/ vs. le prêt /pʀɛ/; le jeûne /ʒøn/ vs. jeune /ʒœn/; la paume /pom/ vs. la pomme /pɔm/

FIGURE 9.1

SYSTÈME VOCALIQUE DU FRANÇAIS: NORME PÉDAGOGIQUE

---

i	y	u

| e | ø | o | ẽ | õ |
| ɛ | œ | ɔ |

a   ã

VOYELLES   VOYELLES
ORALES   NASALES

SYLLABE INTERNE:
la maison /me zõ/ ou /mɛzõ/; aussi /o si/ ou /ɔ si/; peureux /pø ʀø/
ou /pœ ʀø/

2. Deux voyelles ouvertes, /a/ et /ɑ/, s'opposent:

la patte /pat/ vs. la pâte /pɑt/

3. La voyelle nasale /œ̃/ apparaît régulièrement dans certains mots, et elle
s'oppose à l'autre voyelle nasale antérieure, /ẽ/:

involontaire /ẽ vo lõ tɛʀ/ vs. un volontaire /œ̃ vo lõ tɛʀ/

4. La longueur vocalique est contrastive pour la voyelle /ɛ/, c'est à dire
qu'il y a des paires minimales formées par l'opposition /ɛ/ vs. /ɛ:/:

le mètre /mɛtʀ/ vs. le maître /mɛ:tʀ/

Dans ce chapitre, nous traiterons de ces quatre aspects de la norme orthoépique. Toutefois, il est important de souligner que cette norme, qui définit ce
qu'on appelle le français standard (FS), est un système idéal que l'on ne retrouve que dans le style soutenu des francophones cultivés, en particulier ceux
qui ont été formés dans la région parisienne. Nous décrirons également à la fin
du chapitre des variations présentes dans des variétés locales de français ou certains traits marginaux du FS.

9.1 LES VOYELLES MOYENNES

Dans cette section, nous reprenons la discussion des contrastes entre les membres mi-fermés et mi-ouverts des voyelles moyennes, voir les Chapitres 6 et 7.

FIGURE 9.2

SYSTÈME VOCALIQUE DU FRANÇAIS: NORME ORTHOÉPIQUE

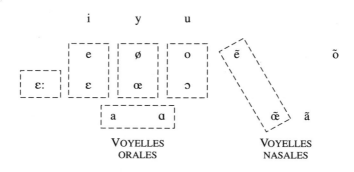

VOYELLES
ORALES

VOYELLES
NASALES

Les voyelles antérieures non-arrondies /e/ et /ɛ/

Ces deux voyelles ont la distribution suivante en FS:

	/e/	/ɛ/
Syllabe finale ouverte	le pré	le prêt
Syllabe finale fermée	———	prête
Syllabe interne ouverte	l'été	la maison
Syllabe interne fermée	———	l'espoir

Comme la distinction entre les deux phonèmes est neutralisée en syllabe interne, la distinction se fait principalement en syllabe finale ouverte. L'orthographe sert de guide principal pour déterminer si un mot particulier contient /e/ ou /ɛ/. Les correspondances entre les diverses graphies et la prononciation sont résumées dans la Figure 9.3.

Trois distinctions grammaticales sont assurées par le contraste /e/ vs. /ɛ/:

(1) les trois personnes du singulier et la troisième personne du pluriel de l'imparfait opposées au participe passé: *je passais, ils passaient* /pasɛ/ vs. *j'ai passé, ils ont passé* /pase/;

(2) la première personne singulier de l'imparfait et du passé simple: *je passais* /pasɛ/ vs. *je passai* /pase/;

(3) la première personne singulier du futur et du conditionnel: *je passerai* /pasʀɛ/ vs. *je passerais* /pasʀe/.

FIGURE 9.3

ORTHOGRAPHE ET PRONONCIATION DE /e/ ET /ɛ/

Graphie	Prononciation	Exemple
-é		blé
-ée		poupée
-er	/e/	chanter
-ez		chantez
-ai		gai
-ais		épais
-ait		chantait
-aient		chantaient
-aie		claie
-aî	/ɛ/	chaîne
-et		cadet
-è		mène
-e + *consonne finale*		sec
-e + *groupe de consonnes finales*		secte
-ê		mêle

Les voyelles postérieures /o/ et /ɔ/

Les voyelles /o/ et /ɔ/ ne s'opposent qu'en syllabe finale fermée et en syllabe interne ouverte; toutefois l'opposition est en grande partie neutralisée dans ce dernier contexte:

	/o/	/ɔ/
Syllabe finale ouverte	la peau	———
Syllabe finale fermée	la paume	la pomme
Syllabe interne ouverte	la potion	la pochette
Syllabe interne fermée	———	porter

Pour prononcer les mots contenant /o/ et /ɔ/ selon la norme orthoépique, il vaut mieux partir du principe qu'en syllabe finale fermée et en syllabe interne ouverte, la voyelle /ɔ/ est normale et la voyelle /o/ exceptionnelle. C'est principalement à l'aide de l'orthographe et du contexte phonologique que l'on peut savoir quels sont les mots qui se prononcent exceptionnellement avec /o/:

1. Les graphies *au*, *eau* et *ô*:

> autre, la pause, beau, le taureau, la côte, le pôle,
> autant, aujourd'hui, la beauté, le côté, rôder

> Exceptions: devant /ʀ/: maure /mɔʀ/, il restaure /ʀestɔʀ/

2. Pour les mots écrits avec *o*, le contexte phonologique permet d'identifier en grande partie les mots prononcés avec /o/:

a) Devant /z/: .
la dose, la pose, la rose (vs. la poche, la brosse, l'ode); la groseille, la rosée, se reposer, la position

b) Devant /m/ et /n/ épelés *-me* ou *-ne*:
l'atome, le chrome, l'idiome; le cyclone, le polygone, la zone (mais exceptionnellement l'homme, la pomme, bonne, il donne)

c) Devant le suffixe /sjõ/ *-tion*:
la lotion, la motion, la potion

d) Les mots se terminant en *-os*:
le calvados, le cosmos, le pathos, le tétanos

> Exceptions: un os /ɔ/ (mais les os /o/), le rhinocéros /ʀinoseʀɔs/

3. Mots exceptionnels. Voici une liste indicative de mots prononcés avec /o/ qui ne se conforment pas aux règles orthographiques et phonologiques ci-dessus. Un grand nombre d'entre eux sont les dérivés de mots contenant /o/ en syllabe finale ouverte:

> le dos/endosser, le dossier; gros/grosse, grossir, engrosser; la fosse, fossé

Les voyelles antérieures arrondies /ø/ et /œ/

Les voyelles /ø/ et /œ/ ont une distribution analogue à celle des deux autres voyelles arrondies /o/ et /ɔ/:

	/ø/	/œ/
Syllabe finale ouverte	le jeu	———
Syllabe finale fermée	il jeûne	il est jeune
Syllabe interne ouverte	pleuvoir	le feuillage
Syllabe interne fermée	———	heurter

Ces deux voyelles sont presque en distribution complémentaire, et leur opposition est neutralisée en syllabe interne. Pour prononcer les mots contenant ces deux voyelles selon la norme orthoépique, l'orthographe est de peu d'utilité puisque dans la plupart des cas ces deux voyelles s'épellent *eu*. Voici quelques indications utiles:

1. Les graphies *œu*, *œ* et *ue* représentent généralement /œ/:

le bœuf, un œuf, une œuvre, la sœur; un œil; l'orgueil, il cueille

EXCEPTIONS: le nœud /nø/ et les formes du pluriel de bœuf et œuf: les bœufs /bø/, les œufs /ø/

2. En syllabe fermée, il vaut mieux partir du principe que la graphie *eu* représente /œ/:

le menteur, une heure, la peur, le deuil, la feuille, neuf/neuve, le veuf/la veuve, seul, le tilleul, il veulent, jeune, la couleuvre, le meuble, le peuple, aveugle

Mais:

a) Devant /z/, *eu* se prononce toujours /ø/:

le suffixe agentif féminin *-euse* (correspondant au suffixe agentif masculin *-eur* ou au suffixe agentif masculin *-eux*): le voleur/la voleuse, le peureux/la peureuse; creux/creuse

b) Une liste de mots exceptionnels contenant /ø/:

le feutre, neutre, la meute, il beugle, il meugle, il est veule, il jeûne

c) Certains noms propres prononcés avec /ø/:

Eudes, Maubeuge, Polyeucte

3. En syllabe interne ouverte, *eu* se prononce généralement /ø/:

Europe, heureux, jeudi, peuplier, pleuvoir

Toutefois, comme cette graphie se retrouve surtout dans des dérivés, l'analogie morphologique est un facteur déterminant, et il est souhaitable de se référer au mot simple correspondant s'il est connu. La prononciation du dérivé se conforme à celle du mot simple:

ANALOGIE VERS /ø/	ANALOGIE VERS /œ/
deux/deuxième	la peur/peureux, peureuse
creux/creuser	la fleur/fleurir
il jeûne/jeûner	le bonheur/heureux
neutre/neutraliser	la feuille/le feuillage, feuilleter

La Figure 9.4 présente un résumé de la distribution des six voyelles moyennes en syllabe finale; les possibilités de contraste sont indiquées par des paires minimales ou presque minimales. Par exemple *la cote* 'library call number' /kɔt/ vs. *la côte* 'coast, rib, hill' /kot/, constitue une paire minimale parfaite puisque, d'une part, l'alternance entre les voyelles /ɔ/ et /o/ est la seule différence phonétique entre les deux mots, et d'autre part, la paire est formée de deux noms qui peuvent se retrouver dans les mêmes contextes. Par contre, la paire *la loge* 'theater box' /lɔʒ/ vs. *l'auge* 'watering trough' /oʒ/ est une paire minimale partielle puisque l'un des noms commence par /l/ et l'autre par la voyelle en question.

La variation dans la norme orthoépique

La distribution des membres des trois paires de voyelles moyennes dans les mots est sujette à une grande variation. Les principes et les règles que nous avons présentés dans cette section sont basés sur des données peu **empiriques**. Une donnée empirique repose sur l'observation systématique des locuteurs d'une langue sous diverses conditions d'utilisation. Il existe peu d'études du système vocalique du français qui partent de l'observation systématique de locuteurs dont les caractéristiques sociales (lieu de naissance, domicile, classe socio-professionnelle, etc.) sont indiquées. La plupart des données disponibles proviennent d'observations informelles, et elles sont par ailleurs basées sur le style soutenu (par exemple, la lecture de phrases) plutôt que sur le style familier. Ce dernier style reflète mieux la langue habituelle des locuteurs.

Il existe toutefois un inventaire de la prononciation française établi sur des bases empiriques, le *Dictionnaire de la prononciation française dans son usage réel* d'André Martinet et Henriette Walter. Ce dictionnaire est basé sur la prononciation de 17 personnes nées ou formées dans la région parisienne. Tous ces sujets font partie des classes moyennes, et la plupart sont des professeurs de lycée ou d'université. On s'attendrait à ce que la prononciation des personnes interrogées soit conforme à la norme orthoépique et qu'elle montre peu de variation, puisqu'elle est basée sur la lecture de phrases plutôt que l'enregistrement de conversations en situation de communication ordinaire. Or, comme l'indique la prononciation de dix mots contenant /e/ ou /ɛ/ et /o/ ou /ɔ/ par ces 17 sujets (voir la Figure 9.5), il est difficile de trouver plusieurs personnes dont la prononciation s'accorde pour tous les mots.

FIGURE 9.4

DISTRIBUTION DES VOYELLES MOYENNES EN SYLLABE FINALE					
e	ɛ	ɔ	o	œ	ø

	e	ɛ	ɔ	o	œ	ø
Syllabe ouverte	poignée	poignet	———	peau	———	peu

Syllabe fermée
Consonne finale

	e	ɛ	ɔ	o	œ	ø
ʒ	———	aurai-je	loge	auge	———	———
t	———	sept	hotte	hôte	———	meute
z	———	pèse	———	pause	———	creuse
d	———	raide	rode	rôde	———	———
l	———	sel	sol	saule	veulent	veule
n	———	benne	bonne	Beaune	jeune	jeûne
f	———	chef	étoffe	sauf	bœuf	———
v	———	lève	love	mauve	peuvent	———
ʀ	———	serre	sort	———	sœur	———
j	———	oreille	———	———	feuille	———
p	———	guêpe	tope	taupe	———	———
b	———	plèbe	robe	aube	———	———
k	———	sec	roc	rauque	———	———
ʃ	———	pêche	poche	embauche	———	deuche*
m	———	aime	homme	heaume	———	———
g	———	bègue	vogue	———	———	———
ɲ	———	règne	grogne	———	———	———

*la deuche = la Citroën Deux-Chevaux

Dans la Figure 9.5, chaque colonne indique comment chacun des 17 sujets prononce la voyelle soulignée dans le mot. La prononciation de la norme orthoépique, basée sur celle indiquée par le *Petit Robert*, apparaît dans la première colonne. Ce dictionnaire prend une position assez souple envers la norme orthoépique, puisqu'il indique des cas de variation en syllabe interne. Dans cette figure les lettres (*b, c, m,* etc.) représentent les locuteurs consultés. Notez qu'à l'exception de *b* (pour *le volet*) et *j* (pour *le lait*), tous les locuteurs conservent la prononciation orthoépique en syllabe finale. En revanche, la prononciation est

FIGURE 9.5

ALTERNANCE ENTRE /e/ ET /ɛ/ ET /o/ ET /ɔ/ CHEZ DES SUJETS PARISIENS

	PR	b	c	m	d	u	y	j	r	l	x	p	k	t	v	w	a	g
/e/ ou /ɛ/																		
1. béret	ɛ	ɛ	ɛ	ɛ	ɛ	ɛ	ɛ	ɛ	ɛ	ɛ	ɛ	ɛ	ɛ	ɛ	ɛ	ɛ	ɛ	ɛ
2. baisser	e	e	e	e	e	e	e	e	e	e	e	e	e	e	ɛ	e	ɛ	ɛ
3. crémier	e	e	e	e	e	e	e	ɛ	e	e	e	e	e	e	e	ɛ	ɛ	ɛ
4. lait	ɛ	ɛ	ɛ	ɛ	ɛ	ɛ	ɛ	ɛ	ɛ	ɛ	ɛ	ɛ	ɛ	ɛ	ɛ	ɛ	ɛ	ɛ
5. volet	ɛ	e	ɛ	ɛ	ɛ	ɛ	ɛ	e	ɛ	ɛ	ɛ	ɛ	ɛ	ɛ	ɛ	ɛ	ɛ	ɛ
/ɔ/ ou /o/																		
1. autel	ɔ/o	o	o	o	o	o	o	o	o	o	o	o	o	o	o	o	ɔ	o
2. côté	o	o	o	o	o	o	o	o	o	o	o	o	o	o	o	o	o	o
3. fromage	o	o	o	ɔ	o	o	o	ɔ	ɔ	ɔ	ɔ	ɔ	ɔ	ɔ	ɔ	ɔ	ɔ	ɔ
4. mauvais	ɔ/o	o	ɔ	o	ɔ	ɔ	ɔ	o	ɔ	ɔ	ɔ	ɔ	ɔ	ɔ	ɔ	ɔ	ɔ	ɔ
5. volet	o	ɔ	ɔ	ɔ	ɔ	ɔ	ɔ	ɔ	ɔ	ɔ	ɔ	ɔ	ɔ	ɔ	ɔ	ɔ	ɔ	ɔ

variable en syllabe interne. C'est précisément cette neutralisation de la distinction entre /e/ et /ɛ/ dans cet environnement qui nous a conduit à proposer la norme pédagogique.

9.2 LA VOYELLE OUVERTE POSTÉRIEURE /ɑ/

Articulation

En FS deux voyelles ouvertes s'opposent: la voyelle antérieure /a/, présentée au Chapitre 1, et la voyelle postérieure /ɑ/. Du point de vue articulatoire, ces deux voyelles diffèrent peu. Elles sont toutes les deux plus centrales que les voyelles anglaises les plus proches, le /æ/ de *cat* et le /ɑ/ de *father* ou de *pot*. La voyelle postérieure /ɑ/ est aussi légèrement plus arrondie que /a/.

Chez certains locuteurs québécois /ɑ/ est nettement arrondie et prononcée avec une moins grande ouverture, c'est à dire que cette voyelle est mieux représentée par le signe [ɒ]. Elle se rapproche de /ɔ/ de telle façon que les locuteurs des autres régions ont du mal à les distinguer. Par ailleurs en français québécois en position finale tous les /ɑ/ ont tendance à être remplacés par /ɔ/, par exemple *il est là* [lɒ], *il va* [vɒ], *le Canada* [kanadɒ].

Certains locuteurs de la région parisienne appartenant aux couches sociales moins favorisées ont tendance à augmenter la distance articulatoire entre les deux voyelles ouvertes et de prononcer /a/ comme [æ] et /ɑ/ comme [ɒ], surtout devant /ʀ/. Il en résulte que /a/ se rapproche de /ɛ/ et /ɑ/ de /ɔ/. Les autres francophones perçoivent la prononciation de *Paris* ([pæʀi]) par ces locuteurs comme le mot correspondant contenant /ɛ/ (*la pairie* 'peerage') et la prononciation de *câline* ([kɒlin] 'cuddly', où le son [ɒ] est intermédiaire entre /ɑ/ et /ɔ/), comme le mot correspondant avec /ɔ/, (*la colline* 'hill').

Distribution

Les voyelles /a/ et /ɑ/ se retrouvent dans tous les types de syllabes, mais cette dernière voyelle n'apparaît pas en syllabe interne fermée:

	/a/	/ɑ/
Syllabe finale ouverte	il est là	il est las
Syllabe finale fermée	la patte	la pâte
Syllabe interne ouverte	lacer	lasser
Syllabe interne fermée	partir	———

La voyelle antérieure est beaucoup plus fréquente que son homologue posté-rieur. De plus, elle est la seule qui se retrouve dans toutes les variétés de fran-çais. En d'autres termes, de nombreux locuteurs n'ont pas de /ɑ/, mais il n'existe aucun locuteur qui n'ait pas de /a/. C'est pour ces raisons que /a/ a été retenue comme la seule voyelle ouverte pour la norme pédagogique.

Le nombre de paires minimales formées par le contraste entre /a/ et /ɑ/ est relativement important en syllabe finale mais la distinction est neutralisée en syllabe interne. Il est difficile de prévoir la distribution des deux voyelles d'après le contexte phonologique. En effet, les deux voyelles s'opposent dans de nombreuses paires minimales. Voici quelques paires minimales illustratives:

/a/	/ɑ/
le rat 'rat'	ras 'short cropped'
le mal 'evil'	le mâle 'male'
la tache 'spot'	la tâche 'task'
la patte 'paw, animal leg'	la pâte 'dough, pasta'
toi 'you'	le toît 'roof'
je vois 'I see'	la voix 'voice'
je bois 'I drink'	le bois 'wood'
la table 'table'	le sable 'sand'

En syllabe interne, /a/ a tendance à remplacer /ɑ/, même dans les dérivés de mots qui contiennent /ɑ/ en syllabe finale. Plus la voyelle est éloignée de la fin du mot ou du groupe rythmique, plus la probabilité de son remplacement par /a/ est grande. Comparez:

/ɑ/	Alternance /ɑ/ et /a/	Tendance vers /a/
la pâte	le pâté	la pâtisserie
le sable	sablé	sablonneux
rare	rareté	rarissime
las	lasser	lassitude
la flamme	enflammé	l'inflammation
le froid	la froideur	le refroidissement
le roi	royal	la royauté
trois	troisième	troisièmement

L'identification des mots contenant /ɑ/

Comme la voyelle /ɑ/ est moins fréquente que /a/, il est plus efficace de for-muler les principes qui favorisent sa présence. L'orthographe constitue le meilleur guide, bien que certaines indications phonologiques soient aussi utiles. En FS la prononciation /ɑ/ est exigée dans les cas suivants:

1. Avec la graphie *â*:

âcre vs. la nacre, l'âge vs. la nage, un âne vs. Anne, le câble vs. capable, le pâtre vs. quatre

EXCEPTION: les formes de l'imparfait du subjonctif des verbes en *-er*:
qu'il chantât, que nous chantâmes, que vous chantâtes /ʃãta/, etc.

2. Avec la graphie *as*:

le bas vs. il bat, las vs. là, le pas vs. papa, ras vs. le rat, le tas vs. ta
EXCEPTION: le bras /bʀa/

3. Avec la graphie *oê*:

le poêle /pwɑl/ vs. le poil /pwal/

4. Devant /z/:

la base, la case, le gaz, la phrase, rase, le vase

5. Après /ʀw/:

il broit vs. il boit, la croix vs. quoi, le droit vs. je dois, le froid vs. la foi, trois vs. toi, le roi vs. moi

Les règles données ci-dessus mériteraient plutôt d'être appelées des "indications" tant est grande la variabilité dans la distribution des voyelles /a/ et /ɑ/. La Figure 9.6 donne une idée de l'ampleur du problème. Il contient la prononciation de douze mots qui devraient être prononcés avec /ɑ/ selon la norme orthoépique. Ces données proviennent du *Dictionnaire de la prononciation française dans son usage réel*. Comme on peut le constater, même les membres d'un groupe tout à fait représentatif des classes moyennes cultivées formées à Paris ont des divergences sur la façon de prononcer les mots contenant /ɑ/. On peut conclure qu'il est plus réaliste et raisonnable pour un apprenant étranger d'utiliser /a/ dans les cas d'incertitude. Il est plus grave de commettre des hypercorrections, c'est à dire d'utiliser /ɑ/ pour /a/ (par exemple, *la table* *[tɑbl] pour [tabl] ou *je vois* */vwɑ/ pour /vwa/), que de faire la substitution inverse, par exemple de dire [pat] pour *la pâte* ou [tʀwa] pour *trois*.

FIGURE 9.6

ALTERNANCE ENTRE /a/ ET /ɑ/ CHEZ DES SUJETS PARISIENS

/a/ vs. /ɑ/	c	l	x	j	v	m	r	y	a	p	d	w	b	n	g	t	k
patte	a	a	a	a	a	a	a	a	a	a	a	a	a	a	a	a	a
table	a	a	a	a	a	a	a	a	a	a	a	a	a	a	a	a	a
joie	(ɑ)	(ɑ)	(ɑ)	(ɑ)	(ɑ)	(ɑ)	a	a	(ɑ)	a	a	a	(ɑ)	a	a	a	a
loi	(ɑ)	(ɑ)	(ɑ)	(ɑ)	a	(ɑ)	(ɑ)	a	(ɑ)	(ɑ)	(ɑ)	a	a	a	a	a	a
voie	ɑ	ɑ	ɑ	ɑ	ɑ	ɑ	ɑ	[a]	ɑ	[a]	[a]	[a]	ɑ	ɑ	[a]	[a]	[a]
pâté	ɑ	ɑ	ɑ	ɑ	ɑ	ɑ	[a]	ɑ	[a]	ɑ	[a]	ɑ	[a]	ɑ	[a]	[a]	[a]
sable	ɑ	ɑ	ɑ	ɑ	ɑ	[a]	ɑ	ɑ	ɑ	[a]	ɑ	[a]	ɑ	ɑ	ɑ	[a]	[a]
tasse	ɑ	ɑ	ɑ	[a]	ɑ	[a]	ɑ	ɑ	ɑ	[a]	ɑ	ɑ	[a]	ɑ	[a]	ɑ	[a]
gâteau	ɑ	ɑ	ɑ	ɑ	ɑ	ɑ	ɑ	ɑ	ɑ	ɑ	ɑ	ɑ	[a]	[a]	[a]	[a]	[a]
gâteux	ɑ	ɑ	ɑ	ɑ	ɑ	ɑ	ɑ	ɑ	[a]	ɑ	ɑ	ɑ	[a]	[a]	[a]	ɑ	[a]
gâte-sauce	ɑ	ɑ	ɑ	ɑ	ɑ	ɑ	ɑ	ɑ	[a]	ɑ	ɑ	ɑ	ɑ	[a]	[a]	[a]	[a]
pâte	ɑ	ɑ	ɑ	ɑ	ɑ	ɑ	ɑ	ɑ	ɑ	ɑ	ɑ	ɑ	ɑ	[a]	ɑ	[a]	[a]

9.3 LA VOYELLE NASALE /œ̃/

La voyelle /œ̃/ est l'homologue nasal de la voyelle antérieure arrondie mi-ouverte /œ/. Elle est prononcée avec les lèvres plus arrondies que pour /ɛ̃/. Chez la plupart des Parisiens, cette voyelle a été remplacée par son homologue non-arrondi /ɛ̃/. Par ailleurs, cette voyelle a une fréquence d'occurrence très faible en français. On la retrouve dans une vingtaine de mots, dont plusieurs dérivés formés sur l'article indéfini *un*:

> un, aucun, chacun, quelqu'un; brun, commun, humble, opportun,
> l'alun, le défunt, lundi, le parfum, emprunter, un emprunt, à jeun

Il y a très peu de paires minimales formées par le contraste entre /ɛ̃/ et /œ̃/. La plupart ne sont d'ailleurs que des paires minimales partielles:

/ɛ̃/	/œ̃/
le brin 'the bit (of grass)'	le brun 'the brown one'
une empreinte 'print'	il emprunte 'he borrows'
des feintes 'feints'	la défunte 'the deceased one'
par faim 'by hunger'	le parfum 'perfume'
involontaire 'involuntary'	un volontaire 'a volunteer'
Agen (nom d'une ville)	à jeun 'fasting'

La fonction différentielle de ce contraste est évidemment marginale, et l'on comprend pourquoi /œ̃/, moins fréquent, a tendance à disparaître au profit de son partenaire. Pour les Parisiens la voyelle /œ̃/ est une variante de /ɛ̃/. Pour eux les deux voyelles sont phonétiquement identiques; /œ̃/ ne se distingue que par sa graphie, *un*, et le fait que, du point de vue morphologique, elle alterne avec la séquence /yn/ *une*, plutôt qu'avec /in/ *ine*, /ɛn/ *aine*. Comparez:

un/une	fin/fine
chacun/chacune	vain/vaine
le brun/la brune	l'italien/l'italienne
commun/commune	cubain/cubaine
parfum/parfumer	elle vient/elles viennent

Il y a aussi un cas d'alternance entre /œ̃/ et /ø/:

à jeun /ʒœ̃/	jeûner /ʒøne/, le jeûne /ʒøn/

Notons en passant que la graphie *um* ne représente pas /œ̃/ mais /ɔm/: *l'aluminium* /alyminjɔm/, *le maximum* /maksimɔm/, *le rhum* /ʀɔm/. Dans de rares cas, la graphie *un* représente d'autres voyelles que /œ̃/: *le punch* 'boisson' /põʃ/, *l'acupuncture* /akypõktyʀ/, *la jungle* /ʒõgl/ ou /ʒœ̃gl/.

9.4 LA LONGUEUR VOCALIQUE

Nous avons indiqué (Chapitres 7 et 8) qu'en syllabe fermée, les voyelles /ø/ et /o/ se distinguaient de leurs homologues /œ/ et /ɔ/ non seulement par le degré d'ouverture (mi-fermé vs. mi-ouvert) mais aussi par la longueur de la durée de la voyelle. La longueur se retrouve avec d'autres voyelles, mais dans la plupart des cas, elle est conditionnée par le contexte phonologique. Sauf dans quelques cas, les voyelles longues du français n'ont pas de valeur fonctionnelle, c'est à dire que la longueur vocalique par elle-même ne permet pas de différencier les mots.

La longueur vocalique automatique

En FS, excepté lorsqu'elle est associée à la voyelle /ɛ/, la longueur vocalique est automatique. En principe les voyelles du français sont brèves, sauf dans les cas couverts par les trois règles suivantes. Ajoutons, toutefois, que même lorsqu'elles sont longues, les voyelles françaises ne sont jamais diphtonguées. Le timbre est maintenu sans changements pendant la durée complète de la voyelle. Dans les exemples qui suivent les règles énumérées ci-dessous, la longueur est indiquée par le signe [:]:

1. Les voyelles nasales sont longues en syllabe fermée. Comparez les voyelles nasales en syllabe fermée et en syllabe ouverte:

la fonte [fõ:t]	vs.	ils font [fõ]
la frange [fʀɑ̃:ʒ]	vs.	le franc [fʀɑ̃]
cinq [sɛ̃:k]	vs.	sain [sɛ̃]
il emprunte [ɑ̃pʀœ̃:t]	vs.	un emprunt [ɑ̃pʀœ̃]

Maintenant, comparez les voyelles nasales en syllabe fermée à leur homologue oral dans le même type de syllabe:

il pense [pɑ̃:s]	vs.	il passe [pas]
cinq [sɛ̃:k]	vs.	sec [sɛk]

2. Les voyelles arrondies /ø/, /o/ et /ɑ/ sont longues en syllabe fermée. Comparez ces voyelles en syllabe fermée et en syllabe ouverte:

neutre [nø:tʀ]	vs.	le nœud [nø]
la dose [do:z]	vs.	le dos [do]
la pâte [pɑ:t]	vs.	le pas [pɑ]

Maintenant, comparez /ø/ et /o/ en syllabe fermée à leur homologue ouvert dans le même type de syllabe:

il est veule [vø:l]	vs.	ils veulent [vœl]
la paume [po:m]	vs.	la pomme [pɔm]

aussi /ɑ/ à /a/ en syllabe fermée:

le mâle [mɑ:l]	vs.	le mal [mal]

3. Toutes les voyelles sont longues devant les consonnes /z, ʒ, v, ʀ/. Les trois premières consonnes constituent la série des fricatives sonores, et /ʀ/ s'y apparente par sa sonorité. Comparez la longueur des voyelles devant les consonnes allongeantes à leur brièveté devant les autres consonnes:

il vise [vi:z]	vs.	vite [vit]
la tige [ti:ʒ]	vs.	le tic [tik]
il lève [lɛ:v]	vs.	il laisse [lɛs]
elle part [pa:ʀ]	vs.	elles partent [paʀt]
le port [pɔ:ʀ]	vs.	la sotte [sɔt]

Maintenant comparez les voyelles en syllabe fermée devant une consonne allongeante et en syllabe ouverte:

ils disent [di:z]	vs.	il dit [di]
le rêve [ʀɛ:v]	vs.	la raie [ʀɛ]
la rage [ʀa:ʒ]	vs.	le rat [ʀa]
la cour [ku:ʀ]	vs.	le cou [ku]

Dans les exemples précédents, la transcription des mots apparaît entre crochets ([   ]) plutôt qu'entre barres obliques (/   /) pour souligner que dans ces trois cas, la longueur ne joue pas de rôle différentiel. Les francophones ne percevraient sans doute pas la différence de prononciation entre *[ilviz] et [ilvi:z] pour *ils visent*. Les deux prononciations seraient perçues comme des variantes de /ilviz/. Toutefois, ce n'est que la deuxième de ces prononciations qui est correcte. La première prononciation serait considérée comme bizarre.

Le contraste /ɛ/ vs. /ɛ:/

Certains locuteurs prononcent des mots avec un /ɛ/ long en syllabe fermée. Ils peuvent ainsi différencier les paires minimales suivantes:

le maître 'the master' /mɛ:tʀ/	le mètre 'meter' /mɛtʀ/
(l'agneau) il bêle 'he bleats' /bɛ:l/	elle est belle 'beautiful' /bɛl/
la tête 'head' /tɛ:t/	il tette 'he suckles' /tɛt/
la fête 'feast' /fɛ:t/	vous faites 'you are doing' /fɛt/
la bête 'beast' /bɛ:t/	la bette 'beet' /bɛt/

On notera que dans les mots contenant la voyelle /ɛ:/, celle-ci est écrite avec ê. Même pour ces locuteurs, la prononciation des mots de la colonne de gauche est fort variable. Avec /ɛ/, la longueur vocalique a tendance à avoir une valeur emphatique plutôt que proprement différentielle. Ainsi, elle est associée à des mots ayant certaines connotations, par exemple l'adjectif *bête* (*Qu'il est bête!* [bɛ:t]) ou le verbe *bêler* qui est une **onomatopée** (*l'agneau bêle* [bɛ:l]).

9.5 QUELQUES VARIANTES ET OBSERVATIONS

Dans la présentation du système vocalique (Chapitres 2, 6, 7, 8), nous avons indiqué certaines particularités locales, surtout pour deux variétés géographiques du français: le français québécois et le français méridional. Ces deux variétés sont les plus marquées des variétés de français parlées par les communautés francophones pour lesquelles le français est, d'une part, la langue habituelle de la conversation ordinaire, et d'autre part, la langue officielle principale. Cette situation caractérise notamment la France métropolitaine, la Communauté française de Belgique, la Suisse romande et le Québec. Dans cette section, nous relevons d'autres traits locaux.

La diphtongaison

L'absence de diphtongaison est le trait phonétique qui distingue le système vocalique du français de celui de l'anglais. Mais la diphtongaison est présente dans le style familier au Québec. On la retrouve avec la voyelle /ɛ/ dans les syllabes fermées par /ʀ/ et avec /ɑ/ dans les syllabes fermées par /s/ ou /z/. De plus, la voyelle /ɛ/ est plus basse qu'en FS, et la voyelle /ɑ/ est plus postérieure et plus fermée. Enfin, au Québec, de nombreux locuteurs prononcent /ʀ/ comme une consonne apico-dentale, avec le contact entre la pointe de la langue contre les incisives supérieures ([r]) plutôt que comme une consonne dorso-vélaire, avec le contact entre le dos de la langue et le palais mou. Comparez:

	Français québécois familier	*Français standard*
la bière	[bjæ^jr]	[bjɛ:ʀ]
la ferme	[fæ^jrm]	[fɛʀm]
la tasse	[tɒ^ws]	[tɑ:s]
il croise	[krwɒ^wz]	[kʀwɑ:z]

Notez que la diphtongaison de /ɛ/ et de /a/ en français québécois correspond à la longueur vocalique en FS.

La longueur vocalique avec les voyelles fermées

En Belgique, et dans l'Est de la France, la longueur est contrastive pour les voyelles fermées /i/, /y/ et /u/. Les locuteurs opposent les paires minimales suivantes en syllabes ouvertes et en syllabes fermées:

l'avis 'advice' /lavi/	la vie 'life' /lavi:/
il a vu 'he saw' /lavy/	la vue 'view' /lavy:/
mou 'soft, masc.' /mu/	moue 'soft, fem.' /mu:/
tous 'all' /tus/	il tousse 'he coughs' /tu:s/

Dans certaines parties de la communauté française de Belgique il existe un contraste entre /e/ et /e:/. Généralement, ce dernier phonème apparaît sous la forme d'une voyelle suivie de [ʲ]. Il ne faut pas confondre cette prononciation avec la voyelle diphtonguée de l'anglais:

il est cassé [kase]   elle est cassée [kaseʲ]

Les voyelles dévoisées

En France, les voyelles fermées et mi-fermées deviennent sourdes (dévoisées) lorsqu'elles sont allongées en position finale et prononcées avec une intonation descendante. Le dévoisement se manifeste par la prolongation de la voyelle avec un son qui ressemble au /h/ de l'anglais. Ce trait est surtout caractéristique des voyelles fermées. Dans les exemples ci-dessous, le dévoisement est représenté par le signe [ʰ] apparaissant au dessus de la ligne:

oui	[wiʰ]
la vue	[vyʰ]
tout	[tuʰ]
l'été	[leteʰ]
c'est beau	[boʰ]
il pleut	[pløʰ]

Au Québec, les voyelles fermées sont dévoisées à l'intérieur du mot. Pour le locuteur de français qui ne fait pas partie de cette communauté, le dévoisement s'entend comme la chute de la voyelle. Au contraire du dévoisement final, le dévoisement interne s'accompagne de l'abrègement plutôt que l'allongement de la voyelle. Nous représentons ce trait par le signe [°] au dessus de la voyelle; on se rappellera qu'en français québécois les voyelles fermées sont relâchées en syllabe fermée:

la piscine   [lapi̊sın]
la capacité   [lakapasi̊te]

L'enchaînement, la liaison et le *h* aspiré

Au Chapitre 1, nous avons vu qu'en français plusieurs traits de la structure rythmique et syllabique, en particulier l'égalité rythmique et la syllabation ouverte, convergeaient pour rendre difficile la démarcation des mots. Du point de vue phonétique, un énoncé français se divise non pas en mots, mais en groupes rythmiques comportant chacun un nombre variable de mots. La phrase suivante peut être lue en trois groupes rythmiques:

> Elle est arrivée   en avance   chez ses amis.
> /e le ta ʀi **ve**   ã na **vãs**   ʃe se za **mi**/

Deux autres phénomènes vont renforcer cette difficulté: l'**enchaînement**, qui est de nature strictement phonétique, et la **liaison**, qui est liée à la structure des mots eux-mêmes. Dans la phrase citée ci-dessus, l'absence de frontière entre les mots s'explique par le fait que le seul trait démarcatif, l'allongement de la syllabe finale lié au mouvement intonatif, marque non pas les mots individuels mais les groupes rythmiques. De plus, les mots individuels eux-mêmes sont disloqués: les consonnes qui appartiennent aux mots *elle*, *est*, *en* et *ses* se trouvent incorporées aux mots suivants.

10.1 L'ENCHAÎNEMENT

On appelle enchaînement la prononciation de la consonne finale d'un mot avec le mot suivant. Dans l'exemple ci-dessus, il y a enchaînement du /l/ final de *elle*, puisque le /l/ final du pronom est prononcé comme s'il faisait partie du mot suivant *est*; c'est à dire que *elle est* /ɛl ɛ/ devient /ɛ lɛ/. Il y a enchaînement entre deux mots si les deux conditions suivantes sont remplies:

1. Le premier mot se termine par une consonne finale (orale);
2. Le deuxième mot commence par une voyelle.

Lorsqu'une consonne est enchaînée avec le mot suivant, elle lui est étroitement liée. De plus, il n'y a aucun phénomène phonétique qui indique la frontière des mots. Ainsi, dans les deux paires d'énoncés homophones suivantes, il n'y a aucune différence de prononciation entre les divers /t/:

Enchaînement		Non enchaînement
sept amis 'seven friends'	/se **t**a mi/	ces tamis 'these sieves'
cette amie 'this friend'		
cette année 'this year'	/se **t**a ne/	C'est tanné 'it's tanned'

Les /t/ enchaînés de *sept* et *cette* sont phonétiquement identiques aux /t/ initiaux de *tamis* et *tanné*.

L'enchaînement renforce la syllabation ouverte. En effet, le déplacement d'une consonne finale au mot suivant ouvre la syllabe en laissant la voyelle seule en position finale. Dans l'énoncé suivant, notez l'ouverture des syllabes par le transfert des consonnes finales (indiquées en caractères gras) à la syllabe suivante:

Alice allait à Toulouse avec Anne.
/alis alɛ a tuluz avɛk an/ → /a li sa le a tu lu za ve kan/

Comme vous pouvez le constater, l'enchaînement disloque les mots en redistribuant les consonnes d'un mot à l'autre. Il peut également changer le timbre des voyelles. Prenons le mot *avec* /a vɛk/, utilisé dans l'exemple ci-dessus. Dans le mot isolé, la voyelle finale se prononce /ɛ/, puisqu'elle se trouve en syllabe fermée par la consonne /k/. Mais lorsqu'elle fait partie d'un groupe rythmique, le transfert de la consonne /k/ au mot suivant *Anne* la laisse isolée en fin de syllabe. Elle se trouve donc en syllabe ouverte, et, par l'application de la Loi de Position, elle est remplacée par /e/: /a ve kan/.

L'enchaînement est une source intarissable de calembours ('puns'). La devinette au sujet de l'homme de Berne qui avait perdu son emploi comme plongeur dans un restaurant de Genève a pour base l'enchaînement du /s/ final de *Suisse*. En effet, lorsque ce mot est enchaîné avec le mot *allemand*, le /s/ final, qui est transféré à la syllabe suivante, ne peut pas se distinguer du /s/ initial de *salement*:

ENCHAÎNEMENT   NON ENCHAÎNEMENT

Il est Suisse allemand   /i le sɥi sa lmã/   Il essuie salement

Ce calembour dépend bien sûr de la prononciation de chacune des deux phrases en un seul groupe rythmique. On pourrait différencier les deux phrases en prononçant chacune d'elles en deux groupes rythmiques démarqués par un contour intonatif:

Il est Suisse allemand   Il essuie salement

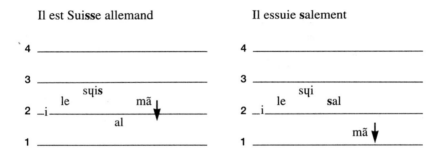

Cependant cette prononciation serait plutôt artificielle.

Il faut distinguer l'enchaînement simple de la combinaison enchaînement + liaison. Il y a enchaînement simple avec les consonnes finales orales. Celles-ci peuvent être représentées par une lettre finale comme dans *le fil, un car, sec, un œuf, le zinc, net, le sens*, ou par une ou plusieurs lettres plus *e*: *grande, chante, cache, belle*.

Du point de vue de l'apprentissage de la langue, la réalisation de l'enchaînement est essentielle puisque ce phénomène conduit à l'ouverture des syllabes. Il est important de **ne pas** prononcer la consonne finale avec le mot dont elle fait partie (par exemple *cette année* */sɛt an e/), mais de la rattacher au mot suivant (/se ta ne/), de façon à ce qu'un francophone ne puisse pas entendre la différence entre un cas d'enchaînement d'une consonne finale et un cas de prononciation d'une consonne initiale: *cette année* (/se **t**a ne/) 'this year' et *c'est tanné* (/se ta ne/) 'it's tanned'.

10.2 LA LIAISON

La liaison et l'enchaînement

La liaison comprend nécessairement l'enchaînement, mais elle s'en distingue par ses bases lexicales et grammaticales. L'enchaînement se limite aux consonnes finales tandis que la liaison en tant que telle s'applique uniquement aux **consonnes latentes** (ou **consonnes de liaison**: des consonnes qui ne sont prononcées que dans des contextes phonologiques et grammaticaux donnés, voir le Chapitre 3). Lorsqu'une consonne latente est prononcée, elle subit nécessairement l'enchaînement. Comparez les trois groupes rythmiques suivants:

Cas 1.	la petite auberge	/la pti to bɛʀʒ/
Cas 2.	sept hôtels	/se to tɛl/
Cas 3.	un petit hôtel	/ɛ̃ pti to tɛl/

Dans les trois cas, le /t/ final de l'adjectif ou du nombre est enchaîné, c'est à dire qu'il est rattaché au mot suivant. Les exemples 1 et 2 constituent des cas d'enchaînement simple parce que les mots *petite* et *sept* contiennent des consonnes finales; celles-ci sont toujours prononcées dans le mot isolé: *petite* /ptit/, *sept* /sɛt/.

Le cas 3 est différent, car le /t/ de *petit* n'est pas toujours prononcé. Comparez:

1. un petit hôtel	/ɛ̃ pti to tɛl/	LIAISON + ENCHAÎNEMENT
2. un petit café	/ɛ̃ pti ka fe/	
3. il est petit	/i le pti/	
4. une petite église	/yn pti te gliz/	ENCHAÎNEMENT
5. une petite cave	/yn ptit kav/	

La forme féminine *petite* (Exemples 4 et 5) contient une consonne finale. Lorsqu'elle précède une voyelle, sa consonne finale est enchaînée à la syllabe initiale du mot suivant. Par contre, la forme masculine contient une consonne latente qui ne sera prononcée que si le mot suivant, dans le même groupe rythmique, commence par une voyelle (Exemple 1). Dans ce cas, le *t* final est enchaîné, mais on parlera ici de liaison et non d'enchaînement puisque la voyelle initiale de *hôtel*, /o/, provoque la prononciation de la consonne finale latente de *petit*. Vous remarquerez que la forme de l'adjectif utilisée est phonétiquement identique à celle du féminin. Dans les Exemples 2 et 3, les conditions ne sont pas réunies pour la prononciation de la consonne latente de *petit*.

La nature de la liaison

Si l'enchaînement n'est qu'un simple phénomène phonétique, la liaison dépend de facteurs phonétiques, lexicaux, syntaxiques et stylistiques.

- Au plan phonétique, la liaison ne peut avoir lieu que si le mot qui suit la consonne latente commence par une voyelle. *sauf 20*

- Au plan lexical, il faut savoir si le mot contient une consonne latente. Comparons *petit* et *et*. Ce dernier mot ne contient pas de consonne latente; il se prononce toujours /e/; la lettre finale *t* est muette. Par contre, la forme masculine de l'adjectif *petit* contient un *t* latent.

- Au plan syntaxique, la liaison dépend de la relation syntaxique entre les deux mots en contact.

  Comparons, par exemple:

  1. Prends̮ en. /pʁɑ̃ zɑ̃/ (‿ = liaison obligatoire)
  2. Prends##un livre. /pʁɑ̃ ɛ̃ livʁ/ (## = liaison interdite)

  La liaison se fait en 1, où le pronom et le verbe sont étroitement liés, puisqu'ils font partie du même groupe verbal. Cela n'est pas le cas en 2, où le verbe et l'article indéfini font partie de deux unités syntaxiques différentes, ce qui est indiqué par le signe ##.

- Sur le plan stylistique, dans certains cas où les conditions phonétiques, lexicales et syntaxiques sont réunies pour sa réalisation, la liaison peut être facultative. La prononciation de la consonne latente dépend alors d'une variété de facteurs stylistiques, par exemple, de la formalité du discours. Dans le cas de la phrase *Nous avons eu de la chance*, deux prononciations sont possibles: /nu za võ y dla ʃɑ̃s/ ou /nu za võ zy dla ʃɑ̃s/.

Les types de liaison

Selon les relations syntaxiques présentes et la nature du mot qui contient la consonne latente, les liaisons se divisent en trois types:

1. **liaisons obligatoires**
2. **liaisons interdites**
3. **liaisons facultatives**

Comme les liaisons facultatives sont sujettes à une grande variabilité et dépendent de facteurs stylistiques complexes, nous les traiterons dans le prochain chapitre. Dans ce chapitre, nous ne traiterons que des liaisons obligatoires et des liaisons interdites.

Ne pas faire une liaison obligatoire ou, au contraire, prononcer la consonne latente dans un cas de liaison interdite, constituent des fautes graves. Ces fautes ne sont pas des erreurs phonétiques, c'est à dire, qu'elles ne proviennent pas d'une articulation défectueuse. Elles reflètent plutôt une connaissance insuffisante de la forme des mots. Par exemple, l'erreur de prononciation */ẽ gʀã aʀbʀ/ au lieu de /ẽ gʀã taʀbʀ/, *un grand arbre*, reflète, soit une connaissance imparfaite des diverses formes de cet adjectif, soit l'ignorance des règles qui régissent l'utilisation de ces formes, mais elle ne provient pas du fait que l'apprenant ne peut pas prononcer un /t/ devant une voyelle.

En vue de s'assurer que les apprenants ne commettent pas d'erreurs de ce genre, et étant donné la complexité des facteurs qui déterminent la liaison facultative, il est souhaitable de procéder par priorité. Il faut d'abord partir du principe que la liaison est un phénomène exceptionnel en français: la plupart des mots n'ont qu'une seule forme. Ensuite, il faut apprendre par cœur les cas de liaison où une connaissance imparfaite conduit à des fautes: la liaison obligatoire et la liaison interdite. Il s'avère que le nombre de formes participant à la liaison obligatoire est relativement limité. Il en est de même pour les cas de liaison interdite.

Les consonnes latentes

Quatre **consonnes latentes** participent à la plupart des liaisons obligatoires; dorénavant, nous noterons les consonnes latentes avec des lettres majuscules pour les distinguer des autres phonèmes:

1. Z, écrit *s, z,* ou *x*   trois ans, chez eux, aux autres
2. T, écrit *t* ou *d*   c'est ici, au second étage
3. N, écrit *n*   un an, un bon ami
4. R, écrit *r*   au dernier étage, un léger effort

La liaison et le hiatus

Le terme de **hiatus** décrit l'occurrence de deux ou plusieurs voyelles successives. L'opinion est largement répandue selon laquelle la liaison aurait comme fonction de supprimer le hiatus. Il est facile de démontrer l'inexactitude de cette explication à partir de deux séries de faits.

Premièrement, les séquences de voyelles successives sont permises et même assez fréquentes en français. Elles se retrouvent tant à l'intérieur des mots simples ou composés:

créer /kʀe e/, la création /kʀe a sjõ/, le chaos /ka o/, la coïncidence /ko ɛ̃ si dãs/, un yaourt /ja uʀ/, une héroïne /e ʀo in/; semi-annuel /sø mi a nɥɛl/, Marie-Antoinette /ma ʀi ã twa nɛt/

qu'à l'intérieur des groupes rythmiques:

Va au stade.	/va o stad/
J'ai une autre voiture.	/ʒe y no tʀø vwa tyʀ/
Ils vont à Autun.	/il võ a o tœ̃/ (/il võ ta o tœ̃/)

Dans le dernier exemple, il est possible de prononcer le *t* latent de *vont*; c'est un cas de liaison facultative. Lorsque la liaison n'est pas effectuée, cet énoncé contient une séquence de trois voyelles successives. Il est possible de rencontrer des énoncés contenant des séquences de cinq voyelles successives, par exemple: *Va en haut et attend-moi* /va ã o e a tã mwa/. Cependant, dans ce cas, l'énoncé serait probablement prononcé en deux groupes rythmiques: /va ã o e a tã mwa/.

Lorsqu'il y a un hiatus, il n'y a généralement aucune pause ou coup de glotte entre les voyelles successives. On procède d'une articulation vocalique à une autre sans interruption. On peut bien sûr diviser une séquence de voyelles en un nombre variable de groupes rythmiques selon le débit d'énonciation ou le style, mais il n'y a aucune pause à l'intérieur d'un même groupe rythmique. Ainsi, on peut diviser le groupe *Va à Arles* de plusieurs manières:

/va a aʀl/   /va a aʀl/   /va a aʀl/

Deuxièmement, lorsqu'on fait une liaison, on ne prononce pas n'importe quelle consonne. La consonne latente qui apparaît est celle qui est présente dans un mot particulier. Dans le groupe *les bons amis* /le bõ za mi/, le *s* /Z/ latent contenu dans *bons* est la marque du pluriel; dans *il est ici* /i le ti si/, le *t* /T/ latent du verbe *est* est la marque de la troisième personne du singulier du présent de l'indicatif. Un hiatus ne sera éliminé que s'il existe entre deux voyelles successives une consonne latente dont la prononciation est obligatoire, par exemple, *il est ici* /il ɛt isi/, prononcé comme /i le ti si/. Dans les cas de hiatus présentés ci-dessus, il n'y a pas de consonnes latentes entre les diverses voyelles successives.

10.3 LIAISONS OBLIGATOIRES

Un nombre limité de mots contient une consonne latente sujette à la liaison obligatoire. Il s'agit pour la plupart de mots ayant une fonction principalement grammaticale, les **mots-outils**. Ce sont de "petits" mots qui contribuent peu au sens des phrases, mais dont on ne peut pas se passer si l'on veut que ces phrases soient grammaticalement correctes: les déterminants, les pronoms, une courte liste d'adjectifs placés devant le nom, les verbes auxiliaires et les adverbes, prépositions et conjonctions qui n'ont qu'une syllabe. En tout, il s'agit d'une centaine de formes. Il y a aussi des désinences placées après les noms, les adjectifs et les verbes, par exemple le suffixe du pluriel, -s ou -x, dans les noms et les adjectifs.

Nous regrouperons les liaisons obligatoires sous quatre grandes catégories:

1. à l'intérieur du groupe nominal;
2. à l'intérieur du groupe verbal;
3. dans les groupes introduits par un mot grammatical (préposition, adverbe, conjonction);
4. les locutions figées.

Pour chaque groupe, nous traiterons séparément chaque consonne latente particulière. La ligature (‿) sera utilisée pour indiquer les cas de liaison obligatoire.

Le groupe nominal

Déterminants, adjectifs indéfinis, adjectifs interrogatifs, nombres + nom ou adjectif

Les déterminants (articles, adjectifs possessifs et démonstratifs), les adjectifs indéfinis, les adjectifs interrogatifs et les nombres sont étroitement liés aux noms qu'ils modifient ou aux adjectifs qui précèdent ces noms. Les consonnes latentes de ces formes grammaticales sont toujours prononcées devant une voyelle.

1. /Z/: La consonne latente constitue la désinence du pluriel dans le système nominal: *les, ces, des; mes, tes, ses, nos, vos, leurs; aux*:

les‿oiseaux, ces‿animaux, des‿imperméables, mes‿étudiants,
nos‿amis, leurs‿autres affaires, aux‿écoles

On la retrouve aussi dans les nombres *deux, trois, six, dix*:

deux‿ans, trois‿heures, six‿étages, dix‿escaliers

Le suffixe du pluriel, épelé -*s* ou -*x*, affixé aux noms, n'est généralement pas prononcé. Notez que dans les paires de phrases suivantes la prononciation du nom reste invariable:

voici le livre /vwasi lø **livʀ**/ vs. voici les livres /vwasi le **livʀ**/
voici la cassette /vwasi la **kasɛt**/ vs. voici les cassettes
/vwasi le **kasɛt**/

Dans le système nominal du français, la distinction entre le singulier et le pluriel est réalisée par l'alternance de voyelles: /ø/ (masculin) ou /a/ (féminin) pour le singulier opposé à /e/ pour le pluriel. Lorsque le nom commence par une voyelle, la marque du pluriel affixée au déterminant ou à l'adjectif sert de marque supplémentaire. Comme le /Z/ précédant le nom est la marque constante du pluriel, on peut le considérer comme la marque principale de ce trait grammatical:

voici l'assiette / la sjɛt /   voici les‿assiettes / le **z**a sjɛt /
voici l'habit / la bi /   voici les‿habits / le **z**a bi /

Le suffixe pluriel /Z/ se retrouve aussi à la fin des adjectifs indéfinis et des adjectifs interrogatifs:

certaines‿histoires, certains‿ouvrages, quelques‿informations,
plusieurs‿aventures, quels‿ouvriers?, quelles‿informations?

2. /N/: La consonne latente fait partie intégrante du mot: *un*; *mon, ton, son*; *aucun, certain*:

un‿accident, mon‿enfant, ton‿idée, son‿autre fils, aucun‿homme,
un certain‿individu

Nous avons vu dans la section 8.5 que ces formes conservent la voyelle nasale devant la consonne latente:

mon‿école /mõ ne kɔl/, un‿animal /ɛ̃ na ni mal/, aucun‿être
/o kɛ̃ nɛtʀ/, un certain‿effort /ɛ̃ sɛʀ tɛ̃ ne fɔʀ/

Adjectif + nom

Les adjectifs précédant le nom contiennent les deux types de consonnes latentes décrits dans la section ci-dessus:

1. Le marqueur pluriel /Z/, qui est affixé aux formes masculines et féminines:

> des bons‿avis, des bonnes‿idées
> les vieux‿immeubles, les vieilles‿usines

2. La dernière consonne du radical est une partie intégrante de l'adjectif, mais elle ne se retrouve que dans la forme masculine. En effet, dans la forme féminine, elle est suivie de la désinence du féminin, -e, qui la transforme de consonne latente en consonne finale:

> /T/: un petit‿hôtel /pti **t**o tɛl/ vs. un petit café /pti ka fe/
> un grand‿oiseau /gʀɑ̃ **t**wa zo/ vs. un grand chat /gʀɑ̃ ʃa/
>
> /Z/: un mauvais‿élève /mo ve **z**e lɛv/ vs. un mauvais professeur /mo ve pʀo fe sœʀ/; un gros‿homme /gʀo **z**ɔm/ vs. un gros monsieur /gʀo mø sjø/
>
> /N/: un bon‿hôtel /bo **n**o tɛl/ vs. un bon café /bɔ̃ ka fe/, son prochain‿ouvrage /pʀo ʃɛ̃ **n**u vʀaʒ/ vs. son prochain départ /pʀo ʃɛ̃ de paʀ/. (Pour les alternances entre les voyelles nasales et leur homologue oral que montrent ces formes, voir le Chapitre 8.)
>
> /R/: le premier‿avril /pʀø mje **ʀ**a vʀil/ vs. le premier mars /pʀø mje maʀs/

Les adjectifs *gros* et *grand* ont une consonne latente différente de celle du féminin:

> un grand‿hôtel /gʀɑ̃ to tɛl/ vs. une grande auberge /gʀɑ̃ **d**o bɛʀʒ/
> un gros‿homme /gʀo zɔm/ vs. une grosse auto /gʀo **s**o to/

Le groupe verbal

Pronom + verbe

Les consonnes latentes des pronoms sujet et objet sont obligatoirement prononcées devant un verbe commençant par une voyelle:

1. /Z/ (-*s*) fonctionnant comme marque du pluriel: *nous, vous, ils, elles; les*:

> ils‿ont /il **z**ɔ̃/   on les‿aide /ɔ̃ le **z**ɛd/
> nous‿attendons /nu **z**a tɑ̃ dɔ̃/   il nous‿attend /il nu **z**a tɑ̃/
> vous‿avez /vu **z**a ve/   il vous‿écrit /il vu **z**e kʀi/

2. /N/ (-*n*): *on, en*:

    on écoute /õ ne kut/   il en a /i lã na/

Verbe + pronom

1. /T/ (-*t*), faisant partie des terminaisons de la troisième personne du singulier et la troisième personne du pluriel, dans les structures interrogatives avec inversion du pronom sujet:

    Que dit-il? /di til/   Quand part-elle? /paʀ tɛl/
    Chantent-ils? /ʃã ttil/   En vend-on? /vã tõ/
    (aussi: /ʃã tø til/)

2. /Z/ (-*s, -ons, -ez*) dans les formes impératives de la première personne du pluriel et de la deuxième personne du singulier et du pluriel:

    Prends-en! /pʀã zã/
    Allons-y! /a lõ zi/
    Apportez-en! /a pɔʀ te zã/

Pronom + pronom

1. /N/ dans *on*:

    On en a. /õ nã na/

2. /Z/ dans *nous, vous, les*:

    Il nous en envoie. /il nu zã nã vwa/
    Je vous en apporte. /ʒvu zã na pɔʀt/
    Allez-vous-en! /a le vu zã/
    Je les y attends. /ʒle zi a tã/

Verbes auxiliaires

Puisque ce sont les verbes les plus fréquents de la langue, les consonnes latentes contenues dans les verbes auxiliaires *être, avoir, aller* et *faire* sont généralement prononcées. Il ne s'agit pas de cas de liaison obligatoire dans le sens strict du terme, parce qu'il existe une certaine variation. Mais, comme la fréquence de la liaison est bien au delà de 50%, il convient, dans la perspective d'une norme pédagogique, de traiter ces verbes comme représentant des cas de liaison obligatoire:

1. Le / T / (-t) de la forme verbale *est*: comparez:

Il est‿assis. /i le **t**a si / vs. Je suis assis. /ʒø sɥi asi / ou
/ʒø sɥi **z**a si /

2. Le / T / (-t) des formes verbales *ont, sont, vont* et *font*:

Ils ont‿écrit.   /il zõ **t**e kʀi /
Ils sont‿ici.   /il sõ **t**i si/
Elles vont‿en France.   /ɛl võ **t**ã fʀãs /
Elles font‿une étude.   /ɛl fõ **t**y ne tyd /

Les formes grammaticales monosyllabiques

Les consonnes latentes de la plupart des mots grammaticaux constitués d'une seule syllabe (adverbes, prépositions, conjonctions) sont prononcées:

1. / T /

dont	ce dont‿il parle	/sø dõ **t**il paʀl /
quand	quand‿il peut	/ kã **t**il pø /
tout	tout‿entier, tout‿à coup	/tu **t**ã tje /, /tu **t**a ku /

Il faut distinguer entre la conjonction *quand* (ci-dessus) et l'adverbe interrogatif. Pour cette dernière forme, la liaison est interdite:

Quand##est-il arrivé? / kã e ti la ʀi ve /

Notez que le / T / du pronom indéfini *tout* est aussi toujours prononcé:

tout‿homme /tu **t**ɔm /, tout‿étudiant /tu **t**e ty djã /

Pour l'adjectif indéfini *tous*, voir Mots particuliers, fin Chapitre 3.

2. / Z /

chez	chez‿eux	/ʃe **z**ø /
dans	dans‿une usine	/dã **z**y ny zin /
dès	dès‿aujourd'hui	/de **z**o ʒuʀ dɥi /
moins	de moins‿en moins	/dø mwɛ̃ **z**ã mwɛ̃ /
sous	sous‿un arbre	/su **z**œ̃ naʀbʀ /
très	très‿utile	/tʀe **z**y til /

La liaison est facultative dans *pas*, et l'adverbe négatif *plus*.

pas un sou /pa ɛ̃ su / ou /pa zɛ̃ su /
plus un seul franc /ply ɛ̃ sœl fʀɑ̃ / ou /ply zɛ̃ sœl fʀɑ̃ /

Pour toutes ces formes, la liaison ne se fait pas devant un nom propre. Comparez:

Il va chez‿eux. /ʒe zø / vs. Il va chez##Alice. /ʃe a lis /

3. /N/

bien	C'est bien‿étrange.	/se bjɛ̃ ne tʀɑ̃ʒ /
en	en‿Italie	/ɑ̃ ni ta li /
rien	rien‿à faire	/ʀjɛ̃ na fɛʀ /

4. /P/: Pour l'adverbe *trop*, la liaison est facultative, et en fait, peu fréquente. Quand elle se fait, la voyelle du mot tend à être prononcée /ɔ/:

J'ai trop à faire.   /ʒe tʀɔ pa fɛʀ /

Les locutions figées (mots composés)

Les groupes suivants constituent des mots composés. Le lien étroit entre les deux constituants de ces termes se traduit par la liaison obligatoire, c'est à dire la prononciation de la consonne latente du premier membre. Le terme usuel utilisé pour dénommer ces combinaisons est **locution figée**. La liste suivante n'est qu'indicative:

1. /T/

l'accent‿aigu, avant-hier, comment‿allez-vous, il était‿une fois,
un fait‿accompli, nuit‿et jour, petit‿à petit

2. /Z/

les Arts‿et-Métiers, les Champs-Elysées, les Etats-Unis,
Mesdames‿et Messieurs, de mieux‿en mieux, plus‿ou moins, les
Ponts-et-Chaussées, un sous-entendu, un sous‿officier, de temps‿à
autre, de temps‿en temps

La liaison obligatoire se fait aussi dans certains nombres composés: *dix-huit*, *vingt-huit*, *vingt-et-un*, mais après *quatre-vingt* la liaison est interdite: *quatre-vingt-##huit*, *quatre-vingt-##onze*, etc. En fait, dans les nombres composés, *vingt* contient une consonne stable, puisque le /t/ final est prononcé même devant une consonne, par exemple, *vingt-deux* /vɛ̃t dø /, *vingt-six* /vɛ̃t sis /.

10.4 LES LIAISONS INTERDITES

En traitant des liaisons interdites, il est important de ne pas confondre deux problèmes distincts. Premièrement, certaines consonnes écrites ne sont pas des consonnes latentes mais des consonnes muettes, voir le Chapitre 3. Bien entendu, il n'y a pas de liaison possible pour les mots qui contiennent ces consonnes. Deuxièmement, dans certaines situations, des consonnes latentes ne sont pas prononcées. Le terme "liaisons interdites" ne s'applique proprement qu'à ce deuxième cas de figure. Dans cette section, nous traiterons donc d'abord de ces cas de véritables liaisons interdites, et nous passerons ensuite à des cas généraux de consonnes muettes que les apprenants devraient connaître.

Facteurs qui empêchent les liaisons

Ces facteurs sont surtout d'ordre phonologique et syntaxique.

Facteurs phonologiques

La liaison ne se fait jamais devant le *h* aspiré (voir le Chapitre 11):

les##héros / le e ʀo / vs. les‿hommes / le zɔm /
les##haltes / le alt / vs. les‿hôtels / le zo tɛl /

La lettre *h* ne représente pas toujours le *h* aspiré. Dans certains mots tels que *l'homme* ou *l'hôtel*, il représente le **h muet**. Du point de vue phonétique, les mots écrits avec un *h* muet commencent avec une voyelle: *l'homme* /ɔm/, *l'hôtel* /o tɛl/. Par contre, certains mots commençant par une voyelle écrite ou les lettres *y* et *w* contiennent un *h* aspiré.

un##oui et un non /ɛ̃ wi/
les##whisky et les##yachts / le wi ski / / le jɔt /
les##uns et les deux / le ɛ̃ e le dø /
quatre-vingt-##huit / ka tʀø vɛ̃ ɥit /
cent##onze / sɑ̃ õz /

Toutefois la liaison se fait dans *dix‿huit* /di zɥit / et *vingt‿huit* /vɛ̃ tɥit /.

Facteurs syntaxiques

Les consonnes latentes sont rarement prononcées lorsqu'elles se trouvent à la fin d'un groupe rythmique. Les groupes rythmiques étant eux-mêmes déterminés par des facteurs sémantiques et syntaxiques, la liaison ne se fera généralement pas entre deux frontières syntaxiques importantes, par exemple, entre un groupe nominal et un groupe verbal, entre deux groupes prépositionnels, etc. Voici quelques cas typiques:

1. Après un pronom inverti. Comparez:

> Ils‿arrivent avec nous.   vs.   Arrivent-ils##avec nous?
> Nous les avons‿apportés.   vs.   Les avons-nous##apportés?

2. Après un pronom objet:

> Il m'en‿apporte.   vs.   Donnez m'en##un.
> Il les‿assure.   vs.   Faites-les##assurer.

3. Après un adjectif:

> des beaux‿abricots   vs.   Ils sont beaux##au printemps.
> un gros‿ours   vs.   Les ours sont gros##ici.
> un bon‿ouvrier   vs.   C'est bon##à boire.
> un grand‿arbre   vs.   Il est grand##et fort.

4. Après les nombres:

> les deux‿écoles   vs.   Donnez-en deux##à chaque femme.
>   vs.   deux##à deux, deux##et deux font quatre

5. Le suffixe pluriel $/Z/$ (*-s*, *-x*). Celui-ci n'est pas prononcé lorsqu'il se trouve à la fin d'un groupe nominal:

> les gens##arrivent, ces enfants##ont bien travaillé, les ingénieurs anglais##ont appelé, des livres utiles##à lire

Mots se terminant par une consonne muette

Nom singulier:

a) l'avion##atterrit, le chalet##a brûlé, un chantier##où on ne fait rien

b) un garçon##amusant, un étudiant##étranger,
    un enfant##insupportable, un ouvrier##énergique

Notez, d'une part, que dans la série d'exemples a), les noms se trouvent à la fin du syntagme mais que dans la série b), ils font partie du même syntagme que l'adjectif suivant. D'autre part, le fait que certains de ces mots ont des dérivés où la consonne muette est prononcée est une source de confusion:

un enfant, enfanter, un enfantillage
un garçon, un garçonnet, une garçonnière

Il faut donc faire la différence entre une consonne latente, qui est une consonne finale pouvant se prononcer devant un autre mot, et une consonne apparaissant à l'intérieur d'un dérivé. Il y a une relation dérivationnelle entre *enfant* et *enfanter*, mais dans la forme *enfant* le *t* final ne représente pas une consonne latente.

Certains adverbes et la conjonction et

combien: Combien##en voulez-vous?

comment: Comment##y va-t-on? Comment##allez-vous de Québec à Trois-Rivières?
(mais un /T/ est présent dans la locution figée: *Comment‿allez-vous?*)

et: gris et##orange, en haut et##en bas, ici##et là

quand (adverbe interrogatif): Quand##arrive-t-elle?
(mais un /T/ apparaît dans l'interrogatif composé *quand‿est-ce que*: *Quand‿est-ce qu'il part?*, et dans la conjonction *quand*: *Partez quand‿il arrivera*.)

toujours: On mange toujours##ici.
(mais dans la locution figée *toujours‿est-il* le mot *toujours* se termine avec /Z/: /tu ʒuʀ ze til/)

vers: vers##un autre pays, vers##eux

10.5 LE *h* ASPIRÉ

Certains mots commençant par une voyelle orale se comportent comme s'ils commençaient par une consonne: ils n'admettent ni la liaison (voir ***Facteurs phonologiques,*** p. 160), ni l'effacement du *e* muet (voir 12.2, Règle 2). Comparez le comportement phonologique des mots commençant par une voyelle (colonne de gauche) à celui des mots précédés de ***h* aspiré** (colonne de droite):

les‿eaux /le zo/ 'waters'	les hauts /le o/ 'the high grounds'
l'anche /lɑ̃ʃ/ 'reed (music)'	la hanche /la ɑ̃ʃ/ 'hip'
l'être /lɛtʀ/ 'being'	le hêtre /lø ɛtʀ/ 'beech (tree)'

Bien que les membres de chacune de ces paires commencent par la même voyelle, les mots de la colonne de gauche admettent la liaison, l'élision et l'effacement du e muet, tandis que ceux de la colonne de droite n'admettent aucun de ces phénomènes. Comment expliquer le comportement bizarre de mots tels que *le haut, la hanche* et *le hêtre*? En l'absence de toute explication basée sur la nature phonologique de ces mots, il est nécessaire de les classer comme mots exceptionnels. On dira qu'ils contiennent un h aspiré.

Pourquoi "h" aspiré? Il s'avère qu'un grand nombre de ces mots commence effectivement par la lettre h:

le homard /o maʀ/ 'lobster', la Hollande /o lãd/, le hockey /o kɛ/, la halte /alt/, le hors-d'œuvre /ɔʀ dœvʀ/, hacher /a ʃe/ 'to chop', la houille /uj/ 'anthracite', hurler /yʀ le/ 'to shriek'.

Mais un grand nombre de mots commençant par cette lettre, tels que *l'hôtel, un homme*, ou *les huîtres*, se comporte normalement. On dit que ces mots contiennent un **h muet**. Par ailleurs, certains mots épelés avec une voyelle initiale, *y* ou *w* contiennent aussi un h aspiré, par exemple:

le onze avril, les uns et les deux, les oui et les non, les yachts, un watt

Il est vrai que beaucoup de ces mots sont d'origine étrangère, par exemple, *le hamac* /a mak/, *le home* /om/, *le hockey* /o kɛ/, *le yoga* /jo ga/, *le whisky* /wi ski/. D'autres, qui font partie de la langue depuis des siècles, sont d'origine germanique, par exemple, *la halle* /al/ 'market hall', *le hareng* /a ʀã/ 'herring', *le haricot* /a ʀi ko/, *le heaume* /om/ 'helmet' ou *la halte* /alt/. Mais un groupe important de mots commençant avec *h* aspiré appartient au fonds roman dérivé directement du latin: *se hâter* /a te/ 'to hurry', *le hérisson* /e ʀi sõ/ 'hedgehog', *le héros* /e ʀo/, *le hibou* /ibu/ 'owl', *hors* /ɔʀ/ 'outside of' (*hors-d'œuvre, hors prix, hors-jeu*). Certains des mots contenant le *h* aspiré sont d'utilisation très fréquente, tels que les chiffres *un, huit, onze*.

Certains mots contenant un *h* aspiré peuvent être prononcés de différentes façons. Ainsi, beaucoup de locuteurs disent: *les Hollandais* /le zo lã dɛ/ au lieu de /le o lã dɛ/, *un haricot* /œ̃ na ʀi ko/ au lieu de /œ̃ a ʀi ko/. La prononciation peut varier selon la longueur du groupe rythmique, par exemple: *la ouate* / la wat/ 'wadding, cotton wool' mais *un tampon d'ouate* /tã põ dwat/ 'a ball of cotton wool'. Certains mots, tels que *héros*, contiennent le *h* aspiré dans leur forme simple (*les héros* /le e ʀo/) mais le perdent dans les formes dérivées (*les héroïnes* /le ze ʀo in/). Le chiffre *huit* n'a pas de *h* aspiré dans les formes composées: *dix-huit* /di zɥit/, *vingt-huit* /vɛ̃ tɥit/. En fait, le comportement des chiffres à initiale vocalique (*un, huit, onze*) s'explique par une tendance générale de la langue. Lorsqu'on veut isoler un mot à initiale vocalique, c'est-à-dire le mettre entre guillemets, on le traite comme s'il contenait un *h* aspiré:

le dernier livre de André Malraux
le quatrième tome de *A la recherche du temps perdu*
C'est le un ou le onze?

Vous utilisez trop de "on".
Tu connais le sens de "inadvertance"?

Cela explique pourquoi l'on prononce les mots étrangers à initial vocalique avec un h aspiré: on les traite d'abord comme s'ils étaient particuliers, en dehors de la langue usuelle.

On dit qu'un mot contient un *h* aspiré si:

1. Il commence par une voyelle orale;
2. Il n'admet ni la liaison, ni l'élision, ni l'effacement du e muet.

Comme l'appartenance d'un mot à cette catégorie ne peut être prédite par sa forme phonologique, son orthographe ou son origine, il doit être marqué spécialement dans le dictionnaire. Nous indiquerons les mots à *h* aspiré en les faisant précéder du signe ★; une liste indicative apparaît dans l'Appendice.

La liaison facultative et aspects connexes de la liaison

Nous avons posé comme principe pédagogique fondamental que les mots français n'ont qu'une seule forme et que ceux qui se terminent par une consonne latente, c'est à dire qui participent au phénomène de la liaison, sont exceptionnels. Comme deuxième principe, nous avons éliminé provisoirement les liaisons facultatives. Puisque la plupart des mots, surtout les noms, n'ont qu'une seule forme, il suffit d'apprendre par cœur une liste restreinte de mots, la plupart des mots-outils, qui contiennent une consonne latente obligatoirement prononcée: ce sont les cas de liaison obligatoire. En ce qui concerne les liaisons interdites au sens strict du terme, elles se limitent aux cas de liaisons obligatoires qui ne se font pas, soit parce que le mot qui se termine par une consonne latente se retrouve devant *h* aspiré (*les##homards, un##oui*), soit parce qu'il se retrouve à la fin d'un groupe rythmique (*partent-ils##ensemble, donnez-m'en##un, elles sont petites##avant qu'on les cueille*). Cette norme pédagogique, proposée au chapitre précédent, a l'avantage de constituer une cible plus facile à atteindre de la part d'apprenants étrangers. Toutefois, en écoutant parler les francophones ou en écoutant divers types de productions orales (à la radio, à la télévision ou dans des films), les apprenants entendront de nombreux cas de liaison facultative. Il est donc souhaitable qu'ils prennent connaissance de certains des principes généraux de la liaison facultative. Cela leur permettra de mieux entendre les cas de ce type de liaison et, si l'occasion se présentait, de les utiliser dans des circonstances relativement formelles.

L'objet principal de ce chapitre est donc la présentation des cas de liaison facultative. Nous aborderons aussi deux problèmes liés à la liaison: la variation du timbre des voyelles et le voisement de certaines consonnes. Enfin, nous traiterons des cas d'erreurs de liaison que font les francophones: les **fausses liaisons**. Commençons par quelques observations sur l'origine historique de la liaison.

11.1 L'ORIGINE HISTORIQUE DE LA LIAISON

Sans doute vous êtes-vous demandé d'où viennent ces consonnes écrites du français dont la plupart sont des consonnes muettes (*le loup, le poulet, le sang, le temps*) et d'autres, des consonnes latentes (*vous‿allez* vs. *vous prenez, un‿oiseau* vs. *un chat*). C'est parce qu'à un état ancien de la langue toutes les consonnes finales se prononçaient. Ainsi, en ancien français, *vous chantez* se prononçait à peu près comme [vus ʃãntets] (la lettre *z* représentait le son [ts]). Entre le 12ème et le 16ème siècle, les consonnes finales commencèrent à disparaître, d'abord devant une consonne, ensuite à la fin d'un groupe rythmique. C'est aussi pendant cette période que la langue subit une transformation radicale de sa structure rythmique et syllabique. L'accent de mot et la syllabation fermée, donc une structure rythmique et syllabique fort semblable à celle de l'anglais d'aujourd'hui, donnèrent lieu à l'égalité rythmique et la syllabation ouverte de la langue actuelle. Les consonnes de certains mots ne se sont maintenues que devant une voyelle là où la relation syntaxique entre ces mots et le mot suivant était étroite (*vous‿allez* vs. *allez-vous#en France*).

La plupart des consonnes finales orales disparurent, par exemple, dans *le chat, la souris, le rond, le sang, le fusil*. Elles subsistent encore dans la langue écrite, plus conservatrice, sous la forme de consonnes écrites muettes. Un petit nombre de mots conservèrent leur consonne (orale) finale, par exemple *le choc, le fer, la nef, le bal, le cap, l'os, brut*. Nous disons que ces mots se terminent par une consonne stable. L'emprunt aux langues étrangères et la création de termes scientifiques à partir du latin et du grec, ainsi que d'acronymes et de sigles, introduisirent un nombre important de mots se terminant par une consonne stable: *le gang, le week-end, le virus, l'abdomen, le pathos, la FEN* (Fédération de l'Education Nationale), *l'UQAM* (l'Université du Québec à Montréal). Pour d'autres mots, il y a variation entre une forme contenant la consonne finale et une autre dont celle-ci est absente, par exemple, *le but* /by/ ou /byt/, *un fait* /fɛ/ ou /fɛt/, *le persil* /pɛʁsi/ or /pɛʁsil/ (voir 3.2). Enfin, il subsiste les mots se terminant par une consonne latente dont la prononciation est sujette à diverses conditions phonologiques, lexicales, sémantiques et stylistiques. Ce regard sur l'histoire de langue démontre que la liaison est la survivance d'un état ancien de la langue et qu'elle constitue l'exception plutôt que la règle.

11.2 LA LIAISON DES NOMBRES

Le système des nombres reflète bien le développement de la langue. La plupart des nombres ont une forme invariable: *quatre, sept, douze, trente, soixante, mille.* Comme rappel, nous donnons un résumé des nombres variables (Figure 11.1). Les consonnes latentes prononcées et les consonnes stables sont représentées en caractères gras.

FIGURE 11.1

LA LIAISON DANS LES NOMBRES

Fin de groupe rythmique	Devant consonne	Devant voyelle
un /ɛ̃/	un jour /ɛ̃ ʒuʀ/	un an /ɛ̃ nã/
deux /dø/	deux livres /dø livʀ/	deux images /dø zi maʒ/
trois /tʀwa/	trois filles /tʀwa fij/	trois enfants /tʀwa zã fã/
cinq /sɛ̃k/	cinq fils /sɛ̃ fis/	cinq amis /sɛ̃ ka mi/
six /sis/	six cahiers /si ka je/	six affiches /si za fiʃ/
huit /ɥit/	huit cafés /ɥi ka fe/	huit hôtels /ɥi to tɛl/
dix /dis/	dix femmes /di fam/	dix hommes /di zɔm/
vingt /vɛ̃/	vingt fois /vɛ̃ fwa/	vingt heures /vɛ̃ tœʀ/
cent /sã/	cent francs /sã fʀã/	cent ans /sã tã/

Les nombres *cinq, six, huit* et *dix* représentent le premier stade de la chute des consonnes finales: la consonne finale tombe devant une consonne mais elle reste à la fin d'un groupe rythmique. Pour *six* et *dix*, la consonne change devant une voyelle; on a la même alternance que celle qui existe entre *une grosse femme* /gʀos/ et *un gros homme* /gʀoz/. Les autres nombres variables, *un, deux, trois, vingt, cent,* illustrent le deuxième stade du développement: la consonne tombe devant consonne et en position finale. Le nombre *neuf* est fondamentalement invariable, mais devant *l'an* et l'*heure*, le /f/ se change en /v/. Cependant il y a une centaine d'années, le nombre *neuf* se comportait comme *six* et *dix*. Il se prononçait /nø/, sans la consonne finale, devant consonne, /nœf/ en position finale et /nœv/ devant voyelle. Tous les nombres de la Figure 11.1, à l'exception de *cinq*, se terminent par l'une des deux consonnes latentes les plus fréquentes de la langue, /Z/ et /T/. Les consonnes finales de *un, deux, trois, vingt, cent* se comportent comme des consonnes latentes typiques: elles ne se prononcent ni devant consonne, ni en position finale. Les consonnes latentes de *cinq*, *six*, *huit* et *dix* sont exceptionnelles dans la mesure où elles se prononcent en position finale.

11.3 LA LIAISON FACULTATIVE

Les consonnes latentes, nous l'avons vu dans la section 11.1, représentent la survivance d'un stade plus ancien de la langue. Il n'est donc guère surprenant que la liaison se fasse de moins en moins dans la langue courante. La liaison facultative est déterminée principalement par le facteur stylistique: plus le style est soutenu, plus la fréquence des cas de liaison facultative augmente; inversement, plus le style est familier, moindre est la fréquence des cas de liaison facultative. La liaison facultative est un phénomène phonologique variable qui ne se laisse pas facilement décrire par des règles. On ne peut donc donner que les facteurs phonologiques, syntaxiques et lexicaux qui, avec le niveau de style, déterminent sa fréquence relative.

Prenons, par exemple, la préposition *en*. Au Chapitre 10, nous l'avons classée comme un cas de liaison obligatoire. En effet, sa consonne latente, /N/, est toujours prononcée lorsque la préposition précède directement un nom commençant par une voyelle: *en͜ Italie*, *en͜ avril*. Mais, la liaison devient facultative lorsqu'elle précède un groupe nominal formé d'un autre élément précédant le nom: *en#un instant*, *en#une heure*. Ce dernier cas montre bien l'influence des facteurs syntaxiques.

Les facteurs phonologiques

Outre le fait que, comme c'est le cas pour la liaison obligatoire, la liaison facultative ne peut se faire que devant une voyelle, la nature de la consonne latente joue un rôle. Voici la hiérarchie des consonnes latentes, de la plus fréquente à la moins fréquente: /Z/, /T/, /N/, /R/, /P/, /G/. Les deux dernières consonnes sont rares. /P/ apparaît dans *beaucoup*: *Les prix ont beaucoup augmenté* /bo ku pog mã te/. On se rappellera que la liaison est obligatoire dans *trop*, mais, précisément parce que ce mot contient /P/, la liaison a tendance à devenir facultative. Par exemple, pour *Vous êtes trop aimable*, on entend /vu zɛt tʀo e mabl/ ou /vu zɛt tʀo pe mabl/. /G/ se prononce /g/ ou /k/: *un long été* /lõ ge te/, /lõ ke te/ ou /lõ e te/. Cette consonne latente devient rare. On la prononçait dans l'un des vers les plus féroces de "La Marseillaise": *qu'un sang impur* /sã kẽ pyʀ/ *abreuve nos sillons*. Aujourd'hui on chante: /sã ẽ pyʀ/. Le poids du facteur phonologique apparaît clairement lorsqu'on compare les prépositions *depuis* (*depuis un an*) et *devant* (*devant un beau jardin*). La liaison se fait plus fréquemment avec la première forme, qui se termine par /Z/. Dans les résultats de matches de football on entend *un##à un* (1-1) /ɛ̃ a ɛ̃/ mais *deux à deux* (2-2) /dø za dø/.

Les facteurs lexicaux

Le fait que /Z/ et /T/ sont les consonnes latentes qui participent aux liaisons facultatives les plus fréquentes s'explique aussi par des facteurs lexicaux. Ces deux consonnes latentes sont les plus importantes désinences grammaticales du français. /Z/ constitue le suffixe du pluriel des noms et des adjectifs, *-s*, *-x*, et plusieurs des désinences verbales:

- la première et la deuxième personne pluriel de tous les verbes: *-ons* et *-ez*; la première et la deuxième personne du singulier du présent de l'indicatif des verbes en *-ir* et *-re*: *-s*, *-s*;
- la première et la deuxième personne du singulier de l'imparfait/conditionnel de tous les verbes: *-ais*, *-ais*;
- la deuxième personne du singulier du futur: *-as*;
- la deuxième personne du singulier des verbes en *-er*: *-es*.

/T/ se retrouve dans plusieurs désinences verbales:

- la troisième personne du pluriel de tous les temps: *-ent*, *-aient*, *-ont*;
- la troisième personne du singulier du présent de l'indicatif des verbes en *-ir* et *-re* et de l'imparfait/conditionnel: *-t*, *-ait*, *-aient*.

Les facteurs syntaxiques

La liaison a lieu à l'intérieur d'unités syntaxiques telles que le groupe nominal et le groupe verbal. Nous avons vu que la liaison obligatoire a lieu entre des éléments syntaxiques étroitement liés: entre un déterminant ou un adjectif et le nom qu'il détermine ou modifie, entre le pronom sujet et le verbe, entre un pronom objet et le verbe qu'il précède. Lorsque les liens sont moins étroits, la liaison devient facultative. Comme les groupes rythmiques coïncident souvent avec des structures syntaxiques, par exemple, Déterminant + Adjectif + Nom ou Pronom Sujet + Verbe, les facteurs syntaxiques et les facteurs rythmiques se renforcent mutuellement. La Figure 11.2, qui représente la structure de la phrase *Les autres enfants les avaient attendus devant un gros arbre*, montre la relation entre la structure syntaxique et la liaison. Par exemple, le Groupe Verbal 1 peut se prononcer en un seul groupe rythmique; dans ce cas, on fait la liaison facultative: /le **z**a ve **t**a tã dy/; ou il peut se prononcer en deux groupes rythmiques; dans ce cas, on ne fait pas la liaison: /le **z**a vɛ( ) a tã dy/.

Dans la Figure 11.2, le signe ## indique une frontière syntaxique à travers laquelle la liaison est interdite, # indique une liaison facultative et ‿ une liaison obligatoire. A l'intérieur du Groupe Nominal 1 (*les autres enfants*), les liens syntaxiques sont très étroits, et toutes les liaisons sont obligatoires. Les mêmes relations existent à l'intérieur du Groupe Nominal 2 (*un gros arbre*). Dans le Groupe Verbal 1, la liaison est obligatoire entre le pronom objet *les* placé

FIGURE 11.2

La structure syntaxique de la phrase:
"Les autres enfants les avaient attendus devant un gros arbre"

S		
les autres enfants	les avaient attendus	devant un gros arbre
Groupe nominal 1 les autres enfants	Prédicat les avaient attendus	
Dét. — Groupe nom. 1.1 les — autres enfants	Groupe verbal 1 les avaient attendus	Groupe adv. devant un gros arbre
Adj. — Nom autres — enfants	Pronom — Groupe verb. 1.1 les — avaient attendus	Prép. — Gr. nom. 2 devant — un gros arbre
	Aux. — Verbe avaient — attendus	Dét. — Gr. nom. 2 un — gros arbre
		Adj. — Nom gros — arbre

les‿autres‿enfants##   les   avaient#attendus## devant# un   gros‿arbre

/le **z**o tʀø **z**ã fã/   /le **z**a vɛ/   /a tã dy/   /dø vã/   /ẽ gʀo **z**aʀbʀ/

/le **z**o tʀø **z**ã fã/   /le **z**a ve **t**a tã dy/   /dø vã tẽ gʀo **z**aʀbʀ/

devant le Groupe Verbal 2 (*avaient attendus*) et le premier élément de ce groupe (*avaient*). Si l'objet était un groupe nominal placé après le verbe, la liaison serait facultative: *avaient mis#un beau costume*. Le groupe verbal *les avaient attendus* est dérivé par pronominalisation de *avaient attendu* + le complément d'objet direct. Supposons que celui-ci est *les institutrices*. Il sera remplacé par le pronom *les*. En français les pronoms objet sont obligatoirement placés devant le verbe, et ils ont de ce fait une relation syntaxique très étroite avec lui. La relation Pronom préposé + Verbe est plus étroite que la relation Verbe + Complément d'objet. Cela explique pourquoi la liaison est obligatoire entre *les + avaient* mais facultative entre *avaient mis + un beau costume*.

Par contre, la liaison est facultative entre la préposition *devant* et le Groupe Nominal 2 (*devant#un gros arbre*). S'il s'agissait d'une préposition monosyllabique, la liaison serait obligatoire, comme par exemple dans: *sous un gros arbre*. La liaison est facultative à l'intérieur du Groupe Verbal 1.1 (*avaient#attendus*). La liaison ne se fait pas, en d'autres termes, elle est interdite, entre les structures syntaxiques haut placées dans la Figure 11.1: entre le Groupe Nominal 1 et le Prédicat, entre le Groupe Verbal 1 et le Groupe Prépositionnel. Ainsi, on dirait: *Les autres enfants##avaient attendu*; *Les autres enfants les avaient#attendus##devant#un gros arbre*.

11.4 LES LIAISONS FACULTATIVES FRÉQUENTES

Les divers cas de liaison facultative apparaissent dans la liste ci-dessous dans l'ordre de leur fréquence relative.

1. Nom pluriel + Adjectif:

>   des savants#américains, ces enfants#insupportables,
>   les plats#exquis, les vieilles demeures#antillaises

2. Verbe auxiliaire ou modal + Verbe principal:

>   ils ont#invité, ils sont#arrivés, nous sommes#entrés,
>   elles vont#étudier, elles font#éclater, il devait#aller,
>   on pourrait#apprendre, vous vouliez#acheter,
>   elles devraient#écouter

Notez que nous avons inclus sous la liaison obligatoire les formes des verbes auxiliaires de la troisième personne du pluriel *sont, ont, vont* et *font*. En fait, dans ces formes la liaison est facultative, et on peut dire /il sõ tã tʀe/ ou /il sõ ã tʀe/ pour *ils sont entrés*. La liaison se fait encore plus fréquemment dans ces cas que pour la Catégorie 1 (Nom pluriel + Adjectif).

Lorsqu'un adverbe contenant une consonne latente se place entre l'auxiliaire ou le verbe modal et le verbe principal, en particulier *bien*, *pas* et *tout*, la liaison est facultative entre l'adverbe et le verbe principal:

> ils ont bien#étudié, vous n'avez pas#écouté, ont-ils tout#appris.

Dans un style très soutenu, l'infinitif des verbes en -*er* contient un /R/ latent. Cette consonne latente apparaît, par exemple, dans la lecture de poésie. Les deux vers suivants de Charles Baudelaire tirés de "L'invitation au voyage" (*Les fleurs du mal*), se lisent en prononçant le *r* des deux infinitifs en -*er*:

> Aimer#à loisir   /e me ʀa lwa ziʀ/
> Aimer#et mourir   /e me ʀe mu ʀiʀ/

Il n'est pas rare d'entendre ce /R/ dans les textes lus à la radio ou à la télévision et dans les discours, mais il surprendrait dans une conversation même soutenue.

3. Les formes du présent de l'indicatif d'*être* + le prédicat (adjectif, nom, adverbe):

> ils sont#ignorants, nous sommes#espagnols,
> il est#ingénieur, vous êtes#en Europe

4. Les adverbes et les prépositions polysyllabiques:

> souvent#à l'heure, jamais#absent, assez#intéressant,
> tout à fait#idiot, tellement#aimable, vraiment#inutile,
> pendant#un an, depuis#une semaine, après#avoir bu

5. Verbe + objet, adverbe ou groupe adverbial:

> il prend#un livre, je vais#y aller, il parlait#encore,
> il était#en retard, nous attendrons#au premier étage

6. Les conjonctions et le pronom relatif *dont*, suivis de toute autre forme:

> mais#enfin, puis#ils sont partis, ce dont#on parle

11.5 LES FAUSSES LIAISONS

Parce que les liaisons facultatives sont associées à un style soutenu, donc à un niveau de langue considéré plus "correct" et plus "élégant", les francophones ont tendance à faire des liaisons là où il n'y a pas de consonne latente entre deux mots. Ces "**fausses liaisons**", que l'on appelle des **pataquès** /patakɛs/, sont une forme d'hypercorrection. En effet, les locuteurs qui n'ont pas l'habitude dans leur parler courant de faire des liaisons facultatives pensent rehausser leur niveau de langue en faisant le plus de liaisons possibles. Mais ils ignorent souvent quels sont les mots qui contiennent des consonnes latentes sujettes à la liaison facultative, et ils ont tendance à en mettre là où elles n'existent pas. Le terme *pataquès* proviendrait de l'anecdote suivante rapportée par le grammairien Urbain Doumergue vers 1800 et publiée en 1913 par le phonéticien Philippe Martinon (*Comment on prononce le français*, p. 61):

> Un beau diseur était au spectacle dans une loge, à côté de deux femmes, dont l'une était l'épouse d'un agioteur [spéculateur financier], ci-devant laquais; l'autre d'un fournisseur [agent commercial vendant des produits à l'armée], ci-devant savetier [cordonnier]. Tout à coup le jeune homme trouve sous sa main un éventail: —Madame, dit-il à la première, cet éventail est-il à vous? —Il n'est poin-z-à moi. —Est-il à vous, en le présentant à l'autre? —Il n'est pa-t-à moi. Le beau diseur, en riant: —Il n'est poin-z-à vous, il n'est pa-t-à vous, je ne sais pa-t-à-qu'est-ce.

Les deux dames de cette anecdote, femmes de nouveaux riches, prononçaient habituellement *point* et *pas* sans liaisons, mais elles savaient que ces deux formes négatives contenaient une consonne latente. Seulement, elles ne savaient pas laquelle: /Z/ ou /T/. Pour montrer leurs belles manières, elles ont fait la liaison, mais elles se sont trompées de consonne latente. Le terme *pataquès* est une création moqueuse basée sur *à qui c'est*, dont la forme plus soutenue est *à qui est-ce*.

Il y a deux types de pataquès, les **cuirs** et les **velours**. Le dernier est l'insertion d'un faux /Z/ et le premier, l'insertion d'un faux /T/. Les métaphores sont transparentes: la fricative sonore /z/ a la douceur du velours, tandis que l'occlusive sourde /t/ a la dureté du cuir. Le pataquès *point à moi* */pwɛ̃ za mwa/ est un velours, et *pas à moi* */pa ta mwa/ est un cuir. Comme on pourrait le prévoir, les velours sont plus fréquents que les cuirs, puisque /Z/ est une consonne plus fréquente et qu'elle fait partie de plusieurs mots-outils et désinences grammaticales importantes.

Il existe une fausse liaison fréquente chez les francophones: l'insertion d'une fausse marque du pluriel après les nombres qui n'ont pas de consonne latente. Les locuteurs associent la notion de pluriel au nombre et, l'analogie avec les nombres contenant /Z/ (*deux, trois, six, dix*) aidant, pensent qu'ils devraient insérer un /z/: *mille ans* */mil zɑ̃/, *quatre enfants* */kat zɑ̃ fɑ̃/, *sept officiers* */sɛt zo fi sje/. Il existe un autre velours assez caractéristique: l'insertion d'un /z/ entre la forme impérative de la deuxième personne du singulier des verbes en *-er* et un pronom suivant. Au contraire de la forme correspondante du présent de l'indicatif, cette forme n'a pas de -*s*, comparez: *tu manges un peu* vs. *mange un peu*. Ces fausses liaisons, comme */mɑ̃ʒ zɛ̃ pø/ au lieu de /mɑ̃ ʒɛ̃ pø/ pour *mange un peu*, proviennent de l'analogie avec les formes de l'impératif devant les pronoms *en* et *y* où la consonne latente apparaît: *vas-y* /va zi/, *manges-en* /mɑ̃ʒ zɑ̃/.

11.6 LIAISONS AVEC CHANGEMENT DE VOYELLE ET DE CONSONNE

Nous avons vu (Chapitre 10) qu'il y a liaison obligatoire entre un adjectif pré-nominal et le nom qui le suit. Par ailleurs, il y a deux types de consonnes latentes qui apparaissent après les adjectifs pré-nominaux:

1. le marqueur pluriel /Z/ dans les formes masculine et féminine: *de bons avis* /bõ zavi/, *de bonnes idées* /bɔn zide/; *les beaux immeubles* /bo zi mœbl/, *les belles usines* /bɛl zy zin/;
2. les consonnes latentes qui font partie intégrante de l'adjectif lui-même et qui apparaissent dans la forme masculine singulier devant une voyelle: /t/ *un petit oiseau* /ptiT/→/pti twa zo/; /z/ *un mauvais élève* /mo vɛZ/ → /mo ve ze lɛv/.

La prononciation de la consonne latente de l'adjectif peut s'accompagner de changements de la consonne elle même ou de la voyelle qui la précède. Ces changements conduisent à une différence frappante entre, notamment, le singulier et le pluriel des formes masculines pré-vocaliques.

Changements vocaliques

Pour les adjectifs se terminant en /N/, il y a trois cas de figure. Premier cas de figure: dans le cas de *bon*, la voyelle est remplacée par la voyelle orale homologue. La forme masculine singulier devant voyelle est donc identique à la forme féminine: *une bonne amie* /bɔ na mi/ et *un bon ami* /bɔ na mi/, tandis que la forme masculine pluriel coïncide avec la forme masculine singulier devant consonne:

> un bon restaurant /bõ ʀɛs to ʀɑ̃/, deux bons hôtels /bõ zo tɛl/
> vs. un bon hôtel /bɔ no tɛl/

Deuxième cas de figure, pour les adjectifs se terminant en *-ain* et *-en* (*certain, lointain, prochain*; *ancien*), il y a alternance entre la voyelle nasale /ɛ̃/ et son homologue oral /ɛ/ lorsque le /N/ latent est prononcé. La tendance est vers la conservation de la voyelle nasale:

un certain jour /sɛʀ tɛ̃ ʒuʀ/, certains instants /sɛʀ tɛ̃ zɛ̃ stã/
    vs. un certain instant /sɛʀ tɛ nɛ̃ stã/ ou /sɛʀ tɛ̃ nɛ̃ stã/

le prochain train /pʀo ʃɛ̃ tʀɛ̃/, les prochains avions /pʀo ʃɛ̃ za vjõ/
    vs. le prochain avion /pʀo ʃɛ na vjõ/ ou /pʀo ʃɛ̃ na vjõ/

un ancien camarade /ã sjɛ̃ ka ma ʀad/, des anciens élèves /ã sjɛ̃ ze lɛv/
    vs. un ancien élève /ã sjɛ ne lɛv/ ou /ã sjɛ̃ ne lɛv/

Troisième cas de figure: comme c'est le cas pour les déterminants comme *mon*, *ton*, *son* et les adjectifs indéfinis comme *aucun*, la voyelle ne change pas lorsque le /N/ latent est prononcé:

mon copain /mõ ko pɛ̃/, mon ami /mõ na mi/
aucun patron /o kɛ̃ pa tʀõ/, aucun ouvrier /o kɛ̃ nu vʀi je/
un commun accord / ko mɛ̃ na kɔʀ/

Pour les adjectifs se terminant avec la consonne latente /R/, tels que *premier*, *dernier*, *léger*, la voyelle qui précède la consonne latente demeure inchangée:

le premier jour /pʀø mje ʒuʀ/, les premiers étages /pʀø mje ze taʒ/
    vs. le premier étage /pʀø mje ʀe taʒ/
un léger souffle /le ʒe sufl/, de légers efforts /le ʒe ze fɔʀ/
    vs. un léger effort /le ʒe ʀe fɔʀ/

La forme masculin singulier devant voyelle se distingue donc de la forme féminine qui contient /ɛ/:

le premier instant /pʀø mje ʀɛ̃ stã/
vs. la première fois /pʀø mjeʀ fwa/

Toutefois, rappelons qu'en syllabe non-finale (interne), la distinction entre les voyelles mi-fermées et mi-ouvertes est neutralisée. En syllabe fermée la forme féminine de ces adjectifs contient la voyelle mi-ouverte, mais en syllabe interne ouverte, la voyelle varie entre mi-fermée et mi-ouverte:

bonne /bɔn/, la bonne table /bɔn tabl/
    vs. la bonne auberge /bo no bɛʀʒ/ ou /bɔ no bɛʀʒ/ et
le bon hôtel /bo no tɛl/ ou /bɔ no tɛl/

certaine /sɛʀ tɛn/, une certaine nouvelle /sɛʀ tɛn nu vɛl/
    vs. une certaine idée /sɛʀ te ni de/ ou /sɛʀ tɛ ni de/ et
un certain avis /sɛʀ te na vi/ ou /sɛʀ tɛ na vi/

première /pʀø mjɛʀ/, la première fois /pʀø mjɛʀ fwa/
vs. la première idée /pʀø mje ʀi de/ ou /pʀø mjɛ ʀi de/, le
premier étage /pʀø mje ʀe taʒ/ ou /pʀø mjɛ ʀe taʒ/

Dans tous les cas où il y a neutralisation des contrastes entre les voyelles mi-fer-mées et mi-ouvertes, nous avons choisi la voyelle mi-fermée en syllabe ouverte.

Changements consonantiques

Dans les adjectifs variables réguliers comme *petit* ou *mauvais*, la consonne latente est identique à la consonne finale de la forme féminine correspondante. La forme masculine singulier devant voyelle est donc identique à la forme fémi-nine: *un petit hôtel* /ptit/, *une petite auberge* /ptit/; *un mauvais avis* /movɛz/, *une mauvaise habitude* /movɛz/. Mais un petit groupe d'adjectifs montre un changement de consonne. Les adjectifs variables dont le féminin se termine en /d/ ont le changement /d/ →/t/; ceux qui se terminent en /s/, montrent le changement /s/ →/z/. Dans les deux cas, il s'agit d'un renversement de la valeur de la sonorité: sonore /d/ →sourde /t/ et sourde /s/ →sonore /z/:

MASCULIN PRÉ-VOCALIQUE	FÉMININ
un grand hôtel /gʀã to tɛl/	une grande auberge /gʀã do bɛʀʒ/
le second empire /sø gõ tã piʀ/	la seconde fois /sø gõd fwa/
un gros homme /gʀo zɔm/	une grosse auto /gʀo so to/
un faux ami /fo za mi/	une fausse amie /fo sa mi/

Aussi, les verbes du groupe *-re* dont le radical se termine en /d/ ont la consonne latente /t/ lorsque la forme de la troisième personne du singulier du présent de l'indicatif est invertie, comparez:

ils vendent /vãd/	vs.	vend-il /vã til/
elles attendent /a tãd/	vs.	attend-elle /a tã tɛl/
ils rendent /ʀãd/	vs.	rend-on /ʀã tõ/

Le nombre *neuf* montre un changement parallèle: le /f/ se voise et devient /v/, mais seulement devant deux mots commençant par une voyelle: *un an* et *une heure* (*neuf ans* /nø vã/, *neuf heures* /nø vœʀ/). Devant tous les autres mots commençant par une voyelle, le /f/ reste inchangé, par exemple: *neuf œufs* /nø fø/ (prononcé /nø fø/ ou /nœ fø/ selon l'application ou non de la Loi de Position en position de neutralisation).

CHAPITRE
12

Le *e* muet:
maintien ou chute du /E/

A la fin du Chapitre 7, nous avons introduit le problème du *e* muet, appelé aussi *e* caduc, *e* instable, *e* féminin ou schwa. Dans ce chapitre nous commencerons par expliquer la nature de ce phénomène plus apparenté, paradoxalement, aux consonnes de liaison qu'aux voyelles. Ensuite, nous donnerons une série de règles qui permettront aux apprenants de maîtriser ce phénomène variable.

12.1 QU'EST-CE QUE LE *e* MUET?

E muet, voyelle latente

Comparons les deux paires de mots suivantes; les *e* muets sont indiqués en caractères gras:

1. a) beaucoup d'œufs frais 'a lot of fresh eggs'   [bo ku dø fʀɛ]

    b) beaucoup d**e** frais 'a lot of expenses'   [bo ku dø fʀɛ] ou
    [bo kud fʀɛ]

2. a) leur tour 'their turn' [lœʀ tuʀ]

    b) le retour 'the return' [lø ʀø tuʀ] ou [lœʀ tuʀ]

Le premier membre de chaque paire contient une **voyelle stable**, c'est à dire une voyelle qui est toujours réalisée: [ø] dans *œufs* et [œ] dans *leur*. Nous dirons que des mots tels que *œufs* et *leur* contiennent les phonèmes /ø/ et /œ/, respectivement. (Rappelons qu'en tant que voyelles moyennes, les phonèmes /ø/ et /œ/ sont sujets à la neutralisation: ainsi dans *leur ami*, le mot *leur* peut se prononcer avec [ø] ou [œ], selon divers facteurs d'ordre géographique, social ou stylistique, puisqu'il se trouve en position interne.) Les mots *œufs* et *leur* peuvent aussi être prononcés avec un son intermédiaire situé phonétiquement entre [ø] et [œ] qui a été transcrit avec [ə] (voir 7.4). Lorsque nous disons qu'une voyelle est "stable", cela ne veut pas dire que son timbre ne varie pas phonétiquement, mais qu'elle est toujours réalisée par un son. Dans le deuxième membre de chaque paire, les mots-outils *de* et *le* sont réalisés soit avec la voyelle [ø] ou la voyelle [œ], soit avec l'absence de toute voyelle: [dø] ou [d] et [lø], [lœ] ou [l], respectivement. Dans ce cas, la voyelle n'est pas une voyelle stable puisqu'elle peut être omise.

Il est d'usage de dire que les mots prononcés, soit avec une voyelle réalisée par un timbre entre [ø] et [œ], soit avec l'absence de toute voyelle ([ ]), contiennent le phonème /ə/. Pour nous, cela suggère que lorsque des mots comme *de* et *le* sont prononcés avec une voyelle, celle-ci se distingue phonétiquement des réalisations phonétiques de /ø/ et /œ/ ou, *a fortiori*, qu'elle constitue un autre phonème. Or, comme le démontrent clairement les paires minimales citées ci-dessus, cela n'est absolument pas le cas. Donc, ce qu'on appelle *e* muet est une **voyelle latente**. Tout comme les consonnes latentes, elle peut être prononcée ou pas, selon certaines conditions. Lorsqu'elle est prononcée, elle ne diffère phonétiquement ni de /ø/ ni de /œ/. Tout comme le /T/, qui ne se distingue du phonème /t/ que par le fait qu'il peut être réalisé par le son [t] ou zéro, le *e* muet ne se distingue de /ø/ ou /œ/ ni sur le plan phonologique (en termes de contrastes) ni sur le plan phonétique. Pour ces raisons, nous transcrirons ce trait phonologique par le *e* majuscule, /E/. Pour résumer, /E/ est une voyelle latente qui, lorsqu'elle est réalisée, a un timbre identique à ceux des voyelles moyennes antérieures arrondies /ø/ et /œ/. Elle est réalisée par un son qui varie entre [ø] et [œ], et qui comprend aussi une voyelle centrale brève représentée par le signe [ə].

L'identification des *e* muets

Comment savoir si un mot contient /E/ ou pas? Comparons les séries de mots suivantes:

1. a) ces Slaves 'these Slavic people' /se slav/
    b) c'est cela 'that's that'   /se sla/ ou /se sø la/
    c) c'est ceux-là 'it's these'   /se sø la/

2. a) la craie 'chalk'   /la kʀɛ/
    b) la querelle 'quarrel'   /la kʀɛl/ ou /la kø ʀɛl/
    c) la cueillette 'harvest' /la kø jɛt/

Dans les exemples notés avec a), aucune voyelle n'interrompt le groupe de consonnes. Prononcer ces mots */sø lav/ ou */kø ʀɛ/ constituerait une erreur au niveau lexical. De même, il serait faux de prononcer les mots des exemples notés avec c) sans la voyelle: */sla/ et */kjɛt/. Dans les exemples notés avec b) les mots se distinguent par le fait qu'ils peuvent se prononcer avec /ø/ ou sans voyelle.

On pourrait avancer le principe que tout mot pouvant être prononcé avec [ø] ou [œ], d'une part, et zéro ([ ]), d'autre part, contient /E/. Ce principe s'applique dans la plupart des cas qui sont traditionnellement considérés comme contenant le *e* muet, par exemple, les mots outils *je, me, te, se, ne, le, ce, de, que; petite, cela; nous ferons, vous serez.* Mais cette définition de /E/ pose problème pour des mots contenant un /E/ interne, comme *samedi* et *mercredi*, par exemple. Dans le cas de *samedi*, la prononciation avec la voyelle est rare, et le mot est généralement prononcé /samdi/. C'est le contraire dans le cas de *mercredi*. Le mot est seulement prononcé avec la voyelle, /mɛʀkʀødi/, jamais */mɛʀkʀdi/. Le problème se pose aussi dans le cas de mots, autres que les mots-outils composés d'une consonne + /E/, qui se terminent en /E/, par exemple, *rouge, humide, je chante, la cloche.* Excepté dans un style très soutenu, tel celui adopté dans la lecture de poèmes, ou dans une prononciation méridionale, le /E/ de ces mots est rarement prononcé.

Il est donc plus facile d'identifier les *e* muets (/E/) à partir de l'orthographe en partant de la règle générale suivante:

> La lettre *e* (sans accent) représente le *e* muet quand elle se trouve en fin de syllabe.

Voici divers cas de figure:

1. Entre deux consonnes écrites:

> seul**e**ment, sam**e**di, nous f**e**rons, la g**e**lée

2. Entre une consonne écrite et un groupe de consonnes du type occlusive ou /f/ et /v/ + liquide (/l/ ou /ʀ/); pour abréger nous indiquerons ce type de groupe de consonnes par la formule K + L:

> mercredi, autrement, le tremblement, la reprise, le refrain

3. Dans des monosyllabes, contenant une seule consonne:

> je, me, te, se, de, le, ce, ne, que

4. En fin de mot:

> rouge, la cloche, le môle, l'orgue, autre, la table

En général, lorsque la lettre *e* est suivie de deux consonnes écrites qui ne forment pas un groupe du type K + L (voir ci-dessus), elle représente la voyelle /ɛ/, prononcée [e] ou [ɛ] selon le type de syllabe dans laquelle se trouve cette voyelle:

> l'effet /le fɛ/, je verrai /ve ʀe/, essoufflé /e su fle/, le dessert /de sɛʀ/, l'estomac /lɛs to ma/, l'espoir /lɛs pwaʀ/

Il faut retenir quelques cas exceptionnels:

1. Les cas où *e* + *ss* représente /E/:

> — après le préfixe *re*-: ressortir /ʀsɔʀ tiʀ/ ou /ʀø sɔʀ tiʀ/, ressembler /ʀsã ble/ ou /ʀø sã ble/ (mais ressusciter /ʀe sy si te/)
>
> — quelques mots comme: dessus /dsy/ ou /dø sy/, dessous /dsu/ ou /dø su/, le ressort /ʀsɔʀ/ ou /ʀø sɔʀ/, la ressource /ʀsuʀs/ ou /ʀø suʀs/

2. Les cas où /E/ ne s'écrit pas avec *e*:

> **Mon**sieur /msjø/ ou /mø sjø/, nous **fai**sons /fzõ/ ou /fø zõ/ et autres formes de *faire*: *il faisait* /fzɛ/ ou /føzɛ/. Notez toutefois que *le faisan* /fø zã/ ne contient pas de /E/.

3. Les cas de *e* représentant /E/ devant un *h* interne; dans ce cas le /E/ est toujours prononcé (voir Règle 2 ci-dessous):

> dehors /dø ɔʀ/, rehausser /ʀø o se/

4. Les cas où *e* ne représente pas /E/; en effet, on doit prononcer *gaiement* /ge mã/ ou /gɛ mã/, mais jamais */ge ø mã/, par exemple:

> gaiement, douceâtre, mangeons, le plongeon

NOTES:

1. Certains locuteurs ont un /E/ dans *déjeuner*, qu'ils prononcent
/de ʒne/ ou /de ʒø ne/.

2. Dans les noms propres *e* représente une voyelle prononcée variablement /E/, /e/ ou
/ɛ/: Mitterrand /mi tʀã/, /mi tø ʀã/, /mi te ʀã/ ou /mi tɛ ʀã/; Rejean /ʀø ʒã/ ou
/ʀe ʒã/

Le timbre de /E/

Puisque /E/ est un phonème latent, il peut être prononcé ou pas. Lorsqu'il se
prononce, quel est son timbre? D'abord, il est important de constater que /E/ se
réalise par /ø/ généralement en syllabe interne. Il apparaît en fin de mot seulement dans le pronom objet *le* (dis-le /di lø/) et dans l'expression *sur ce* (/syʀ
sø/); dans ces cas, il est toujours prononcé. Le fait qu'il n'apparaît qu'exceptionnellement en syllabe finale indique que /E/ n'est pas une voyelle comme les
autres; toutes les autres voyelles se retrouvent en syllabe finale et en syllabe
interne. Rappelons qu'en syllabe interne la distinction entre /ø/ et /œ/ est neutralisée. Pour les locuteurs qui suivent la Loi de Position, le timbre dépend de la
nature de la syllabe. Pour ceux qui distinguent les deux phonèmes, le timbre
varie entre [ø] et [œ]. Pour les apprenants, il vaut mieux suivre la Loi de
Position: [ø] en syllabe ouverte et [œ] en syllabe fermée:

> mercredi [mɛʀ kʀø di] vs. je le regarde [ʒœl ʀø gaʀd]

Lorsqu'il est réalisé, quel que soit son timbre, /E/ a la valeur pleine d'une
voyelle. Ce n'est pas une voyelle réduite comme celle qui se trouve dans la
dernière syllabe des mots anglais comme *visa*, *furnace*, *bogus* ou dans les syllabes inaccentuées de mots comme *Alabama* ou *Canada*. Ainsi, si /E/ était
prononcé dans *je dis*, la prononciation de ce groupe de mots ne se distinguerait
pas de celle du mot *jeudi*. De même, s'il était prononcé dans *le retour*, la
prononciation serait identique à celle de *leur tour*. Toutefois, il ne faut pas confondre le /E/ avec la détente emphatique des consonnes finales. Dans *sept*
[sɛtˀ], il n'y a pas de /E/ final. Le [tˀ] est une variante de /t/.

12.2 RÈGLES POUR LA PRONONCIATION DE /E/

Les étrangers ont tendance à prononcer trop de /E/. Il vaut donc mieux partir
du principe qu'en général tout *e* écrit ne se prononce pas et, ensuite, appliquer
une série de règles qui favorise la prononciation de /E/. Prenons la phrase:

Micheline ne parle pas allemand mais elle le comprend parfaitement.

Sur les huit /E/ que contient cette phrase, seulement deux, celui de *ne* et *le*, seraient prononcés dans le style familier:

/miʃ lin nø paʀ lpa al mã me ɛl lø kõ pʀã paʀ fɛt mã/

Seulement un troisième /E/, celui de *parle*, serait prononcé dans un style plus soutenu:

/miʃ lin nø paʀ lø pa al mã me zɛl lø kõ pʀã paʀ fɛt mã/

Nous divisons les règles en deux groupes: (1) les **règles catégoriques** ou **absolues**, où le /E/ est toujours prononcé; (2) les **règles variables** où sa prononciation dépend d'un nombre de facteurs phonologiques, rythmiques, syntaxiques, lexicaux et stylistiques plus complexes que ceux qui déterminent la liaison. Dans le cas des règles catégoriques, la non-prononciation de /E/ conduit à des erreurs graves. Dans le cas des règles variables, la non-prononciation du /E/ produit tout simplement un parler plutôt familier. Il vaut mieux, toutefois, qu'un apprenant s'en tienne à une prononciation de style plus soutenu que celle des locuteurs natifs.

La plupart des règles pour la prononciation de /E/ sont variables. La raison en est la multiplicité des facteurs en présence. Pour ne considérer que l'influence de la structure rythmique, prenons l'exemple du pronom objet *le* /lE/. Le /E/ serait prononcé lorsque le mot se trouve au début ou à la fin d'un groupe rythmique: *Le veux-tu?* /lø vø ty/ et *Fais-le!* /fɛ lø/, mais pas lorsque le mot se trouve à l'intérieur: *Mais le veux-tu?* /me lvø ty/.

Règles catégoriques

Règle 1: Elision de /E/ devant voyelles

Dans les neuf mots outils *je, me, te, se, ne, le, ce, de, que*, /E/ n'est pas prononcé. Par ailleurs, dans l'orthographe il est remplacé par l'apostrophe lorsqu'il se trouve devant un mot commençant par une voyelle. La non-représentation de /E/ par la lettre *e* dans ce cas est exceptionnelle, car il apparaît dans tous les autres mots, même lorsque sa probabilité de maintien est faible, comme c'est le cas de la plupart des huit /E/ de la phrase donnée en exemple ci-dessus. Ce cas spécial s'appelle l'**élision**, bien que, comme nous le verrons en 12.3, d'autres voyelles sont sujettes à ce phénomène à la fois phonologique et orthographique. Comparez:

le restaurant   l'hôtel
il ne parle pas   il n'avance pas

pas de crédit	pas d'argent
je pars	j'arrive
que dit-il	qu'est-ce qu'il dit

Il ne faut pas conclure que les /E/, représentés par l'orthographe dans les formes de la colonne de gauche, sont généralement prononcés. En fait, les probabilités de prononciation varient entre presque zéro pour cent pour *pas de crédit* et presque cent pour cent pour *que dit-il*. La différence entre les cas d'élision et ceux où la lettre *e* apparaît est que la non-prononciation de /E/ est absolue pour les premiers et variable pour les derniers. Bien que rare, la non-prononciation du /E/ de *que* est possible, par exemple, dans:

Mais que fait-il? /me kfe til/ ou /me kø fe til/

Règle 2: /E/ devant *h* aspiré

Non seulement les mots contenant un *h* aspiré empêchent la liaison, ils requièrent la prononciation de /E/. Nous avons vu (10.5) que certains mots écrits sans lettre *h* initiale, tels que *un* et *onze*, contiennent un *h* aspiré. Comparez:

l'ami /la mi/	le hameau /lø a mo/
l'hiver /li vɛR/	le hibou /lø i bu/
l'oncle /lõkl/	le onze /lø õz/
il n'ose pas /il noz pa/	il ne hausse pas /il nø os pa/
beaucoup d'eau /bo ku do/	beaucoup de hauts (et de bas)
	/bo ku dø o/

Il faut signaler toutefois que le comportement des /E/ devant *h* aspiré peut être influencé par le facteur rythmique. La règle 2 n'est en fait catégorique que pour les /E/ des mots-outils monosyllabiques. Devant un *h* aspiré, les /E/ en position finale d'autres mots peuvent être omis. Cependant ils sont généralement prononcés:

un énorme hibou /ẽ ne noR mø i bu/ ou /ẽ ne noR mi bu/
une halte /y nø alt/ ou /y nalt/

Règles variables

Nous présenterons les règles variables selon l'ordre descendant de probabilité. Par exemple, pour la première règle variable, la probabilité de prononciation de /E/ est de l'ordre de presque cent pour cent.

Règle 3: /E/ devant les séquences /ʀ/, /l/, /m/, ou /n/ + /j/

Il est rare que /E/ ne soit pas prononcé lorsqu'il précède les séquences composées d'une liquide (/ʀ/, /l/) ou d'une nasale (/m/, /n/) plus la semi-voyelle /j/. Dans les mots de la colonne de droite, qui contiennent la semi-voyelle, /E/ est prononcé:

la chapelure /ʃa plyʀ/	le chapelier /ʃa pø lje/
Richelet /ʀi ʃlɛ/	Richelieu /ʀi ʃø ljø/
vous menez /vu mne/	vous meniez /vu mø nje/
nous semons /nu smõ/	nous semions /nu sø mjõ/

Les séquences composées d'une liquide plus /j/ se retrouvent dans les formes de la première et de la deuxième personne du pluriel du conditionnel. Comparez le comportement des formes correspondantes du futur et du conditionnel:

vous ferez /vu fʀe/	vous feriez /vu fø ʀje/
nous serons /nu sʀõ/	nous serions /nu sø ʀjõ/

Le /E/ est aussi prononcé devant la séquence /l/+ la semi-voyelle /ɥ/. Comparez:

Tu le loues. /ty llu/	Tu le lui loues. /ty lø lɥi lu/

Règle 4: La Règle des trois consonnes

La Règle des trois consonnes constitue l'un des principes de base du comportement de /E/ dans les groupes de mot. Le terme prête à confusion car il décrit un principe général plutôt qu'une "loi" ou même une règle catégorique. Ce principe est fondé sur le lien entre le nombre et le type de consonnes qui précèdent ou qui suivent les /E/ se trouvant entre deux mots ou en position interne. Dans sa formulation originale la Règle des trois consonnes déclare que tout /E/ doit se prononcer si sa chute (c'est à dire, sa non-prononciation) conduisait à la formation de groupes de trois consonnes ou plus. Or, ces types de groupes sont assez fréquents en français. Les exemples suivants montrent des groupes de trois, et même de quatre, consonnes:

C'est le train.   /sel tʀẽ/
Nous le prenons.   /nul pʀø nõ/
C'est un express.   /se tẽ nɛk spʀɛs/

La Règle 4 a la forme suivante: un /E/ est prononcé s'il est précédé de deux consonnes et suivi d'une autre consonne. Peut-être est-il utile de rappeler qu'il s'agit bien sûr de consonnes prononcées et non pas de lettres. Dans la phrase *Elles vont venir* de l'exemple ci-dessous, le *t* final de *vont* ne compte pas puisqu'il n'est pas prononcé:

1. C C E C   V   C E C
    I l   r *e* **v** ient   vs.   J **ean**   r *e* **v** ient

    /il ʁø vjɛ̃/   /ʒɑ̃ ʁvjɛ̃/

2.   V C C E C   V   C E C
    Elles v eu **l** ent **v** *e* **n** ir   vs.   Elles v **ont** **v** *e* **n**   ir

    /ɛl vœl vø niʁ/   /ɛl võ vniʁ/

Dans les exemples de gauche, /E/ est précédé de deux consonnes tandis que dans ceux de droite, il est précédé d'une seule consonne. Ainsi il sera prononcé dans *Il revient*, où il est précédé de /l/ + /ʁ/, mais pas dans *Jean revient*, où il est précédé de seulement /ʁ/; dans *Elles veulent venir*, où il est précédé de /l/ + /v/, mais pas dans *Elles vont venir*, où il est précédé seulement de /v/.

La Règle des trois consonnes s'applique aux /E/ en position initiale, interne et finale. Dans les paires suivantes, la Règle s'applique au deuxième membre:

INITIALE:	deux dᶒmandes	vs.	une nouvelle demande
INTERNE:	facilᶒment	vs.	simplement
FINALE:	unᶒ maison	vs.	une énorme maison

Règle 4a: La Règle des trois consonnes et les groupes K + L

Les groupes de consonnes du type K + L (occlusive ou /f/ et /v/ plus liquide) fonctionnent comme deux consonnes dans l'application de la Règle des trois consonnes. Comparez:

nous monterons /nu mõ tʁõ/	nous montrerons /nu mõ tʁø ʁõ/
samedi /sam di/	vendredi /vã dʁø di/
seulement /sœl mã/	simplement /sɛ̃ plø mã/
une enveloppe /y nãv lɔp/	pauvrement /po vʁø mã/

A la fin des mots, /E/ se prononce lorsqu'il se retrouve entre ce type de groupe de consonnes et un mot commençant par une consonne. Comparez:

votre ami /vo tʀa mi/   votre frère /vo tʀø fʀɛʀ/

Mais dans le style familier, la liquide tombe, et le /E/ ne se prononce pas. Comparez:

Style soutenu   *Style familier*

/no tʀø fʀɛʀ/   notre frère   /nɔt fʀɛʀ/
/la ta blø ʀõd/   la table ronde   /la tab ʀõd/

Au début d'un mot, les groupes de consonnes du type K + L fonctionnent comme une seule consonne, et la Règle des trois consonnes n'est pas applicable. Cela veut dire que le /E/ a tendance à ne pas être prononcé dans ce contexte:

Règle 4b: Restrictions à l'application de la Règle des trois consonnes

La Règle des trois consonnes est variable. Pour qu'elle tienne mieux compte du comportement observable des francophones, il est nécessaire d'y apporter quelques restrictions.

1. Force d'articulation des consonnes

A l'intérieur et à la fin des mots, les groupes de consonnes du type /ʀ/ + consonne fonctionnent comme une seule consonne, et la prononciation de /E/ est fréquente:

Dans ce type de groupe de consonnes, la force articulatoire de la consonne qui suit /ʀ/ est un facteur important. L'échelle de force articulatoire des consonnes, des plus fortes aux plus faibles, est la suivante:

occlusive → fricative → nasale → liquide
sourde → sonore

Ainsi une occlusive (comme /p/) est plus forte qu'une fricative (comme /s/), et une fricative sourde (comme /f/) est plus forte qu'une fricative sonore (comme /v/). Plus la consonne qui suit /E/ est forte, plus la probabilité de sa prononciation augmente. Les trois séries d'exemples suivantes sont classées dans l'ordre croissant de probabilité de prononciation de /E/. Dans ces séries, la probabilité de prononciation de /E/ augmente au fur et à mesure que l'on progresse dans l'échelle de force articulatoire des consonnes: nasale sonore (/m/) → fricative sourde (/s/) → occlusive sonore (/d/) → occlusive sourde (/t/):

A L'INTÉRIEUR D'UN MOT	ENTRE LES MOTS
− nous les formerons	il forme des étudiants
le gouvernement	il gouverne mal
nous les forcerons	elle force son choix
nous les garderons	il garde les otages
un appartement	des cartes truquées
+ nous les porterons	il porte les bagages

2. Facteurs rythmiques

Les facteurs rythmiques jouent un rôle important dans l'application de la Règle des trois consonnes. La probabilité de prononciation de /E/ augmente si le mot qui le suit constitue la dernière syllabe du groupe rythmique. Dans les deux séries d'exemples suivantes, les groupes rythmiques diffèrent selon le nombre de syllabes du mot qui suit /E/. Dans la colonne de gauche, le mot contient une syllabe; dans la colonne de droite, il en contient deux ou plus. La première série montre des mots-composés, et la deuxième, des groupes nominaux ou des groupes verbaux. La cadence des divers groupes rythmiques est indiquée; notez que dans tous les exemples de la colonne de gauche, /E/ se trouve dans l'avant dernière syllabe:

a) un porte-clé	− − E =	un porte-monnaie	− − − =
le garde-fou	− − E =	le garde-frontière	− − − =
b) une arme courte	− − E =	une arme défensive	− − − − =
une carte grise	− − E =	une carte routière	− − − =
on parle fort	− − E =	on parle lentement	− − − =

3. L'insertion de /E/

Dans certains cas, un /E/ est inséré à la fin de mots se terminant par des groupes de consonnes pour éviter la rencontre de plus de trois consonnes:

un film /ẽ film/   un film policier /ẽ fil mø po li sje/
ex /ɛks/   l'ex-champion /lɛk sø ʃã pjõ/
l'ours /luʀs/   l'ours blanc /luʀ sø blã/
l'arc /laʀk/   l'Arc de Triomphe /laʀ kø dø tʀi õf/

Règle 4c: La Règle des trois consonnes simplifiée

Il est possible de formuler la Règle des trois consonnes de manière à rendre plus facile son application dans certains cas, en particulier celui des mots outils monosyllabiques et du préfixe *re-*:

Lorsque le mot qui contient un /E/ (lui-même suivi d'une ou de plusieurs consonnes) est précédé d'un mot se terminant par une consonne, /E/ est prononcé. S'il se termine par une voyelle, /E/ n'est pas prononcé. Comparez:

VOYELLE   CONSONNE

Guy me parle. /gi m paʀl/   Paul me parle. /pɔl mø paʀl/
Tu me téléphones? /ty m te le fɔn/   Il me téléphone? /il mø te le fɔn/
Vous repartez? /vu ʀpaʀ te/   Elles repartent? /el ʀø paʀt/

Il n'est nullement besoin de compter le nombre de consonnes qui précèdent /E/. Il suffit de déterminer si le mot précédent finit par une consonne ou une voyelle.

Règle 5: /E/ en position initiale

/E/ est prononcé dans la syllabe initiale d'un groupe rythmique lorsqu'il suit les occlusives sourdes, /p, t, k/:

Petit, viens donc!   /pø tit vjẽ dõ/
Te l'a-t-il dit?   /tø la til di/
Que dites-vous?   /kø dit vu/

Toutefois, la position initiale a tendance à augmenter la probabilité de prononciation de /E/. Nous avons vu que l'un des facteurs contribuant à sa réalisation est la force articulatoire de la consonne qui le suit. Les occlusives, les nasales et /l/ favorisent sa réalisation, tandis que les fricatives et /ʀ/ favorisent sa chute. Comparez (les /E/ généralement prononcés sont indiqués en caractères gras):

De le savoir me réjouit.   Je m'inquiète beaucoup.
Que faisiez-vous?   Se fatigue-t-elle?
Ne mentez pas!   Recommencez!

Lorsque /E/ se trouve dans la syllabe initiale d'un mot à l'intérieur d'un groupe rythmique, la Règle des trois consonnes s'applique. Dans les exemples suivants, la probabilité de prononciation de /E/ est très élevée dans la forme impérative *Tenez*, puisqu'elle se trouve au début d'un groupe rythmique. Mais elle décroît dans le forme indicative *Vous tenez*, puisque /E/ se trouve à l'intérieur du groupe rythmique. Dans *Elles veulent tenir*, la Règle des trois consonnes s'applique, et /E/ est prononcé:

> Tenez! /tø ne/   Vous tenez. /vu tne/
> Elles veulent tenir. /ɛl vœl tø niʀ/

Règle 6: /E/ dans les groupes figés

/E/ peut se retrouver dans plusieurs syllabes successives, à l'intérieur de mots, par exemple, *ressemeler,* ou dans un groupe de mots dont certains sont des mots-outils monosyllabiques, par exemple, *je ne te le redemande pas.* Nous considérons d'abord les séquences de /E/ successifs contenues dans les combinaisons de deux mots-outils, telles que *je ne* ou *ce que.* Ces combinaisons se divisent en deux groupes, selon la différence de force articulatoire des consonnes qui précèdent les deux /E/. Le /E/ précédé de la consonne la plus forte des deux est prononcé et l'autre tombe:

CONSONNE PLUS FORTE EN PREMIÈRE POSITION	CONSONNE PLUS FORTE EN DEUXIÈME POSITION
te le: Il te le dit. /il tø ldi/	ce que: Ce que je dis.
de ne: De ne pas le dire.	/skø ʒdi/
/dø npa ldiʀ/	je te: Je te pousse.
ce ne: Ce ne sera pas lui.	/ʒtø pus/
/sø n sø ʀa pa lɥi/	
je ne: Je ne veux pas. /ʒø nvø pa/	
ne le: Ne le dites pas. /nøl dit pa/	

Règle 7: /E/ en séries

Dans les séquences de plus de deux /E/ successifs, il faut commencer par l'application de la Règle 6 (Groupes figés). Ensuite, la prononciation des /E/ est alternée. Par exemple, si on prononce le premier, on laisse tomber le deuxième, on prononce le troisième, on laisse tomber le quatrième, etc. Dans les exemples ci-dessous, où est illustrée l'application de cette règle, les /E/ successifs sont numérotés. Les /E/ prononcés sont soulignés:

    a) J<u>e</u> ne t<u>e</u> le r<u>e</u>demande pas.   /ʒø ntø lʁø dmãd pa/
        1 2 3 4 5 6

    b) Ce qu<u>e</u> je t<u>e</u> demande.   /skø ʒtø dmãd/
        1   2 3 4 5

    c) Il n<u>e</u> le d<u>e</u>mande pas.   /il nø ldø mãd pa/
         1 2 3

    d) On ne s<u>e</u> le r<u>e</u>demande pas.   /õn sø lʁø dmãd pa/
          1 2 3 4 5

Variation

Comme les Règles 2 à 7 sont variables, plus il y a de /E/ dans un énoncé, plus il y a de réalisations différentes possibles. Par exemple, selon la structure rythmique de l'énoncé global, le style, les éléments de la phrase que le locuteur veut souligner, etc., dans un groupe rythmique contenant plusieurs /E/ successifs, tel que *ce que je te demande*, le même /E/ peut avoir diverses réalisations. Comparez (les /E/ prononcés sont soulignés):

       Ce qu<u>e</u> je t<u>e</u> demande, c'est de t<u>e</u> taire!
       /skø **ʒtø dmãd** se dtø tɛʁ/

à

       Ce n'est pas du tout ce qu<u>e</u> je t<u>e</u> d<u>e</u>mande!
       /sne pa dy tu skø **ʒtø** dø mãd/

Dans la première phrase, *je te demande* contient l'information connue et *de te taire* l'information nouvelle; la phrase *je te demande* ne constitue pas l'élément le plus important au point de vue communicatif. Par contre, dans la deuxième phrase, c'est *je te demande* qui constitue l'élément central. Cela explique pourquoi le premier /E/ de *demande* est prononcé.

    Les règles pour la prononciation de /E/ interagissent avec d'autres phénomènes phonologiques du français. Par exemple, la forme usuelle des pronoms sujets de la troisième personne est, pour *ils*, /iz/ devant voyelle et /i/ devant consonne, et pour *il*, /il/ devant voyelle et /i/ devant consonne, par exemple: *il dit* /i di/ vs. *il a* /i la/; *ils vont* /i võ/ vs. *ils ont* /i zõ/. L'utilisation de la forme du style familier ou du style soutenu de ces pronoms aura une influence sur l'application des règles pour la prononciation de /E/. Comparez:

	STYLE SOUTENU	STYLE FAMILIER
il me le donne	/**il** mœl dɔn/	/**i** mlø dɔn/
ils ne te le demandent pas	/**il** nø tlø dmãd pa/	/**i** ntø ldø mãd pa/

Les règles que nous avons formulées n'ont nullement la prétention de prévoir la façon dont un certain francophone dans un acte de parole particulier prononcera tel ou tel /E/. Elles permettent néanmoins de prévoir la fréquence relative de la prononciation de /E/ dans les divers contextes rythmiques, phonologiques et syntaxiques indiqués. Surtout, elles sont destinées à servir de guide sûr pour une prononciation qui se rapproche de celle des locuteurs qui suivent la norme du FS.

12.3 L'ÉLISION ET L'EFFACEMENT

Le terme d'**élision** est habituellement utilisé pour décrire un phénomène phonologique et orthographique: la chute d'une voyelle et son remplacement par l'apostrophe. Au contraire de /E/, pour lequel l'élision est une caractéristique générale, il est exceptionnel pour les autres voyelles. Seulement les voyelles /a/ et /i/ sont sujettes à l'élision, mais elles ne sont élidées que dans quelques contextes phonologiques limités. A côté de l'élision il existe un phénomène purement oral: la chute (ou l'effacement) de la voyelle n'est pas accompagnée de changement orthographique. Nous appellerons ce phénomène l'**effacement**. Une différence entre l'élision et l'effacement est que celui-ci est variable tandis que celle-là est catégorique.

Elision

1. /E/ dans les mots-outils monosyllabiques: *je, me, te, se, le, ce, ne, de, que* (voir 12.2, Règle 1);

2. /a/ du déterminant féminin singulier *la*: *la maison* vs. *l'auberge*;

3. /a/ du pronom complément d'objet direct de la troisième personne singulier féminin *la*: *la chemise, il la prend* vs. *il l'achète*; nous verrons dans 12.4 ci-dessous que l'élision ne s'étend pas à toutes les occurrences du pronom *la* mais seulement à sa forme atone;

4. /i/ de la conjonction *si*, mais seulement devant la forme sujet des pronoms masculins de la troisième personne, *il* et *ils*: *si on part, si elle arrive* vs. *s'il part, s'ils arrivent*.

Effacement

Outre les nombreux cas d'effacement de /E/ décrits dans ce chapitre, deux autres formes sont généralement élidées dans le style familier:

1. Le pronom sujet de la deuxième personne singulier *tu*:
   Qu'est-ce que tu as/t'as dit? /ty a di/ ou /ta di/

2. Le pronom relatif animé *qui*:
   C'est lui qui/qu'a dit ça? /se lчi ki a di sa/ ou /se lчi ka di sa/

12.4 LA PRONONCIATION DU PRONOM *LE*

La prononciation du /E/ contenu dans le pronom complément d'objet direct *le* varie selon que cette forme se trouve placée avant ou après le verbe; il est prononcé variablement devant le verbe mais il est obligatoirement prononcé lorsqu'il est placé après:

Bruno le nettoie.	/bʀy nol ne twa/	Nettoie-le. /ne twa lø/
	ou /bʀy no lø ne twa/	
Tu me le donnes?	/ty møl dɔn/	Donne-le-moi. /dɔn lø mwa/
	ou /ty mø lø dɔn/	

Pour expliquer cette variation, il faut comparer ce pronom aux formes correspondantes des pronoms de la première et de la deuxième personne du singulier, *me* et *te*, d'une part, et *moi* et *toi*, d'autre part. *Me* et *te* sont des formes **atones** ou **clitiques**, composées d'une consonne plus /E/. Placées devant le verbe, elles n'apparaissent jamais à la fin d'un groupe rythmique. Par contre, les formes *moi* et *toi*, composées d'une voyelle pleine et placées après le verbe, se retrouvent seulement à la fin d'un groupe rythmique:

Tu **me** le donnes.	/ty møl dɔn/	Donne-le-**moi**! /dɔn lø mwa/
Nous **te** regardons.	/nu tʀø gaʀ dõ/	Regarde-**toi**! /ʀø gaʀd twa/

Nous observons que lorsqu'elles sont placées après le verbe, dans les constructions impératives, les formes *la* et *le* correspondent aux formes toniques *moi* et *toi*. Cela explique pourquoi elles ne sont jamais élidées. C'est précisément leur comportement face aux règles de prononciation du /E/ muet et de l'élision qui révèle la différence profonde qui existe entre les formes clitiques et toniques du pronom de la troisième personne:

Tu le donnes. /tyl dɔn/	Donne-le à Pierre! /dɔn lø/
	*Donne-l' à Pierre! /dɔn la pjɛʀ/
Tu l'invites. /ty lẽ vit/	Invite-le! /ẽ vit lø/
Tu la prends. /ty la pʀã/	Prends-la! /pʀã la/

(la porte) Tu l'ouvres. /ty luvʀ/   Ouvre-**la**! /u vʀø la/
                                      Fais-**la** entrer. /fe la ã tʀe/
                                      *Fais-l'entrer! /fe lã tʀe/

Après le verbe, on doit utiliser la forme tonique des pronoms objets des trois personnes du singulier. Pour la troisième personne, les formes toniques se distinguent des formes clitiques par le fait qu'elles ne peuvent être ni élidées ni prononcées sans le /E/. Elles doivent contenir une voyelle pleine et former une syllabe devant consonne ou devant voyelle.

Les semi-voyelles

13.1 LES SEMI-VOYELLES

Les semi-voyelles /j/, /ɥ/ et /w/ occupent une place intermédiaire entre les voyelles et les consonnes. Comme les consonnes, elles ne peuvent pas former le noyau d'une syllabe. Mais du point de vue articulatoire, elles se rapprochent des voyelles fermées /i/, /y/ et /u/. D'ailleurs, dans la plupart des cas, elles s'écrivent comme ces phonèmes: *i, u, ou*: *si* /si/ vs. *scier* /sje/, *lu* /ly/ vs. *lui* /lɥi/, *nous* /nu/ vs. *nouer* /nwe/.

Articulation

Pour produire les semi-voyelles, il faut partir de la position articulatoire de la voyelle fermée correspondante: /i/→/j/, /y/→/ɥ/, /u/→/w/, et faire un mouvement rapide de la langue vers le palais. La production des semi-voyelles est accompagnée d'une faible constriction du canal articulatoire, voir la Figure 13.1.

Distribution

Les semi-voyelles se retrouvent généralement entre une consonne et une voyelle, voir la Figure 13.2 où l'on compare la distribution des semi-voyelles et des liquides (/ʀ/ et /l/). En effet, les liquides et les semi-voyelles ont un statut intermédiaire entre les consonnes et les voyelles. A l'exception de /j/, les semi-

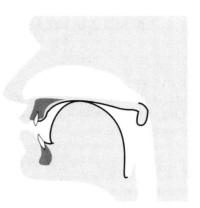

Figure 13.1 Position articulatoire de /i/ et /j/

voyelles n'apparaissent pas à la fin des mots ou entre deux voyelles. Rappelons que les groupes de consonnes du type K + L sont composés d'une occlusive (/p, t, k, b, d, g/) ou /f/ et /v/ plus une liquide (/l/ ou /ʀ/).

FIGURE 13.2

DISTRIBUTION DES SEMI-VOYELLES COMPARÉE À CELLE DE /l/ ET /ʀ/

	Phonème				
	/ɥ/	/w/	/j/	/ʀ/	/l/
Position dans le mot					
Après les groupes de consonnes du type K + L	fruit /fʀ ɥi/	froid /fʀwa/			
Après une consonne	puis /pɥi/	pois /pwa/	pièce /pjɛs/	près /pʀɛ/	plaît /plɛ/
Au début des mots	huit /ɥit/	oiseau /wa zo/	iode /jɔd/	reine /ʀɛn/	laine /lɛn/
Intervocalique*			griller /gʀi je/	tirer /ti ʀe/	filer /fi le/
En fin de syllabe			pailleté /paj te/	partout /paʀ tu/	paletot /pal to/
A la fin des mots			paille /paj/	par /paʀ/	pâle /pɑl/

*NOTE: Il n'existe que deux mots relativement rares où /w/ se retrouve en position intervocalique: *kawa* /kawa/ (ou *kava* /kava/) 'une sorte de poivrier qui pousse aux îles Marquises et aux îles Hawaii', ainsi que *k-way* /kawe/ 'une sorte de blouson imperméable'.

13.2 LA SEMI-VOYELLE /j/ EN POSITION FINALE

/j/ se distingue des deux autres semi-voyelles par sa distribution. Elle se comporte comme une consonne puisqu'elle se retrouve à la fin des mots (*paille* /paj/) et également à l'intérieur des mots (à la fin d'une syllabe: *pailleté* /pajte/). Il est donc utile de distinguer entre sa fonction de consonne et sa fonction de semi-voyelle.

Contrastes entre /j/ et /i/

A la fin des mots, /j/ s'oppose à sa voyelle correspondante /i/: *le pays* /pe i/ 'country' vs. *la paye* /pɛj/ 'pay', *l'abbaye* /la be i/ 'abbey' vs. *l'abeille* /la bɛj/ 'bee'. Dans *l'abbaye*, /i/ forme une syllabe distincte, tandis que dans *l'abeille*, /j/ ferme la syllabe dont le noyau est composé de /i/. A la fin des mots /j/ se retrouve après seulement certaines voyelles:

/i/	la fille, la vanille
/ɛ/	la paye, une merveille
/a/	la paille, le travail
/œ/	l'œil, la feuille
/u/	la fouille, la grenouille

Articulation

En position finale, le phonème /j/ est produit avec une plus forte tension que son homologue anglais: comparez le mot anglais *pie* /paj/ et le mot français *paille* /paj/. Comme toutes les consonnes finales, il est produit avec une détente très nette.

Orthographe

En position finale, /j/ s'écrit:

1. *-lle* après la voyelle /i/: *la fille, la quille, il brille*;

2. a) *-il* après les autres voyelles dans les noms masculins et le masculin des adjectifs: *le conseil, le seuil, l'œil, le bail, le travail*; *vieil, pareil*;

   b) *-ille* après les voyelles autres que /i/ dans diverses formes, y compris les verbes, les noms et le féminin des adjectifs: *il veille, il travaille, ça mouille*; *la feuille, la paille*; *vieille, pareille*;

3. *-ye* dans le mot *la paye*.

La graphie *ille* est ambiguë car elle représente les séquences de sons /il/ et /ij/: *la ville* /vil/ vs. *la fille* /fij/, *il distille* /distil/ vs. *il brille* /brij/. Dans la plupart des cas, cette graphie se prononce /ij/, en particulier dans les verbes. Comparez: *gaspiller* /gaspije/, *habiller* /abije/, *scintiller* /sɛ̃tije/ vs. *distiller* /distile/.

FIGURE 13.3

L'ORTHOGRAPHE DES DIVERSES SÉQUENCES VOYELLE + /j/

/aj/	-ail	l'ail	le travail	le rail
	-aille	il vaille	la maille	les fiançailles
/ɛj/	-eil	le soleil	vieil	pareil
	-eille	l'abeille	vieille	pareille, il veille
/œj/	-euil	le seuil	l'écureuil	le fauteuil
	-ueil	l'orgueil		
	-œil	l'œil		
/uj/	-ouil	le fenouil		
	-ouille	les nouilles	la grenouille	il fouille

13.3 /j/ EN POSITION INTERVOCALIQUE

Comme les consonnes, la semi-voyelle /j/ se retrouve entre deux voyelles à l'intérieur des mots: *mouiller* /mu je/, *caillou* /ka ju/, *noyer* /nwa je/. Dans cette position, elle est produite avec une plus forte tension articulatoire que son homologue anglais; comparez la prononciation du mot anglais *royal* /róʷjəl/ et de son homologue français *royal* /ʀwajal/.

Dans de nombreux cas, la présence de /j/ en position intervocalique résulte de l'adjonction de suffixes ou de désinences grammaticales à un mot de base se terminant en /j/ ou en /wa/:

le travail	/tʀavaj/	travailler	/tʀavaje/
le réveil	/ʀevɛj/	réveiller	/ʀevɛje/
un envoi	/ɑ̃vwa/	envoyer	/ɑ̃vwaje/
je crois	/kʀwa/	nous croyons	/kʀwajõ/
la joie	/ʒwa/	joyeuse, joyeux	/ʒwajø(z)/
le roi	/ʀwa/	royal, -e	/ʀwajal/
la raie	/ʀɛ/	rayer	/ʀɛje/ (ou /ʀeje/ par neutralisation)

La relation lexicale ou grammaticale entre ces paires de formes est reflétée par la façon dont /j/ s'écrit:

1. *-ll-* après la voyelle /i/: brille/brillante, pille/piller, fille/filleul

2. *-y-* en général quand la forme de base se termine avec *-oi* /wa/, *-ai* /ɛ/ ou *-ui* /ɥi/:

> /wa/ ↔ /waj/ *oy*
>> la soie /swa/ → soyeux /swajø/
>> la loi /lwa/ → loyal /lwajal/
>> je crois /kʀwa/ → la croyance /kʀwajãs/
>
> /ɛ/ ↔ /ɛj/ ou /ej/ *ay*
>> le balai /balɛ/ → balayer /baleje/
>> la raie /ʀɛ/ → rayer /ʀeje/
>> la craie /kʀɛ/ → le crayon /kʀejõ/
>
> /ɥi/ ↔ /ɥij/ *uy*
>> le bruit /bʀɥi/ → bruyant /bʀɥijã/
>> un ennui /ãnɥi/ → ennuyeuse /ãnɥijøz/
>> j'essuie /esɥi/ → essuyer /esɥije/

3. *-ill-* quand la forme de base se termine par une séquence composée d'une voyelle + /j/:

> la rouille /ʀuj/ → rouiller /ʀuje/
> je veille /vɛj/ → nous veillons /vɛjõ/
> le rail /ʀaj/ → dérailler /deʀaje/
> vieil /vjɛj/ → un vieillard /vjɛjaʀ/

La graphie *-ay-* est prononcée /aj/ dans quelques mots: *la mayonnaise* /majonɛz/, *Bayonne* /bajɔn/, *Lafayette* /lafajɛt/; elle représente /ei/ dans le mot *abbaye* /abei/. Dans quelques cas la graphie *-uy-* est prononcée /ɥi/ ou /yj/: *du gruyère* /gʀyjɛʀ/ ou /gʀɥijɛʀ/.

13.4 /j/ COMME SEMI-VOYELLE

En tant que semi-voyelle, /j/ se retrouve entre une consonne et une voyelle. Dans cette position, ce phonème n'a pas de valeur syllabique; il se combine avec la consonne qui ouvre la syllabe. Dans les exemples suivants, chaque membre des paires de mots contient une seule syllabe: *ni* /ni/ et *niais* /njɛ/, *le lit* /li/ et *le lieu* /ljø/, *le lit* /li/ et *le lion* /ljõ/, *du riz* /ʀi/ et *de rien* /ʀjɛ̃/. Pour donner à /j/ sa valeur de semi-voyelle et pour ne pas le confondre avec la voyelle correspondante /i/, il est important d'articuler ce phonème avec énergie. Ainsi, le mot *la liaison* est prononcé /lje zõ/, en deux syllabes, et non pas */li je zõ/, en trois syllabes.

Les fonctions grammaticales et lexicales de /j/

La semi-voyelle /j/ a un rôle différentiel important dans la langue. Elle fait partie de plusieurs désinences grammaticales et de suffixes importants:

1. Les désinences de la 1ère et de la 2ème personne du pluriel de l'imparfait, du présent du subjonctif et du conditionnel:

> nous voulions, vous preniez
> il faut que nous venions, il faut que vous sortiez
> nous achèterions, vous attendriez

2. Le suffixe agentif *-ier/ière*. L'un des suffixes les plus productifs du français, il désigne des personnes, des machines, des outils ou des ustensiles et des arbres:

> le jardin → le jardinier, la cuisine → la cuisinière
> chaud → la chaudière
> la soupe → la soupière, le sucre → le sucrier
> la cerise → le cerisier, la poire → le poirier

3. Le suffixe adjectival *-ien/ienne*, qui forme des adjectifs de nationalité ainsi que des adjectifs qui font référence à des villes, des provinces ou des régions:

> l'Italie → italien, -ienne, le Brésil →brésilien, -ienne
> Paris → parisien, -ienne,
> l'Alsace → alsacien, -ienne, le Languedoc →languedocien, -ienne

Orthographe

Quand le phonème /j/ fonctionne comme une semi-voyelle, il s'écrit toujours avec *i*. Cependant, il existe des cas où *i* entre une consonne et une voyelle — la position semi-vocalique — représente /i/. Les règles suivantes servent de guide pour la prononciation de la lettre *i*.
   La lettre *i* est prononcée:

1. /i/ quand ce phonème est le noyau d'une syllabe:

> la vie /vi/, du riz /ʀi/, il dit /di/

2. /j/ entre une seule consonne et une voyelle; dans ce cas la semi-voyelle se combine avec la consonne précédente pour ouvrir la syllabe:

le lion /ljõ/, il est fier /fjɛʀ/, le pied /pje/, envier /ã vje/, la science /sjãs/

3. /i/ entre un groupe de consonnes K + L et une voyelle. Dans ce cas, une variante brève de la semi-voyelle ([ʲ]) s'insère entre /i/ et la voyelle. Comparez:

le soulier /su lje/	vs.	le tablier /ta bli ʲe/
vous vouliez /vu lje/	vs.	vous voudriez /vu dʀi ʲe/
janvier /ʒã vje/	vs.	février /fe vʀi ʲe/

Ces cas comprennent la 1ère et la 2ème personne du pluriel du conditionnel des verbes du groupe *-re*: *nous prendrions* /pʀã dʀi ʲõ/, *vous répondriez* /ʀe põ dʀi ʲe/, *nous vendrions* /vã dʀi ʲõ/, *vous descendriez* /de sã dʀi ʲe/.

Il n'y a aucune différence phonétique perceptible entre la séquence /i/ + la semi-voyelle /j/, comme dans *briller* /bʀi je/ ou *griller* /gʀi je/, et la séquence /iʲ/ devant une voyelle, comme dans *crier* /kʀi ʲe/. Comparez: *étriller* /e tʀi je/ 'to curry (a horse)' vs. *l'étrier* /le tʀi ʲe/ 'the stirrup'.

Lorsque la lettre *i* se trouve entre une seule consonne et une consonne dans la dernière syllabe du radical d'un verbe, elle est prononcée /i/ ou /j/: *lier* /lje/ ou /li ʲe/, *nous lions* /ljõ/ ou /li ʲõ/, *vous sciez* /sje/ ou /si ʲe/, *se fier* /fje/ ou /fi ʲe/. Dans le cas du verbe *rire*, dans les formes où le radical est suivi d'une voyelle, *i* représente toujours la voyelle /i/ et a une valeur syllabique: *vous riez* /ʀi ʲe/, *nous rions* /ʀi ʲõ/, *en riant* /ã ʀi ʲã/. Rappelons que lorsqu'elle est précédée d'un groupe de consonnes du type K + L, *i* se prononce aussi toujours avec /i/: *vous criez* /kʀi ʲe/, *nous oublions* /u bli ʲõ/.

13.5 LA SEMI-VOYELLE /w/

Articulation et distribution

Pour prononcer la semi-voyelle /w/, les lèvres et la langue prennent la position articulatoire de /u/: les lèvres sont arrondies et tendues et la langue est rétractée. Ensuite, la langue s'élève vers le palais sans le toucher en un mouvement rapide. La semi-voyelle française est plus tendue que son homologue anglais.

Comparez la prononciation des mots anglais et français dans des paires comme *we/oui, west/ouest, watt/ouate*.

La relation entre la semi-voyelle /w/ et sa voyelle fermée correspondante, /u/, est complexe. Les deux sons contrastent, par exemple, dans la paire minimale *trois* /tʀwa/ 'three' vs. *il troua* /tʀu a/ 'he punctured'. Cependant, des mots tels que *il loua, le jouet, la mouette* sont prononcés avec /u/, en deux syllabes, ou avec /w/, en une syllabe: /lu a/ ou /lwa/, /ʒu ɛ/ ou /ʒwɛ/, /mu ɛt/ ou /mwɛt/, tandis que des mots comme *la loi, la joie, moi, toi* sont prononcés seulement avec /w/, en une seule syllabe: /lwa/, /ʒwa/, /mwa/, /twa/. Pour savoir comment prononcer les mots qui contiennent /w/, il est utile de partir de l'orthographe.

Orthographe

Les graphies de /w/ + voyelle

Il existe deux graphies principales qui sont toujours prononcées avec /w/ + /a/ ou /ɑ/; le choix entre l'une ou l'autre de ces deux voyelles dépend de facteurs géographiques, sociaux ou stylistiques:

1. *oi*: soi /swa/, le foie /fwa/, la voix /vwa/, il doit /dwa/, le droit /dʀwa/, la croix /kʀwa/;

2. *oy*, en position interne: le loyer /lwa je/, le voyage /vwa jaʒ/, moyen /mwa jɛ̃/, nous voyons /vwa jɔ̃/;

Comme nous l'avons indiqué (13.3), certains de ces mots sont dérivés de formes de base se terminant en /wa/, représenté par *oi*: *la voie/le voyage, je crois/nous croyons, la soie/soyeuse, le roi/royal*. Il est utile de considérer *oi* comme la représentation de /wa/ et *oy* comme la représentation de /wa/ + /j/: *le roi* /ʀwa/ → *royal* /ʀwa/ + /j/ + /al/ = /ʀwa jal/. La semi-voyelle /j/ sert d'élément de transition entre la voyelle du radical et celle du suffixe *-al*.

Dans quelques mots, /wa/ est représenté par la graphie *œ* (*la mœlle* /mwal/, *mœlleux/mœlleuse* /mwalø-z/) ou avec *oê* (*le poêle* /pwal/, *la poêle* /pwal/).

La graphie *oin* est toujours prononcée /wɛ̃/:

le point /pwɛ̃/, le soin /swɛ̃/, le besoin /bø zwɛ̃/,
au lointain /lwɛ̃ tɛ̃/, coincer /kwɛ̃ se/

Certains de ces mots sont liés à des formes dérivées qui contiennent /wa/ ou /ɔ/ suivi de /ɲ/:

les soins /swẽ/ 'care' → soigner /swa ɲe/ 'to take care of'
le groin /gʀwẽ/ 'snout' → grogner /gʀo ɲe/ 'to growl'

La graphie ou

La graphie *ou* pose problème, puisqu'elle représente la semi-voyelle /w/ ou sa voyelle fermée correspondante /u/. Les règles suivantes aident à relier l'orthographe à la prononciation. La graphie *ou* représente:

1. /u/ quand elle fonctionne comme noyau de syllabe:

> le fou /fu/, le loup /lu/, c'est doux /du/, le joujou /ʒu ʒu/, l'amour /la muʀ/

2. /u/ entre un groupe de consonnes du type K + L et une voyelle:

> clouer /klu e/, écrouer /e kʀu e/, éblouissant /e blu i sã/, la prouesse /pʀu ɛs/

Ici, contrairement aux cas où *i* se retrouve entre une voyelle et un groupe de consonnes de ce type, il n'y a pas d'insertion de la semi-voyelle entre /u/ et la voyelle. C'est à dire qu'un mot comme *clouer* est toujours prononcé [klu e] et jamais *[klu ʷe].

3. /w/ ou /u/ entre une seule consonne et une voyelle:

> louer /lwe/ ou /lu e/, le fouet /fwɛ/ ou /fu ɛ/, souhaiter /swe te/ ou /su e te/, la mouette /mwɛt/ ou /mu ɛt/

La prononciation monosyllabique avec la semi-voyelle est indiquée. Toutefois, dans les formes verbales dont le radical se termine en /u/, la prononciation avec la voyelle (en deux syllabes) est plus fréquente, par exemple, il est plus probable que des formes comme *nous louons* ou *en nouant* se prononcent en deux syllabes, c'est à dire comme /lu õ/ et /nu ã/. Cependant, la prononciation avec la semi-voyelle (en une syllabe) est possible: /lwõ/ et /nwã/.

Dans quelques mots, les graphies *gu* et *qu* + *a*, qui représentent normalement /g/ et /k/, sont prononcées /gw/ et /kw/, respectivement: *le jaguar* /ʒag waʀ/, *l'équateur* /lek wa tœʀ/. Dans ces mots, ces graphies ont la même prononciation que dans les mots anglais correspondants. Comparez la forme anglaise *equation* /ɪkwéʒən/ et la forme française *équation* /ek wa sjõ/.

13.6 LA SEMI-VOYELLE /ɥ/

Articulation et distribution

Pour prononcer la semi-voyelle /ɥ/, les lèvres et la langue prennent la position articulatoire de /y/: les lèvres sont arrondies et tendues et la langue avancée. Le dos de la langue s'élève vers le palais en un mouvement rapide, sans le toucher, mais la pointe reste derrière les incisives inférieures. Pour imiter l'effet acoustique de /ɥ/, l'on peut prononcer la séquence *ui* /ɥi/, comme dans *huit*, en sifflant.

Comme le montre la Figure 13.2, la semi-voyelle /ɥ/ a une distribution parallèle à celle de /w/: elle se retrouve seulement dans la position caractéristique des semi-voyelles, c'est à dire entre la consonne qui ouvre la syllabe et une voyelle. Les deux semi-voyelles produites avec les lèvres arrondies mais différant par la position de la langue (vers l'arrière de la bouche pour /w/ mais vers l'avant pour /ɥ/) s'opposent, ainsi que le montrent les paires minimales suivantes:

/w/	/ɥ/
oui /wi/ 'yes'	huis /ɥi/ 'opening' (huit clos 'no exit')
Louis /lwi/	lui /lɥi/ 'him, it'
la bouée /bwe/ 'buoy'	la buée /bɥe/ 'mist'
la mouette /mwɛt/ 'seagull'	la muette /mɥɛt/ 'mute'
nouer /nwe/ 'to tie'	la nuée /nɥe/ 'cloud'
le joint /ʒwẽ/ 'joint'	juin /ʒɥẽ/ 'June'

Généralement, les locuteurs belges ne font pas cette distinction. Ils utilisent /w/ dans chacun des membres des paires minimales: *Louis* /lwi/, *lui* /lwi/.

Il n'y a pas de contrastes entre /ɥ/ et sa voyelle fermée correspondante /y/, et l'on pourrait interpréter le son [ɥ] comme une variante combinatoire d'un phonème unique. Selon une analyse phonologique rigoureuse les sons [ɥ] et [y] sont en distribution complémentaire: la semi-voyelle [ɥ] est la variante non-syllabique du phonème et [y], la variante syllabique. On pourrait faire valoir qu'il existe une paire minimale où les deux sons s'opposent dans le même environnement phonologique: *Q.I.* [kyi] 'I.Q.' vs. *cuit* [kɥi] 'cooked'. Mais cette paire minimale est très artificielle, puisque, en tant que terme technique et sigle, *Q.I.* est prononcé avec une pause entre les deux syllabes, c'est-à-dire, comme [ky i]. Nous avons choisi de reconnaître [ɥ] comme phonème et de le représenter par /ɥ/ au lieu de /y/ parce qu'il existe une symétrie entre les trois semi-voyelles: chaque semi-voyelle correspond à une voyelle fermée. Cette relation est renforcée par l'orthographe:

/i/   /y/   /u/

          i u ou

/j/   /ɥ/   /w/

Cependant, cette symétrie ne devrait pas faire oublier qu'il existe des différen-ces de fonction et de distribution entre les trois semi-voyelles.

Orthographe et prononciation de *u*

La lettre *u* représente /y/ et /ɥ/. Comme les deux sons sont en fait en distribu-tion complémentaire, une série de règles assez simples régit la prononciation de cette lettre avec la voyelle /y/ ou la semi-voyelle /ɥ/. Ces règles suivent plus ou moins celles qui ont été formulées pour la prononciation de *ou* (voir p. 202). La lettre *u* est prononcée:

1. /y/ quand elle sert de noyau d'une syllabe:

du /dy/, la rue /ʀy/, humide /y mid/, inutile /i ny til/;

2. /ɥ/ entre une consonne ou un groupe de consonnes et la voyelle /i/ (en d'autres termes, la graphie *ui* est toujours prononcée /ɥi/):

lui /lɥi/, la tuile /tɥil/, le bruit /bʀɥi/, les fruits /fʀɥi/, luisant /lɥi zã/;

3. /y/ entre un groupe de consonnes du type K + L et une voyelle autre que /i/. Comparez:

la truite /tʀɥit/ vs. la truelle /tʀy ɛl/
fluide /flɥid/ vs. fluet /fly ɛ/
la ruelle /ʀɥɛl/ ou /ʀy ɛl/ vs. cruelle /kʀy ɛl/;

Notez que dans le mot *ruelle*, *u* se trouve entre une consonne — et non pas un groupe de consonnes du type K + L — et une voyelle autre que /i/.

4. /y/ ou /ɥ/ entre une seule consonne et une voyelle autre que /i/:

la muette /my ɛt/ ou /mɥɛt/, la Suède /sy ɛd/ ou /sɥɛd/,
la nuée /ny e/ ou /nɥe/.

Quand la lettre *u* se retrouve dans la dernière syllabe d'un radical verbal, elle est généralement prononcée /y/: *tuer* /tye/, *nous suons* /syõ/.

Après *g*, la graphie *ui* est prononcée de deux manières. D'ordinaire, *gu* représente /g/, et la séquence *gui* se prononce *gu* + *i* = /gi/: *guitare* /gi taʀ/, *anguille* /ã gij/, *aiguiser* /e gi ze/. Dans quelques cas, la séquence *gui* doit être interprétée comme *g* + *ui* = /gɥi/: *aiguille* /e gɥij/, *linguiste* /lɛ̃ gɥist/.

13.7 LES SEMI-VOYELLES EN POSITION INITIALE

Le comportement vocalique des semi-voyelles

Lorsque les semi-voyelles se retrouvent en position initiale (voir la Figure 13.2), elles se comportent comme des voyelles en ce qui concerne la liaison et l'élision. Devant des mots commençant par une semi-voyelle, les consonnes de liaison sont obligatoirement prononcées et le /E/ est élidé. Ainsi, par exemple, *oiseau* (m.) et *iode* (f.), qui commencent par des semi-voyelles, se comportent tout à fait comme *ours* (m.) et *île* (f.), qui commencent par des voyelles:

Liaison	Elision
un oiseau /œ̃ nwa zo/	l'oiseau /lwa zo/
un ours /œ̃ nuʀs/	l'ours /luʀs/
les iodes /le zjɔd/	d'iode /djɔd/
les îles /le zil/	d'îles /dil/

Quand les graphies *i*, *ou* et *u* se retrouvent au début d'un mot et devant une voyelle, elles ont en général valeur de semi-voyelle, c'est à dire qu'elles ouvrent la syllabe dont la voyelle suivante forme le noyau:

la teinture d'**i**ode /djɔd/, beaucoup d'**hi**éroglyphes /dje ʀo glif/;
le vent d'**ou**est /dwɛst/;
une douzaine d'h**uî**tres /dɥitʀ/.

Dans *hier* la lettre *i* est prononcée /j/ ou /i/: *le journal d'hier* /djɛʀ/ ou /di ʲɛʀ/. Notez que lorsque *i* a valeur syllabique, il faut insérer la semi-voyelle entre /i/ et la voyelle suivante.

Le comportement consonantique des semi-voyelles

Dans d'autres cas, les semi-voyelles se comportent comme des consonnes: devant elles, les consonnes de liaison ne sont pas prononcées et l'élision n'est pas effectuée. Ainsi, par exemple, *yaourt* (m.) se comporte comme *four* (m.) 'oven', et *ouate* (f.) ou *watt* (m.) comme *date* (f.):

NON-LIAISON	NON-ÉLISION
un yaourt /œ̃ ja uʀ/	le yaourt / lø ja uʀ/
un four /œ̃ fuʀ/	le four / lø fuʀ/
les ouates, les watts / le wat/	la ouate / la wat/, le watt /lø wat/
les dates / le dat/	la date / la dat/

On peut expliquer ce double comportement des semi-voyelles en invoquant la présence de *h* aspiré. Nous avons vu (10.5) que des mots comme *haricot* /a ʀi ko/ ou *hache* /aʃ/, bien que commençant par une voyelle au point de vue de la prononciation, se comportent comme s'ils commençaient par des consonnes au point de vue de la liaison et de l'élision. Comme les voyelles, les semi-voyelles admettent la liaison et l'élision, mais elles peuvent aussi être précédées de *h* aspiré. Dans ce cas, comme les consonnes, elles ne permettent ni la liaison ni l'élision. Un grand nombre des mots commençant par *h* aspiré (que nous représentons par ⋆ placé devant la semi-voyelle initiale) et une semi-voyelle sont des emprunts aux langues étrangères:

> *le yack* /⋆jak/, *le yacht* /⋆jɔt/, *le yogi* /⋆jo gi/, *le watt* /⋆wat/, *le whisky* /⋆wi ski/, *le uhlan* /⋆y lã/.

Toutefois, certains de ces mots font partie du vocabulaire natif: *le huit* /⋆ɥit/, *la ouate* /⋆wat/.

CHAPITRE
14

Aspects du système consonantique

Dans ce chapitre, nous traiterons divers problèmes que peuvent poser les consonnes du français. Il s'agit en particulier de:

1. la prononciation de la lettre *s*;
2. divers types d'assimilation provoqués par la rencontre de consonnes;
3. les consonnes doubles ou géminées;
4. la non-aspiration des occlusives sourdes /p/, /t/ et /k/;
5. la prononciation de /ɲ/.

14.1 LE PHONÈME /s/

L'opposition entre /s/ et /z/

En français, les phonèmes /s/ et /z/ s'opposent, par exemple dans *les selles* /sɛl/ vs. *les ailes* /zɛl/ ou *le dessert* /desɛʀ/ vs. *le désert* /dezɛʀ/. Les apprenants américains ne devraient avoir aucune difficulté à les différencier puisque leur langue les distingue, par exemple dans *Sue* /suᵚ/ vs. *zoo* /zuᵚ/ ou *bus* /bəs/ vs. *buzz* /bəz/. Mais on constate souvent que l'une de ces deux con-

207

sonnes est substituée à l'autre dans des mots tels que *le visage*, */vi saʒ/ au lieu de /vi zaʒ/. Ce type de faute provient de deux sources. La première est l'interférence de mots anglais correspondants, par exemple, au mot anglais *to resemble*, prononcé avec un /z/, le français oppose *ressembler*, prononcé avec un /s/; au mot anglais *a philosopher*, prononcé avec un /s/, le français oppose *le philosophe*, prononcé avec un /z/. Ces "faux-amis" — qui comprennent aussi *possessive* (opposé à *possessif* /po se sif/), *pansy* (opposé à *la pensée* /pã se/), *exercise* (opposé à *exercice* /eg zɛʀ sis/), *exodus* (opposé à *exode* /eg zɔd/) — provoquent beaucoup de fautes. La deuxième source de fautes est orthographique: en français, ces deux phonèmes sont dans certains cas représentés par la même lettre, *s*. Ainsi, il est utile de formuler des règles pour la prononciation de cette lettre.

Règles de prononciation de *s*:

1. Entre deux voyelles, /z/:

> le cousin /ku zẽ/, lisible /li zibl/, le désert /de zɛʀ/

2. Après une voyelle nasale, /s/:

> nous pensons /pã sõ/, ensemble /ã sãbl/, ainsi /ẽ si/, insister /ẽ si ste/, le conseil /kõ sɛj/

3. Après un préfixe se terminant par une voyelle, le *s* du mot simple maintient sa prononciation d'origine, /s/:

> le sens /sãs/ → le contresens /kõ tʀø sãs/; le soleil /so lɛj/ → le parasol /pa ʀa sɔl/; semblable /sã blabl/ → vraisemblable /vʀe sã blabl/

Mais il faut distinguer ces dérivés des mots simples qui commencent par un élément ressemblant au préfixe. Comparez les deux séries de mots suivants; les mots contenant un préfixe se trouvent dans la colonne de gauche:

désolidariser /de so li da ʀi ze/ 'to dissociate'	déserter /de zɛʀ te/
présupposer /pʀe sy po ze/	présumer /pʀe zy me/
resalir /ʀø sa liʀ/ 'to get dirty again'	
résection /ʀe sɛk sjõ/ 'resection'	réserver /ʀe zɛʀ ve/
asymétrie /a si me tʀi/	Asie /a zi/
parasol /pa ʀa sɔl/	parasite /pa ʀa zit/
antisocial /ã ti so sjal/	

Notez que dans les préfixes *més-* "négative" et *trans-* "trans", *s* se prononce /z/ devant une voyelle. Comparez:

transporter /tʁɑ̃ spɔʁ te/   transiter /tʁɑ̃ zi te/
mésentente /me zɑ̃ tɑ̃t/
'misunderstanding'

4. Dans des groupes de consonnes, *s* se prononce toujours /s/:

persister /pɛʁ si ste/, respirer /ʁɛs pi ʁe/, une escale /e skal/
'port of call'

Notez toutefois l'exception: l'*Alsace* /al zas/

5. Mots exceptionnels:

imprésario /ɛ̃ pʁe sa ʁjo/ 'agent (for musicians)', susurrer
/sy sy ʁe/ 'to whisper'

Les représentations de /s/

Le phonème /s/ a un grand nombre de représentations orthographiques:

1. *s*:
Au début et à la fin des mots, ainsi que dans les cas indiqués ci-dessus (voir aussi p. 59 pour la prononciation des *s* en fin de mots):

si /si/, sens /sɑ̃s/, un os /ɔs/, tous /tus/

2. *ss*:
Entre deux voyelles et, en position finale, devant les consonnes représentées par -*e*:

aussi /o si/, dessous /dø su/, pousser /pu se/, il tousse /tus/,
la mousse /mus/ 'moss'

3. *c*:
Devant les voyelles représentées par *e* et *i*, ainsi que les diverses combinaisons de ces lettres avec des accents et avec d'autres lettres dans les digraphes:

le cil /sil/ 'eye-lash', le ciel /sjɛl/, cela /sø la/, glacer /gla se/, la céramique /se ʁa mik/, le cèdre /sɛdʁ/ 'cedar tree', décent /de sɑ̃/, la ceinture /sɛ̃ tyʁ/

4. *ç*:

Devant les voyelles représentées par *a*, *o* ou *u*, ainsi que les digraphes formés avec ces lettres. Il s'agit dans la plupart des cas de dérivés de mots épelés avec *c*:

> la glace → le glaçon /gla sõ/, la face → la façade /fa sad/,
> recevoir → le reçu /rø sy/

Mais:

> ça /sa/, le hameçon /am sõ/ '(fishing) hook', le garçon /gaʀ sõ/

5. *sc*:

Devant les voyelles représentées par *e* et *i*, ainsi que les diverses combinaisons de ces lettres avec des accents et avec d'autres lettres pour former des digraphes:

> osciller /o si le/ 'to oscillate', sceptique /sɛp tik/ 'skeptical',
> scélérat /se le ʀa/ 'scoundrel', scinder /sɛ̃ de/ 'to divide'

Devant les autres voyelles et dans les groupes de consonnes, cette combinaison se prononce /sk/:

> une escapade /ɛs ka pad/, une escouade /ɛs kwad/ 'squad', un(e)
> esclave /ɛs klav/ 'slave'; l'espoir /ɛs pwaʀ/ 'hope'

6. *x*:

Dans les chiffres *six* /sis/, *dix* /dis/ et *soixante* /swa sãt/, ainsi que dans les noms de villes: *Auxerre* /o sɛʀ/ et *Bruxelles* /bʀy sɛl/. Notez que dans la plupart des cas, *x* se prononce /gz/: *exact* /ɛg za, ɛg zakt/, *exagérer* /ɛg za ʒe ʀe/, et que la combinaison *xc* se prononce /ks/: un *excès* /ɛk sɛ/, *exciter* /ɛk si te/.

7. *ti*:

Dans le suffixe *-tie*, correspondant à l'anglais *-cy*, dans les suffixes *-tion*, *-ation*, et *-iel(le)* et dans les verbes dont l'infinitif se termine par *-tier*:

> la démocratie /de mo kʀa si/
> une idiotie /i djo si/
> la nation /na sjõ/
> providentiel /pʀo vi dã sjɛl/
> initier /i ni sje/, il initie /i ni si/, nous initions /i ni sjõ/
> balbutier /bal by sje/ 'to stammer'
> différentiation (ou différenciation) /di fe ʀã sja sjõ/
> (mais différencier /di fe ʀã sje/)

Dans le suffixe -tie, correspondant à l'anglais -ty, cette graphie se prononce /ti/:

la partie /paʀ ti/, la dynastie /di na sti/

Enfin, la graphie -tier se prononce /tje/ dans les mots autres que les verbes:

le métier /me tje/, entier /ã tje/, le sentier /sã tje/ 'path', le portier /pɔʀ tje/, le bijoutier /bi ʒu tje/

8. cc:
Cette graphie représente la combinaison /ks/ devant les voyelles représentées par e et i, ainsi que les diverses combinaisons de ces lettres avec des accents et avec d'autres lettres pour former des digraphes. Ailleurs, elle est prononcée /k/ ou /kk/:

un accident /ak si dã/, un accessoire /ak se swaʀ/, un accès /ak sɛ/, un accent /ak sã/

Mais:

accablant /a ka blã/ 'oppressive', occuper /o ky pe/, accomplir /a kõ pliʀ/.

14.2 ASSIMILATIONS

La non-palatalisation des séquences de /s/ ou /z/ + /j/

En anglais, les consonnes /s/ et /z/, épelées s + i ou s + u, représentent la consonne palatale /ʒ/ lorsque ces séquences se trouvent devant une voyelle: lesion, inversion, television, leisure, pleasure. De même, c + i se prononce /ʃ/: facial, official, artificial. Il serait par exemple tout à fait artificiel de prononcer lesion */liˈsjən/ au lieu de /liˈʒən/ ou facial */feˈsjəl/ au lieu de /feˈʃəl/. Dans les mots français correspondant aux mots anglais contenant ces séquences graphiques, les apprenants américains auront tendance à transférer ce trait de leur langue maternelle et à palataliser s et z lorsque ceux-ci précèdent i + voyelle, c'est à dire à leur substituer /ʃ/ ou /ʒ/. Ainsi, ils auront tendance à prononcer nous cassions */ka ʃjõ/ au lieu de /ka sjõ/, confondant cette forme avec nous cachions /ka ʃjõ/, ou la lésion */le ʒjõ/ au lieu de /le zjõ/, confondant ce mot avec la légion /le ʒjõ/. Le transfert est plus fréquent pour les mots ayant des formes correspondantes dans les deux langues, en particulier ceux qui contiennent les suffixes -ssion, -tion, -sion:

session/la session /se sjõ/, possession/la possession /po se sjõ/;
function/la fonction /fõk sjõ/, nation/la nation /na sjõ/,
national/national(e) /na sjo nal/; vision/la vision /vi zjõ/, occasional/
occasionnel(le) /o ka zjo nɛl/

De même, des apprenants américains auront tendance à palataliser les mots
français contenant la séquence /s/ ou /z/ + /y/, tels que *sûr(e)*, prononcé
*/ʃjuʀ/ au lieu de /syʀ/, ou *mesure*, prononcé /mø ʒjuʀ/ au lieu de /mø zyʀ/,
par l'influence de *sure* et de *measure*, respectivement.

Dans le style familier, les américanophones ont tendance à assimiler /s/
et /z/ à un /j/ suivant. Comme l'articulation de ces consonnes est relativement
faible, elles sont influencées par le point d'articulation palatal de /j/, c'est à
dire qu'elles deviennent des palatales, /ʃ/ et /ʒ/, respectivement. C'est ce qui
ce passe dans des groupes de mots tels que: *I'll pass you* /pæʃjə/, *this year*
/θɪʃjɪr/, *as you like it* /æʒjəlaʲkɪt/, ou *I'll buzz you* /bʌʒjə/. Lorsque ce trait est
transféré au français, il provoque la palatalisation de /s/ et /z/ devant /j/, soit
dans des mots tels que *le sien* /sjẽ/ (qui se confond alors avec *le chien* /ʃjẽ/),
soit dans des groupes de mots tels que *les yeux* /le zjø/, prononcé */le ʒjø/.
Puisque /j/ est la marque de l'imparfait et du subjonctif de la 1ère et de la 2ème
personne du pluriel, la palatalisation de /s/ et /z/ par assimilation à un /j/ suivant provoque de nombreuses fautes, par exemple, dans *nous cassions* /ka sjõ/,
qui est alors confondu avec *nous cachions* /ka sjõ/. Un grand nombre de mots
contient aussi ces séquences, par exemple, *le ciel* /sjɛl/, *une action* /ak sjõ/,
l'acier /la sje/, *les Parisiens* /pa ʀi zjẽ/, *la fusion* /fy zjõ/.

Pour éviter ce genre de faute, il est important de prononcer les syllabes
contenant les combinaisons /sj/ ou /zj/ avec une grande énergie articulatoire.
Ces deux phonèmes doivent former un groupe de consonnes très lié, c'est à dire,
qu'il faut éviter d'insérer la voyelle brève /i/ entre la consonne et la semi-
voyelle: *l'acier* se prononce /la sje/ et non */la sʲje/.

L'assimilation de voisement

En anglais, lorsque des consonnes ayant des valeurs opposées de voisement
(sourde vs. sonore) se rencontrent, la première consonne est influencée par la
seconde. Par exemple, dans *Mary's going*, le /z/ de *'s* est pleinement voisé
devant la consonne sonore de *going*: [meʲriʲz goᵂɪŋ], mais dans *Mary's cooking*
il est dévoisé devant la consonne sourde de *cooking*: [meʲriʲz̥ kᴐkɪŋ] (le signe
[̥] sous /z/ indique que ce phonème normalement sonore est dévoisé par
l'influence de la consonne sourde suivante). Cet exemple anglais illustre
l'**assimilation régressive**: la modification d'un phonème par celui qui le suit.
L'assimilation régressive représente le type d'assimilation le plus notable en
français.

L'assimilation régressive

Les consonnes du français se divisent en plusieurs grandes classes. L'on distingue, d'une part, les consonnes obstruantes des consonnes non-obstruantes (voir dans l'Introduction le tableau p. 18) et d'autre part, à l'intérieur de la classe des obstruantes, les occlusives et les consonnes fricatives. Les consonnes de ces deux classes se divisent en deux groupes: les sourdes et les sonores — les non-obstruantes (ou sonorantes) étant fondamentalement sonores:

	OCCLUSIVES			FRICATIVES		
sourdes	p	t	k	f	s	ʃ
sonores	b	d	g	v	z	ʒ

A l'intérieur des mots et des groupes rythmiques, lorsque deux obstru-antes se rencontrent, la première subit une assimilation régressive de voisement: une sonore est assourdie devant une sourde et, par contre, une sourde est sonorisée devant une sonore. Nous nous servons des termes **assourdie** et **sonorisée** plutôt que dévoisée et voisée, respectivement, pour indiquer qu'il n'y a pas de changement complet de voisement. Un /b/ dévoisé ne devient pas un /p/; il existe des différences de tension articulatoire: le /b/ assourdi, que nous représentons par [b̥], tout en étant sourd, est prononcé avec moins de force artic-ulatoire que l'occlusive correspondante, /p/. Par contre, un /p/ sonorisé, que nous représentons par [p̬], et prononcé avec une plus grande force articulatoire que /b/.

Les exemples suivants opposent les variantes assimilées et non-assimilées de diverses obstruantes; entre crochets ([ ]) nous représentons la réalisation phonétique de la consonne qui subit l'assimilation:

la jupe bleue	[p̬b]	la robe pourpre	[b̥p]
la robe bleue	[bb]	la jupe pourpre	[pp]
une patte de chien	[t̬d]	une grande tâche	[d̥t]
pas de dettes	[dd]	une patte tendue	[tt]
un lac gris	[k̬g]	une vague claire	[g̥k]
un lac calme	[kk]	une vague grise	[gg]
neuf vignes	[f̬v]	une cave froide	[v̥f]
neuf francs	[ff]	une cave viticole	[vv]
pousse Zoé!	[s̬z]	douze centimes	[z̥s]
douze zéros	[zz]	pousse ça	[ss]
une vache jaune	[ʃ̬ʒ]	une page charmante	[ʒ̥ʃ]
une vache champenoise	[ʃʃ]	une page jaune	[ʒʒ]

A l'intérieur des mots, une grande proportion des cas d'assimilation régressive de voisement provient de la rencontre de *b* + *s* ou *t*: [b̥s] *observer*, *abstrait*; [b̥t] *obtenir, subtil*, ou de la rencontre de deux consonnes résultant de la non-réalisation d'un e muet: [d̥s] *un médecin, ci-dessous*; [s̥g] *la seconde*. Ce dernier cas comprend aussi les groupes rythmiques contenant la préposition *de*: [d̥s] *pas de sel, un peu de silence*; [d̥f] *peu de femmes, assez de feu*. Le cas du mot *subsister* /sybziste/ est exceptionnel: la lettre *s* représentant /z/ au lieu de /s/, les conditions pour l'assimilation régressive de voisement ne sont pas présentes. La combinaison des pronoms *je* et *te* forme une autre source importante de cas d'assimilation régressive: *je te parle* [ʒ̊t].

Le degré d'assimilation de voisement dépend en fait du débit d'énonciation, lui même déterminé par la formalité relative du style. L'assimilation est partielle (comme dans les cas illustrés ci-dessus) ou totale. Lorsque l'assimilation de voisement est totale, la valeur de l'opposition de voisement est renversée, c'est à dire, par exemple, que dans *la jupe bleue*, le /p/ devient /b/. Il en résulte un grand nombre de cas d'ambiguïtés. Par exemple, les paires minimales suivantes ne sont plus distinctes:

Je viens de parler [d̥p] → [tp] = Je viens te parler
C'est à jeter [ʒ̊t] → [ʃt] = C'est acheté

L'assimilation progressive

Dans l'**assimilation progressive** le premier phonème influence le phonème suivant. L'assimilation progressive la plus marquée est celle de /v/ après /ʃ/. Elle est généralement totale, produisant la séquence /ʃf/, par exemple *le cheveu* /ʃø vø/ vs. /ʃfø/, *le cheval* /ʃø val/ vs. /ʃfal/, *la cheville* /ʃø vij/ vs. /ʃfij/. L'assimilation progressive a lieu aussi lorsqu'une consonne non-obstruante se retrouve après une obstruante sourde; c'est le cas notamment des liquides et des semi-voyelles, qui sont assourdies dans cet environnement: *le prix* /pʀ̥i/, *la clef* /kl̥e/, *fier* /fjɛʀ/, *je suis* /sɥ̥i/, *le soir* /sw̥aʀ/. Un autre cas fréquent d'assimilation progressive de voisement se produit lors de la rencontre de /s/ et /m/ en fin de mot, en particulier dans le suffixe *-isme*: *le communisme* [ko my nis̩m̥], *le capitalisme* [ka pi ta lis̩m̥]. Mais la prononciation de ce suffixe alterne entre /sm/ et /zm/, c'est à dire *socialisme* /so sja lism/ = [so sja lis̩m̥] ou /so sja lizm/.

14.3 L'ASSIMILATION PROGRESSIVE DE NASALISATION

Un trait du français de style familier qui passe inaperçu est l'assimilation des consonnes occlusives sonores lorsqu'elles suivent une voyelle nasale. Les occlusives sonores sont remplacées par la consonne nasale ayant le même point d'articulation, c'est à dire: /b/ → /m/, /d/ → /n/, /g/ → /ŋ/. Cette assimilation a lieu généralement à l'intérieur d'un groupe rythmique contenant plusieurs mots. Comparez les séquences non-assimilées et assimilées dans les deux colonnes ci-dessous:

une salade de tomates	/saladdøtomat/	une bande de fous	/bãdøfu/
une bague d'or	/bagdɔʀ/	une longue marche	/lõŋmaʀʃ/
un sabre de combat	/sabdøkõba/	une chambre de bonne	/ʃãmdøbɔn/

L'on se souviendra que dans le style familier, les groupes de consonnes du type K + L sont éliminés par la perte de la liquide: *la chambre* /ʃãbʀ/ → /ʃãb/, *un oncle* /õkl/ → /õk/. Dans le cas de *chambre de bonne* l'assimilation de nasalisation, où le /b/ de *chambre* se transforme en /m/ par assimilation à la voyelles nasale précédente, ne peut avoir lieu que si le /ʀ/ disparaît avec la réduction du groupe de consonne. Comparez la forme non-assimilée /laʃãbʀødøbɔn/ à la forme assimilée /laʃãmdøbɔn/.

L'assimilation progressive de nasalisation s'étend aussi aux occlusives sourdes, notamment dans le chiffre *vingt*:

vingt-deux /vẽtdø/ ou /vẽndø/, vingt-six /vẽtsis/ ou /vẽnsis/

Enfin on peut l'entendre dans des mots isolés:

en décembre /desãm/

Ce trait ne constitue pas un changement récent car on le retrouve dans les variétés de français d'Amérique du Nord, par exemple, dans le français cajun de la Louisiane et dans les divers parlers créoles. Ainsi, on observe en créole haïtien:

chanm /ʃãm/ 'chambre', vann /vãn/ 'vendre', zong /zõŋ/ 'ongle'

14.4 LES CONSONNES DOUBLES OU GÉMINÉES

Le français, comme l'anglais d'ailleurs, possède des consonnes géminées. En anglais, les consonnes géminées résultent de la rencontre de deux consonnes identiques dans des mots composés ou dans des groupes de mots, par exemple, *a bookcase* /kk/ vs. *a bookseller* /ks/, *this song* /ss/ vs. *her song* /rs/. Le terme consonne géminée ou double ne reflète pas précisément la réalité phonétique puisqu'une consonne double ne contient pas la totalité des phases articulatoires de deux consonnes, en particulier dans le cas des occlusives. C'est en fait une consonne longue. Dans *bookcase*, il manque à la première consonne la phase de détente et à la seconde la mise en place. Dans ce mot, on observe plutôt que le /k/ est plus long que le /k/ simple de *a book inventory*, par exemple. Les consonnes géminées du français sont aussi des consonnes longues. Comparez les consonnes simples et longues dans les exemples suivants:

CONSONNES SIMPLES		CONSONNES LONGUES	
ces tasses	/se tas/	cette tasse	/sɛt tas/
la dent	/la dɑ̃/	là-dedans	/lad dɑ̃/
il vient dîner	/il vjɛ̃ di ne/	il vient de dîner	/il vjɛ̃d di ne/
elle a	/e la/	elle l'a	/el la/
pour entrer	/pu ʀɑ̃ tʀe/	pour rentrer	/puʀ ʀɑ̃ tʀe/

Les consonnes géminées du français se classent en six catégories:

1. Certains mots contiennent une consonne géminée interne représentée par des lettres doubles, par exemple *immense* /im mɑ̃s/. Il faut toutefois signaler qu'en français toute séquence de deux consonnes identiques (lettres doubles) ne constitue pas nécessairement une consonne géminée. La prononciation géminée des lettres doubles caractérise généralement le style soutenu, et toute consonne géminée interne alterne avec la consonne simple. La prononciation géminée des lettres doubles des mots individuels est donc un fait exceptionnel dans la prononciation courante. Voici, à titre indicatif, certains mots exceptionnels:

> la Hollande /*ol lɑ̃d/ (l'astérisque indique le *h* aspiré, voir le Chapitre 10), la syllabe /sil lab/, immense /im mɑ̃s/, le sommet /sɔm mɛ/, innée /in ne/

La prononciation de ces lettres doubles avec une consonne simple est toujours possible. Par ailleurs, la plupart des lettres doubles sont prononcées avec une consonne simple. La prononciation géminée serait considérée comme pédante même dans un style soutenu. C'est le cas des lettres doubles de la liste indicative suivante:

> un abbé /a be/, un appétit /a pe ti/, une addition /a di sjɔ̃/, une attaque /a tak/, un accord /a kɔʀ/, aggraver /a gʀa ve/, une affiche /a fiʃ/, une assurance /a sy ʀɑ̃s/, une razzia /ʀa zja/ 'foray, raid', un hommage /o maʒ/, la reconnaissance /ʀø ko ne sɑ̃s/, aller /a le/, un arrêt /a ʀɛ/

2. Certains préfixes, en particulier le préfixe négatif dont la forme varie, contenant les consonnes non-obstruantes /l/, /ʀ/, /m/ et /n/, forment des consonnes géminées quand ils s'ajoutent à un mot commençant par l'une de ces consonnes:

lisible vs. illisible /il li zibl/, réversible vs. irréversible /iʀ ʀe vɛʀ sibl/, moral vs. immoral /im mo ʀal/, nommé vs. innommé /in no me/

3. La plupart des consonnes géminées résultent de la rencontre fortuite de consonnes identiques entre deux mots, par exemple:

cette table /sɛt tabl/, une grande dame /gʀãd dam/, avec qui /a vɛk ki/, une longue gaule / lõg gol/ 'pole', une cage jaune / kaʒ ʒon/, passe ces outils /pas se zu ti/, quelle ligne /kɛl liɲ/, pour rire /puʀ ʀiʀ/

4. Les consonnes géminées produites par la rencontre de deux consonnes identiques provoquée par la non-réalisation d'un e muet:

là-dedans / la dø dã/ ou /lad dã/, tu me mens /tym mã/, tu ne nies pas /tyn ni pa/

5. Les consonnes géminées qui accompagnent l'accent d'insistance (voir la Section 15.6). Cet accent se place sur la première syllabe d'un mot; la syllabe portant l'accent est indiquée en caractères gras:

C'est magnifique! /se **mma** ɲi fik/, Formidable! /**ffor** mi dabl/

Si le mot commence par une voyelle, l'accent se place sur la première syllabe commençant par une consonne:

Quel idiot! / ke li **ddjo**/, Espèce d'imbécile! /e spɛs dẽ **bbe** sil/

6. Le /l/ géminé apparaît aussi lorsque la forme pré-vocalique du pronom objet direct singulier de la troisième personne se trouve devant un mot commençant par une voyelle: *tu l'as* /tyl la/, *je l'atteins* /ʒøl la tẽ/; notez le contraste entre *tu la prends* /ty la pʀã/ vs. *tu l'apprends* /tyl la pʀã/, *il faut la mettre là* /il fo la mɛt ʀø la/ vs. *il faut l'admettre* /il fol lad mɛtʀ/.

Les cas les plus nombreux de consonnes géminées affectent le /ʀ/. Comme c'est le cas pour les autres lettres doubles, le plus souvent, la séquence *rr* ne représente pas une consonne géminée:

arriver /a ʀi ve/, irriter /i ʀi te/, carrée /ka ʀe/

Mais il existe des cas où, non seulement la graphie *rr* représente toujours un *r* géminé, /ʀʀ/, mais la valeur de ce trait phonologique est potentiellement distinctive:

- Dans les formes du futur et du conditionnel des verbes comme *courir*, *mourir*, *acquérir*, *conquérir*:

  il courra /kuʀ ʀa/, je courrais /kuʀ ʀɛ/; elles mourront /muʀ ʀõ/, nous acquerrons /a kɛʀ ʀõ/, vous conquerriez /kõ kɛʀ ʀje/

- Les formes du conditionnel s'opposent aux formes de l'imparfait, qui contiennent le /ʀ/ simple:

  je courais /ku ʀɛ/ vs. je courrais /kuʀ ʀɛ/, il mourait /mu ʀɛ/ vs. il mourrait /muʀ ʀɛ/

- Par la non-réalisation d'un /E/ dans les formes du futur et du conditionnel de verbes en *-er* dont la racine se termine en /ʀ/. Dans ces cas, la réalisation du /E/ est peu fréquente:

  il pʀéparera /pʀe paʀ ʀa/ ou /pʀe pa ʀø ʀa/, nous pleurerons /pløʀ ʀõ/ ou /plø ʀø ʀõ/, tu comparerais /kõ paʀ ʀɛ/ ou /kõ pa ʀø ʀɛ/, je dorerais /dɔʀ ʀɛ/ ou /do ʀø ʀɛ/.

14.5 LA NON-ASPIRATION DES OCCLUSIVES SOURDES

En anglais, les occlusives sourdes /p/, /t/ et /k/ ont plusieurs variantes phonétiques. Nous avons vu au Chapitre 3, qu'en position finale, par exemple dans *sip*, *sit* et *sick*, respectivement, ces consonnes sont produites sans détente marquée mais que leurs homologues français étaient toujours prononcés avec une forte détente. Pour ces consonnes, il existe une autre différence phonétique entre le français et l'anglais: en anglais, elles sont produites avec **aspiration** lorsqu'elles précèdent directement une voyelle, en particulier si cette dernière est accentuée. Elles sont plus faiblement aspirée devant une voyelle non accentuée (par exemple, *open*, *tentative*, *deacon*) et presque pas devant /s/ (par exemple, *spin*, *stint*, *skin*).

Mettez la paume de votre main ou une feuille de papier très fine devant votre bouche lorsque vous produisez les mots *pin*, *tin* et *kin*, d'une part, et *spin*, *stint* et *skin*, d'autre part. Vous observerez que pour le premier groupe de mots, la production de la consonne initiale est accompagnée d'une aspiration mais pas pour le deuxième groupe. Cette aspiration fera trembler la feuille de papier. Une façon plus dramatique d'observer la présence opposée à l'absence d'aspiration est de prononcer des paires de mots telles que *pin/spin*, *tin/stint* et *kin/skin* devant la flamme d'une allumette. La flamme vacillera ou même s'éteindra lorsque l'occlusive sourde précède directement la voyelle mais se maintiendra lorsqu'un /s/ précède l'occlusive sourde.

En français, avec une plus forte tension articulatoire au niveau de la glotte, les occlusives sourdes sont produites sans aspiration ou avec une aspiration très faible. En fait, pour une oreille américanophone, /p/, /t/ et /k/ semblent se rapprocher des consonnes sonores homologues, /b/, /d/ et /g/, respectivement. Pour éviter de transférer l'aspiration des occlusives sourdes de l'anglais au français, il est utile de s'entraîner en effectuant le test d'aspiration, soit avec la paume de la main, soit avec une feuille de papier. Aucune aspiration ne devrait être sentie contre la paume ou aucun tremblement de la feuille de papier observée pendant la production de /p/, /t/ et /k/ dans des mots comme *la passe*, *la taule* ou *le cap*. Pour obtenir une forte tension articulatoire au niveau de la glotte, on essaiera de produire le /p/ et la voyelle suivante presque simultanément.

14.6 LA CONSONNE NASALE /ɲ/

Cette consonne nasale palatale, relativement rare en français, a la particularité de se trouver principalement en position finale (*le peigne* /pɛɲ/, *la vigne* /viɲ/, *la campagne* /kã paɲ/, *la rogne* /ʀɔɲ/ 'anger') ou entre deux voyelles à l'intérieur des mots (*un agneau* /a ɲo/, *un oignon* /o ɲõ/, *soigner* /swa ɲe/).

Au point de vue articulatoire, /ɲ/ est caractérisé par la prononciation simultanée de /n/ et de /j/. Comparez: *le nom* /nõ/, *une union* /y njõ/ et *un oignon* /o ɲõ/, ou *un anneau* /a no/, *à Niort* /a njɔʀ/ et *agneau* /a ɲo/. Certains français ne distinguent pas la consonne /ɲ/ de la séquence /nj/; ils confondraient des paires de mots telles que *j'ai nié* 'I denied' /ʒe nje/ vs. *vous geignez* /ʒe ɲe/ 'you moan' (infinitif *geindre*).

Ainsi, la graphie *gn* représente une prononciation variant entre /ɲ/ et /nj/. Il existe toutefois quelques mots dans lesquels cette graphie se prononce exceptionnellement avec /gn/: *stagnant(e)* /stag nã/, *un gnome* /gnom/, *une ignition* /ig ni sjõ/, *un agnostique* /ag no stik/, *le diagnostique* /djag no stik/.

CHAPITRE

15

Les contours intonatifs complexes

Au Chapitre 4, nous avons présenté les contours intonatifs de base du français, à savoir: déclaratif, impératif, questions totales et questions partielles. Les types d'énoncés utilisés pour illustrer ces divers contours étaient simples; ils ne consistaient généralement que d'un groupe rythmique. Par ailleurs, il s'agissait d'énoncés relativement neutres. Dans ce chapitre, nous étendons l'analyse de l'intonation à des énoncés plus complexes dont certains sont fortement connotés, c'est à dire que, soit ils expriment une certaine émotion, soit ils sont extraits d'une situation de communication naturelle.

15.1 LES CONTOURS DÉCLARATIFS COMPLEXES

Nous avons vu que les énoncés déclaratifs composés de plus de trois ou quatre syllabes étaient caractérisés par un **contour continuatif** (une continuation) suivi d'un contour descendant, voir le contour ci-dessous de l'énoncé *Il attend son fils*. Comme les énoncés simples correspondants, les énoncés déclaratifs complexes sont produits avec une intonation qui débute au niveau 2, mais au lieu de montrer une montée vers le niveau 3 suivie immédiatement d'une descente vers le niveau 1, ces contours contiennent plusieurs sommets. Comparez les contours

associés aux énoncés *Il attend son fils* et *Il attend son fils à la sortie de l'école.*
La flèche horizontale indique la stabilité du ton.

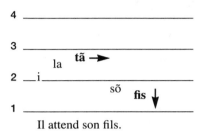

Il attend son fils.

Les contours déclaratifs complexes contiennent un ou plusieurs contours continuatifs. Lorsque plusieurs de ces types de contours se retrouvent dans le même
énoncé, l'un d'entre eux — le contour continuatif majeur — peut monter
jusqu'au niveau 4. Les contours continuatifs mineurs s'élèvent d'ordinaire
jusqu'au niveau 3. Dans l'énoncé *Il attend son fils à la sortie de l'école,* le contour continuatif majeur (*il attend son fils*) contient la plus haute montée et le
contour continuatif mineur (*à la sortie*) un sommet secondaire.

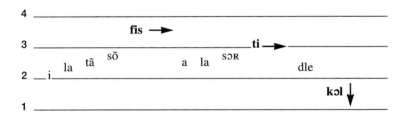

Le schéma ci-dessous illustre un énoncé contenant quatre groupes rythmiques,
dont trois sont associés à des contours continuatifs. Le sommet le plus élevé se
situe sur le groupe *ses parents*:

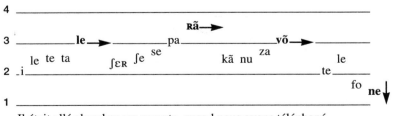

Il était allé chercher ses parents, quand nous avons téléphoné.

15.2 L'INTONATION DÉCLARATIVE EXPRESSIVE

Un énoncé n'est jamais produit isolément dans une situation de communication réelle. Il est inséré dans un contexte constitué, soit d'énoncés le précédant immédiatement, comme c'est le cas dans une conversation, par exemple:

> Où est votre voisin?
> — Il attend son fils à la sortie de l'école.

soit de diverses présuppositions, qui peuvent apparaître sous la forme d'énoncés effectivement produits ou qui peuvent simplement être impliquées par le contexte. Reprenons la série d'énoncés contextualisés dont Monique Callamand se sert pour illustrer la variation des contours déclaratifs (*L'intonation expressive: exercices systématiques de perfectionnement.* Paris: Hachette/Larousse, 1973). Elle montre comment la phrase *C'est charmant* est associée à divers mouvements intonatifs selon le contexte, ici explicité par la phrase précédente.

(Rondes enfantines à distance)
— C'est joli, n'est-ce pas, ces rondes d'enfants?
— C'est charmant!

(sans affectation, avec naturel et une pointe de gentillesse émue)

(Brouhaha mondain de cocktail)
— Que dites-vous, ma chère, de cette soirée?
— C'est charmant!

(très affecté)

(Dans un taxi: bruits de rue et de moteurs)
— Ah! Il faut que je te le dise: tout à l'heure, chez les Durand, il faudra supporter Mlle Lelongbec!
— C'est charmant!

(avec un soupir de désagrément)

(Sonnerie au téléphone)
— Allô! C'est toi Denise? Euh... voilà: je ne suis pas libre ce soir, j'ai un dîner d'affaires.
— C'est charmant!

(avec ironie et vivacité)

(Bruit d'objet brisé)
— Je suis désolé, ma chérie: je viens de casser ton grand vase chinois.
— C'est charmant!

(ton sec et de mauvaise humeur)

Pour le dernier cas, on peut parfaitement imaginer l'énoncé produit avec le même contour (descente du niveau 2 au niveau 1 et montée abrupte jusqu'au niveau 4, avec un ton final plat) sans aucun énoncé le précédant. Le locuteur réagit avec mauvaise humeur au moment où quelqu'un fait tomber le vase et que celui-ci se casse.

Les contours intonatifs qui accompagnent les énoncés réels, c'est à dire ceux qui s'insèrent dans des situations communicatives et des actes de parole naturels, ne sont jamais neutres. Outre les diverses émotions illustrées par les exemples empruntés à M. Callamand, les différences prosodiques servent à exprimer la **structure textuelle** d'un énoncé, c'est à dire quel élément ou quel type d'information l'on veut souligner. Considérons la déclaration neutre — donc, partant, artificielle — *Nous l'avons vu au cinéma.*

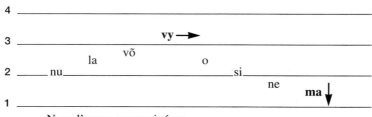

Nous l'avons vu au cinéma.

Dans un énoncé authentique, l'on soulignera soit l'information nouvelle communiquée (le **propos** ou **rhème**), soit ce dont on parle (**topique** ou **thème**). Le schéma ci-dessous illustre la mise en vedette du propos, le complément de lieu exprimé par *au cinéma*. Le groupe rythmique contenant cet élément sera prononcé avec une montée du niveau 2 au niveau 4, puis avec une descente finale commençant sur la dernière syllabe:

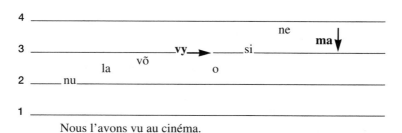

Nous l'avons vu au cinéma.

Enfin, si l'on voulait opposer le lieu précisé (*au cinéma*) implicitement à un autre (par exemple, *au parc*), on enchâsserait la proposition dans une proposition introduite par *c'est*, et on utiliserait un autre type de contour où l'élément souligné inséré en début d'énoncé porterait un ton haut. En revanche, l'élément non souligné recevrait un ton bas:

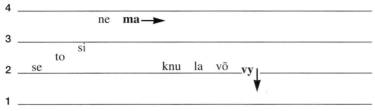

C'est au cinéma que nous l'avons vu.

15.3 LES CONTOURS DÉCLARATIFS AVEC INCISE

Une incise est un groupe syntaxique qui apparaît entre deux éléments d'une phrase. Elle apporte généralement une précision à un groupe nominal, par exemple:

Monsieur Leroy, *le voisin d'en face,* est ingénieur chez Renault.

Une incise s'insère à l'intérieur d'un contour intonatif et porte un contour bas. Son insertion ne modifie pas le reste du contour déclaratif. Comparez:

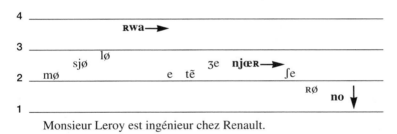

Monsieur Leroy est ingénieur chez Renault.

à:

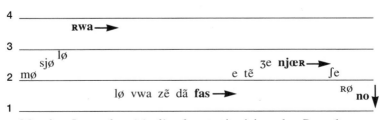

Monsieur Leroy, *le voisin d'en face,* est ingénieur chez Renault.

Les compléments de lieu ou de place se mettent généralement après les compléments indirects. Lorsqu'ils sont invertis, il se prononcent avec le contour intonatif caractéristique des incises. Comparez:

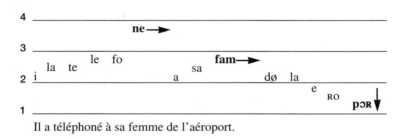

Il a téléphoné à sa femme de l'aéroport.

à:

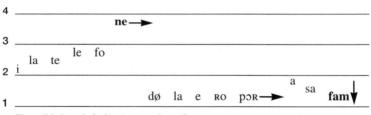

Il a téléphoné *de l'aéroport* à sa femme.

Le thème ou le propos d'un énoncé peut être disloqué et placé en incise à la fin plutôt qu'au début de la phrase, comme c'est le cas pour les déclarations emphatiques construites avec *C'est ... que.* Dans ce cas l'élément disloqué est prononcé avec un contour intonatif bas. Comparez l'intonation de la phrase déclarative neutre *Ta chambre est très belle* à celle de sa version disloquée où l'emphase est placée sur le propos *très belle:*

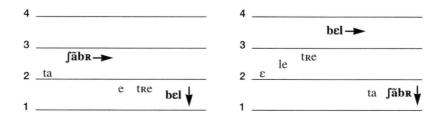

15.4 QUESTIONS TOTALES COMPLEXES

Nous avons vu (section 4.3) que le contour intonatif des questions totales simples débute au niveau 2 ou 3, s'élève vers 4 et se termine par un mouvement ascendant. Dans les questions totales contenant plusieurs groupes syntaxiques (et, partant, plusieurs groupes rythmiques), le contour du premier groupe rythmique ressemble à celui d'une question totale courte, mais la dernière est prononcée à un niveau intonatif moins élevé. Les groupes suivants sont prononcés en commençant sur un niveau plus élevé, et le ton monte plus haut. Comparez les contours accompagnant les énoncés *Il arrive ce soir?* et *Il arrive ce soir vers neuf heures?*, respectivement.

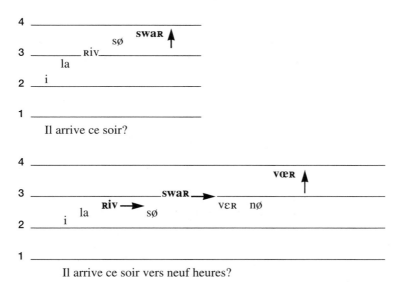

Le contour des questions totales complexes montre les mêmes caractéristiques intonatifs quelle que soit leur structure syntaxique: intonation seule, inversion ou adjonction de *est-ce que*.

Les questions totales peuvent contenir une dislocation d'un des éléments, généralement le topique. Celui-ci se retrouve dans un groupe rythmique placé devant ou après le groupe contenant le propos. Prenons par exemple la forme disloquée de *Tu as envoyé cette lettre?* Le groupe nominal complément d'objet direct contenant le topique (*cette lettre*) peut être placé à l'avant ou à l'arrière. Dans les deux cas il est d'abord remplacé par le pronom correspondant qui prend sa place dans la phrase simple: *Cette lettre, tu l'as envoyée?; Tu l'as envoyée, cette lettre?* Comparons les contours intonatifs qui accompagnent les deux variantes (simple et disloquée) de cet énoncé:

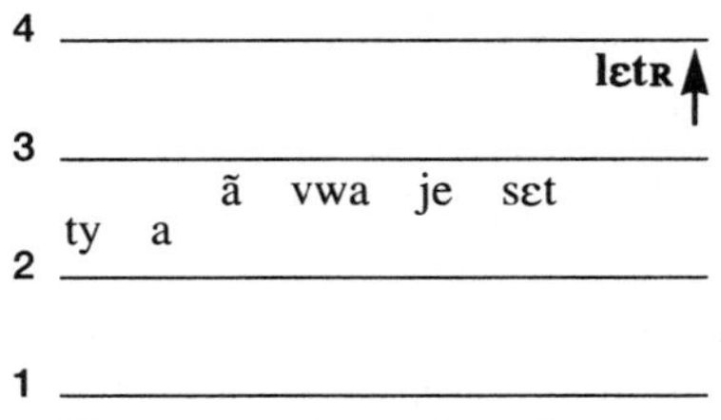

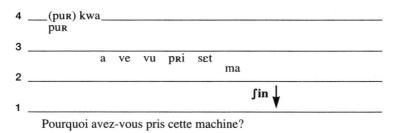

(top diagrams)

Left diagram:
```
4 _____
                          lɛtʀ ↑
3 _____
            ã   vwa   je   sɛt
    ty   a
2 _____

1 _____
```
Tu as envoyé cette lettre?

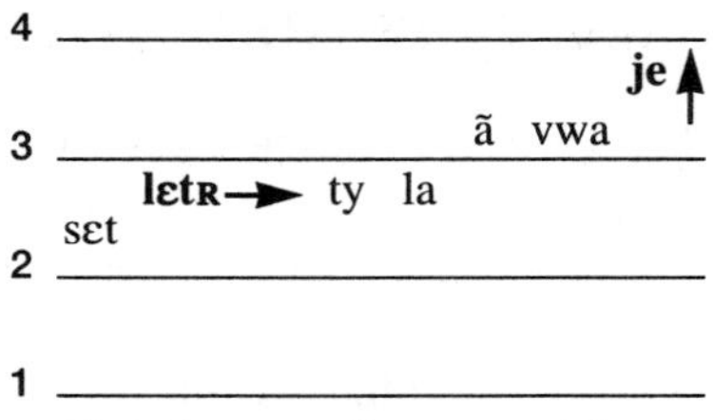

Right diagram:
```
4 _____
                              je ↑
3 _____
                        ã   vwa
        lɛtʀ →  ty   la
    sɛt
2 _____

1 _____
```
Cette lettre, tu l'as envoyée?

15.5 QUESTIONS PARTIELLES COMPLEXES

Nous avons vu que les contours caractérisant ces questions commencent au niveau 4. Ce ton haut coïncide avec l'élément interrogatif. Ensuite l'intonation tombe brusquement:

```
4 ___(puʀ) kwa_____
       puʀ
3 _____
              a   ve   vu   pʀi   sɛt
                                       ma
2 _____
                                   ʃin ↓
1 _____
```
Pourquoi avez-vous pris cette machine?

Lorsque le propos est disloqué, comme dans *Cette machine, pourquoi l'avez-vous prise?*, il est prononcé avec le contour intonatif descendant caractérisant les énoncés déclaratifs:

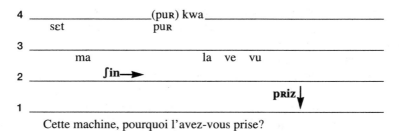

```
4 _____(puʀ) kwa_____
       sɛt                puʀ
3 _____
           ma                    la   ve   vu
2 _____
            ʃin →
                                   pʀiz ↓
1 _____
```
Cette machine, pourquoi l'avez-vous prise?

Pour les questions partielles complexes, le premier groupe rythmique est caractérisé par un contour intonatif semblable à celui des questions simples du même type. Chaque groupe suivant est prononcé avec un contour relativement plat, et la dernière syllabe se prononce à un niveau légèrement plus bas:

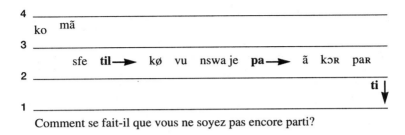

Comment se fait-il que vous ne soyez pas encore parti?

15.6 L'ACCENT D'INSISTANCE

En français la dernière syllabe d'un groupe rythmique porte l'accent. Il est toutefois possible de déplacer l'accent pour mettre l'emphase sur un élément particulier (mot ou syllabe) ou pour exprimer une émotion. Ce déplacement de l'accent vers la gauche est connu sous le nom d'**accent d'insistance**. L'accent d'insistance tombe sur la première syllabe d'un mot commençant par une consonne. Il prend la forme d'une augmentation de la force d'articulation sur la syllabe et du redoublement de la consonne. Comparez les formes neutres et emphatiques des expressions ou mots suivants:

C'est un imbécile. /se tœ̃ nɛ̃ be **sil**/	Quel imbécile! /kɛl ɛ̃b **be** sil/
C'est formidable. /se fɔʀ mi **dabl**/	Formidable! /**ffɔʀ** mi dabl/

APPENDICE

Correspondances entre orthographe et prononciation

CONSONNES

ORTHOGRAPHE	PRONONCIATION	EXEMPLES
b	/**b**/	*b*on, ro*b*e
c + *a, o, u* ou une consonne	/**k**/	*c*anne, *c*ôte, *c*uré; *c*lé
c + *e, i, y*	/**s**/	*c*et, *c*iter, *c*ygne
c (devant *a, o, u* seulement)	/**s**/	ça, garçon, reçu
c final	/**k**/	ave*c*, sa*c*, du*c*
	/ / pour un petit nombre de mots	ban*c*, blan*c*, tron*c*, vain*c*, estoma*c*, taba*c*

ORTHOGRAPHE	PRONONCIATION	EXEMPLES
ch	/ʃ/ exceptionnelement /k/, surtout pour les mots d'origine grecque	*ch*ute, *ch*aud *ch*rétien, or*ch*estre psy*ch*ologie, almana*ch*
cc + *a, o, u*	/k/	ac*c*ord, ac*c*uler, ac*c*abler
cc + *e, i, y*	/ks/	ac*c*ent, ac*c*ident
d	/d/	*d*ans, lai*d*e
d (liaison)	/t/	ven*d*‿il, gran*d*‿homme
d final	/ /	quan*d*, pie*d* (Exc.: su*d*, Alfre*d*, Georges San*d*)
f	/f/	*f*ort, *f*rançais
f (liaison)	/v/ seulement avec *ans* et *heures*	neu*f*‿ans, neu*f*‿heures
f final	/f/	che*f*, naï*f*, acti*f*
	/ / pour un petit nombre de mots	cle*f*
g + *a, o, u* ou une consonne (sauf *n*)	/g/	*g*are, *g*ouverne, ai*g*u, *g*ras
g + *e, i, y*	/ʒ/	*g*este, *g*ifle, *g*ymnase
ge + *a, o, u*	/ʒ/	man*g*eant, man*g*eons, ga*g*eure
gu+ voyelle	/g/	*gu*erre, *gu*ide
	/gw/ pour quelques mots	*Gu*adeloupe, ai*gu*ille, lin*gu*istique
gg	/g/	a*gg*raver
gg + *e, i, y*	/gʒ/	su*gg*érer

ORTHOGRAPHE	PRONONCIATION	EXEMPLES
gn	/ɲ/	si*gn*e, ga*gn*er, i*gn*oble
	/**gn**/ pour quelques mots	dia*gn*ostic, inco*gn*ito
g final	/ /	lon*g*, ran*g*
h	/ /; voir le *h* **aspiré**, p. 241	l'*h*omme, le *h*éros
i	/ʒ/	*j*eune, *j*our, *j*amais
k (peu fréquent)	/**k**/	*k*iosque, *k*ilomètre
l, ll	/**l**/	*l*ac, ca*l*er; be*ll*e, a*ll*ée
l final	/**l**/	éga*l*, ba*l*, avri*l*, fi*l*, ci*l*
	/ / pour quelques mots et quand il est suivi de *s*	genti*l*, fusi*l*, outi*l*, sourci*l*; le fi*l*s, le pou*l*s
il final après une voyelle	/**j**/	trava*il*, sole*il*
ill entre deux voyelles écrites	/**j**/	me*ill*eur, bata*ill*e
ille	/**ij**/	fam*ille*, f*ille*
	/**il**/	m*ille*, v*ille*
m	/**m**/	*m*onsieur, sûre*m*ent
mm	/**m**/ (généralement)	consta*mm*ent
e + *mm* (comme préfixe *em* avant *m*)	/**ãm**/	*emm*énager, *emm*ener, *emm*êler
m final	/**m**/ (rare)	albu*m*, intéri*m*
n	/**n**/	*n*ature

ORTHOGRAPHE	PRONONCIATION	EXEMPLES
nn	/**n**/	no*nn*e
e + nn	/**ãn**/ comme préfixe *en* avant *n*	*enn*eigé, *enn*ui (Exc.: *enn*emi)
n final	/ /; voir les **voyelles nasales**, p. 240	garço*n*, fi*n* (Exc.: ame*n*, éde*n*)
mn	/**n**/	conda*mn*er, auto*mn*e
	/**mn**/ (rare)	a*mn*istie
p	/**p**/	*p*a*p*a, ca*p*itale
p final	/ /	tro*p*, dra*p*, galo*p* (Exc.: ca*p*)
ph	/**f**/	*ph*ilosophie, am*ph*ithéâtre)
q final	/**k**/	cin*q*, co*q*
qu	/**k**/	*qu*e, *qu*and, *qu*i
	/**kw**/ pour quelques mots	é*qu*ateur, re*qu*iem
r, rr	/**ʀ**/	ga*r*çon, quat*r*e, a*r*b*r*e; cou*rr*ai, mou*rr*ais, acque*rr*ais
r final	/**ʀ**/	fini*r*, che*r*, pa*r*, su*r*
	/ / à l'infinitif de la première conjugaison et dans les suffixes -*er* et -*ier*	donn*er*, cloch*er*, pomp*ier*
s, ss	/**s**/	*s*tage, ge*s*te, *s*ur; aus*s*i
s entre voyelles	/**z**/	ro*s*e, mai*s*on
s final	/ /	françai*s*, cour*s* (Exc.: a*s*, héla*s*, li*s*, mar*s*, our*s*)

ORTHOGRAPHE	PRONONCIATION	EXEMPLES
s pluriel	/ /	homme*s*
s (liaison)	/z/	le*s* hommes, un mauvai*s* ami
sc + *e, i*	/s/	*sc*ène, *sc*ience
sc ailleurs	/sk/	*sc*andale, e*sc*lave
t	/t/	*t*an*t*e, cô*t*é
t + *i* + voyelle	/s/	na*t*ion, diploma*t*ie
	/tj/ quand *t* est la dernière lettre du radical d'un verbe; pour quelques mots aussi	sor*t*ions, ques*t*ion, chré*t*ien
t final	/ /	commen*t*, pleu*t*, hau*t*, lai*t* (Exc.: ne*t*, do*t*, bru*t*)
ct final	/ /	instin*ct*, aspe*ct*, respe*ct*
	/kt/	dire*ct*, corre*ct*, stri*ct*, ta*ct*, compa*ct*, intelle*ct*, impa*ct*
ent troisième personne du pluriel	/ /	ils donn*ent*, ils passai*ent*
th	/t/	*th*é, ma*th*ématiques
	/ / pour quelques mots	as*th*me, is*th*me
v	/v/	*v*i*v*e
w	/w/ pour des mots d'origine anglaise	tram*w*ay, sand*w*ich
	/v/ pour des mots d'origine allemande	Bruns*w*ick, land*w*ehr

Orthographe	Prononciation	Exemples
x dans *ex* avant voyelle	**/gz/**	e*x*agérer, e*x*iste
x dans tout autre cas	**/ks/**	ta*x*i, e*x*périence
x (liaison) et dans des dérivés	**/z/**	di*x* heures, fau*x* amis; di*x*ième
x	**/s/**	soi*x*ante, Bru*x*elles
x final	**/ /**	deu*x*, joyeu*x*
	/ks/ pour quelques mots	inde*x*, laryn*x*
y	**/j/**	*y*aourt, *y*oga
z	**/z/**	*z*éro, dou*z*e, *z*one
z final	**/ /**	ne*z*
	/z/ pour quelques mots	ga*z*
z dans la désinence *-ez*	**/ /**	finisse*z*

VOYELLES

1. Voyelles hautes

ou, oû	**/u/**	f*ou*, s*oû*l
i, î	**/i/**	l*i*t, *î*le
y	**/i/** entre deux consonnes ou en position initiale avant une consonne	p*y*ramide, *Y*ves
u, û	**/y/**	ref*u*se, f*û*t

Note: Pour les combinaisons de *i, u, ou* et voyelles, voir **semi-voyelles**, pp. 239–241.

2. Voyelles basses /a/ et /ɑ/

ORTHOGRAPHE	PRONONCIATION	EXEMPLES
a	/a/	mal, va, tache

sauf dans les combinaisons:		
-avre	/a/ ou /ɑ/	Le Havre
-as (avec s prononcé)		hélas
-ase		base
-aze		gaze
-as	/a/	bras, tracas, tu as
â	/ɑ/ en général	mâle, tâche, château

3. Voyelles moyennes /e/ et /ɛ/

é (+ e)	/e/	été, léger; fée, lycée
è	/ɛ/	très, père
ê	/ɛ/ (avec allongement possible)	rêve, tête
e ⎤ suivi par une ou ai ⎥ plusieurs consonnes aî ⎥ finales prononcées ei ⎦	/ɛ/	sec, belle, net laine, baisse maître reine, treize
ai (+ consonne muette ou e)	/ɛ/ en général, bien que la prononciation avec /e/ soit courante	balai, j'ai; laid, lait, mais, paix, j'aie
ai	généralement /e/ dans les formes de la 1ère personne du futur et du passé composé	j'irai, j'allai
è, ê suivis d'une consonne finale	/ɛ/ généralement	grès, prêt

ORTHOGRAPHE	PRONONCIATION	EXEMPLES
et	/ɛ/ généralement	bill*et*, poign*et*
	/ɛt/ pour quelques mots	n*et*
-er, -ez	/e/ dans les terminaisons des verbes, mais aussi	all*er*, vous all*ez*, n*ez*
	/ɛr/ dans les noms et adjectifs	m*er*, ch*er*, n*erf*
es en monosyllabes	/ɛ/ ou /e/	l*es*, d*es*, m*es*
e suivi d'une consonne prononcée en syllabe non-finale	/ɛ/	sc*e*ptique, f*e*rmé
e suivi d'une consonne double	/e/	*eff*et, *ess*ence
sauf pour *rr*	/ɛ/	*err*eur, t*err*ible
ei, ai non-finals	/ɛ/ ou /e/	m*ai*son, fr*ei*ner
ay, ey	/ɛ/ ou /e/	R*ay*mond, R*ey*baud

4. Voyelles moyennes /o/ et /ɔ/

o, au, eau (plus consonne finale muette)	/o/	zér*o*, v*eau*; fal*o*t, ch*au*d, b*eaux*
ô	/o/	c*ô*te, alc*ô*ve
o plus consonne finale prononcée	/ɔ/	ét*o*ffe, s*o*l, r*o*be; *o*ffre, b*o*sse
sauf *o* plus *se* /z/	/o/	r*o*se, p*o*se
au, eau suivis par des consonnes finales prononcées	/o/	m*au*ve, s*au*ce p*au*vre; B*eau*ce

5. Voyelles moyennes /ø/ et /œ/

ORTHOGRAPHE	PRONONCIATION	EXEMPLES
eu	/ø/	p*eu*, j*eu*
eu, œu suivis d'une consonne prononcée	/œ/	h*eu*re, v*eu*lent, n*eu*f, s*eu*il; s*œu*r, b*œu*f
sauf dans: -*euse* /z/	/ø/	heur*euse*, gaz*euse*
et quelques exceptions	/ø/	m*eu*te, n*eu*tre, f*eu*tre, Maub*eu*ge, *Eu*des, j*eû*ne, v*eu*le, b*eu*gle; b*œu*fs, *œu*fs (pluriel)

6. Combinaisons semi-voyelle + voyelle ou voyelle + semi-voyelle

oi	/wa/	l*oi*, s*oi*s, t*oi*t; c*oi*ffe, d*oi*vent
oî	/wa/	cr*oî*tre
oix, oie	/wa/	v*oix*, j*oie*
oua	/ua/ ou /wa/	j*oua*, l*oua*, r*oua*ge
ail, aill, aille	/aj/	trav*ail*, trav*aill*er, trav*aille*
eil, eill, eille	/ej/	sol*eil*, ensol*eill*er, ab*eille*
euil, euill, euille; œil, œill	/œj/	faut*euil*, f*euill*age, f*euille*; *œil*, *œill*et
ouil, ouill, ouille	/uj/	fen*ouil*, f*ouill*er, gren*ouille*
ill, ille	/ij/	br*ill*er, f*ille*
sauf exceptions	/il/	v*ill*e, m*ill*e, tranqu*ille*, dist*ill*er, L*ill*e, pup*ille*

7. Voyelles nasales

ORTHOGRAPHE	PRONONCIATION	EXEMPLES
an, am; *en, em*	/ã/	pl*an*, t*an*t, ench*an*ter, j*am*be; v*en*t, t*em*ps, *em*bêter
i + en; *en* surtout en position finale et non suivi par une consonne muette	/ɛ̃/	r*ien*, exam*en*, Europé*en*
in, im, ein, eim, ain, *aim*	/ɛ̃/	p*in*, t*im*bre; pl*ein*, R*eim*s; p*ain*, f*aim*
oin	/wɛ̃/	l*oin*, m*oin*s
on, om	/õ/	*on*, pron*on*ce; *om*bre
un, um	/œ̃/ ou /ɛ̃/	br*un*, l*un*di; h*um*ble

SEMI-VOYELLES ET VOYELLES HAUTES

i plus voyelle dans la même syllabe	/j/	b*i*en, h*i*er, mons*i*eur
i précédé de deux consonnes dans la même syllabe	/i/	cr*i*er, entr*i*ons, févr*i*er
u suivi de *i*	/ɥ/	n*u*it, l*u*i, c*u*isine
u précédé de deux consonnes dans la même syllabe et suivi par une lettre autre que *i*	/y/	cr*u*elle, infl*u*ence, monstr*u*eux
u plus une voyelle autre que *i*	/ɥ/ ou /y/	éc*u*elle, m*u*et, n*u*age

ORTHOGRAPHE	PRONONCIATION	EXEMPLES
ou plus une voyelle dans la même syllabe	/w/	*ou*i, L*ou*is, *ou*est, f*ou*et
ou précédé de deux consonnes dans la même syllabe	/u/	ébl*ou*i, tr*ou*er, br*ou*ette
oua	/ua/ ou /wa/	j*oua*, l*oua*, r*oua*ge

LE *h* ASPIRÉ

Mots à usage fréquent commençant par un *h* aspiré

la hache	le hareng	heurter
le hachis	hargneux	hisser
la haie	le haricot	hocher
le haillon	la harpe	la Hollande
la haine	le hasard	le homard
haïr	la hâte	la honte
hâle	hâter	le hoquet
haletant	hausser	hors
le halte	haut	le houblon
le hameau	hâve	la houille
la hanche	la Haye	la houle
le hangar	hennir	le houx
le hanneton	le héraut	huit
hanter	hérisser	humer
harasser	le héros	hurler
hardi	le hêtre	la hutte

INDEX

/a/, 37–40
/ɑ/, 137–140
/ɑ̃/, 116–120
accent
  belge, 145
  d'insistance, 68, 217,
    229
  méridional, 51, 89–90,
    96–97, 106–107,
    126–127
  québécois, 45, 47,
    104, 144–146
  tonique, 29–33, 64
accentuation, *voir* accent
  tonique
acoustique (classifica-
  tion), 25–27
affriquées, 15
alphabet phonétique
  (API/IPA), *voir*
  transcription
  phonétique
alvéolaires, 16, 20
alvéo-palatales, 74
analogie, 91
apico-dentales, 16, 80
articulation
  consonnes, 14–20
  voyelles, 20–25
  Voir aussi manière
    d'articulation;
    points d'articula-
    tion
aspiration, 2, 5, 218
assimilation, 211–215
  de nasalisation,
    214–215
  de voisement (pro-
    gressive), 214,
    (régressive),
    212–214

base articulatoire, 4–5
belge (accent), 145
bi-labiales, 17
bon usage, 8

c, 54–55
comptine, 31
consonnes
  affriquées, 15
  alvéolaires, 16, 20
  alvéo-palatales, 74
  apico-dentales, 16, 80
  assourdies, 213
  bi-labiales, 17
  constrictives, 14, 50
  dentales, 16, 20
  dorso-palatales, 17
  dorso-vélaires, 17, 80
  dorso-uvulaires, 17, 81
  doubles (géminées),
    215–218
  finales, 48–61
  fricatives, 15
  labio-dentales, 17
  latentes (liaison), 148,
    152
  muettes, 48, 161
  nasales, 15, 219
  non-voisées, 14
  obstruantes, 17
  occlusives, 14–16
  pharyngales, 17, 80
  sonorantes, 15
  sonores (voisées),
    13–15, 51
  sonorisées, 213
  sourdes (non-voisées),
    13–15
  stables, 48
constriction, 14–17,
  49–51

constrictives, 14, 50–51
continuation, 67
contours intonatifs,
  62–73
  complexes, 227, 228
  continuatifs, 67, 220
  déclaratifs, 67–68
  déclaratifs complexes,
    220–222
  déclaratifs avec incise,
    225–227
  égalité rythmique, 30
  impératifs, 68–69
  intonatifs complexes,
    220
  simple, 67–73
cordes vocales, 12–14,
  41, 51
coup de glotte, 14, 153
cuirs, *voir* liaison fausse

dentales, 16, 20
détente, des consonnes
  finales, 49–51
devinettes, 35
dévoisement, 51,
  212–214
dialecte, 6–7, 15, 62;
  voir aussi
    français standard
diphtongaison, 42–43,
  144–145
distribution complémen-
  taire, 75, 90
dorso-palatales, 17
dorso-vélaires, 17, 80
dorso-uvulaires, 17, 81

/e/, 86–94
/E/, 177–178, 181–191
/ɛ/, 86–94

/ɛ:/, 144
/ɛ̃/, 122–125
[ə], 109–110
égalité rythmique, 29–33
e muet (caduc, instable),
177–193
définition, 109–110,
177–178
identification,
178–181
Règle des Trois
Consonnes,
184–189
règles, 181–191
timbre, 181
effacement (chute de
/E/), 191–193
enchaînement, 147–149
environnement
optimal, 11, 25
prosodique, 27
élision, 182, 19

f, 55–56
français populaire, 8
francien, 7
français standard, 6–8,
128
fricatives, 15

géminées (consonnes
doubles),
215–218
gn, 219
grave, *voir* acoustique
(classification);
voyelles
groupe rythmique, 5,
28–29
continuation, 67

h
aspiré, 162–164
muet, 160
harmonisation
vocalique, 91
hiatus, 152–153
homophone, 59, 104

/i/, 44–46
intonation, 30, 62–73
déclarative expressive,
222–225. *Voir
aussi* contours
intonatifs; ques-
tions
IPA, *voir* transcription
phonétique

/j/, 196–200
intervocalique,
197–198
position, 196–197
semi-voyelle, 198–200
joncture, 34–35
joual, 9

/k/, 49–50, 54–55,
218–219
K + L (groupes),
185–186

l, 57–58
/l/, 16, 74–78
labialisation, 22–23, 46
labio-dentales, 17
latentes (liaison), 148,
152
latérales, 16, 74–78
lettres finales, pronon-
ciation des con-
sonnes, 54–61
liaison, 147, 150–162
avec adjectifs,
174–176
avec nombres,
167–168
avec voyelles nasales,
125–126
(consonne de), 48, 150
facultative, 168–172
fausse (cuirs et
velours),
172–174
interdite, 160–162
obligatoire, 154–160
pataquès, 173

liquides, 15, 56, 74–83
locution figée, 159
Loi de Position, 89–90,
96–98, 108–109
longueur vocalique,
142–144

manière d'articulation,
14–16
méridional (accent), 51,
89–90, 96–97,
106–107,
126–127
monosyllabe, 158
mots-outils, 154

/N/, 152
nasales, 15, 112, 219
nasalisation, 15, 23–25,
113
neutralisation, 90–91,
97–98
non-aspiration de /p/,
/t/, /k/, 5,
218–219
norme, 6
orthoépique, 9,
134–137
pédagogique, 6,
92–93, 98–100,
114–115
/ɲ/, 219

/o/, 94–100
/ɔ/, 94–100
/ɔ̃/, 120–122
/ø/, 104–109
/œ/, 104–109
/œ̃/, 141–142
obstruantes, 17
oc, 7
occlusives, 14–16, 49
oïl, 7
organes de la parole,
12–13

/p/, 49–50, 218–219
paire minimale, 2, 89,
102

palatalisation, 211–212
paramètre, 14
pataquès, *voir* liaison
patois, 6
pharyngales, 17, 80
phonème, définition, 2, 94
pied (prosodie de l'anglais), 29–30
points d'articulation, 16–20
propos, 224

quadrilatère articulatoire, 43–44
québécois (accent), 45, 47, 104, 144–146
questions
    partielles, 71–73
    partielles complexes, 228–229
    totales, 69–71
    totales complexes, 227–228

r, 56–57
/ʀ/, 16, 78–83
/R/, 152
réduction du timbre, 31–33
Règle des Trois Consonnes, 184–189; *voir aussi e* muet; liaison
règles, *voir e* muet, liaison
rhème, 224
rythme, 28–40

s, 208–209
/s/, 207–211
Saussure, Ferdinand de, 27
schwa, *voir e* muet
segment, 25
semi-voyelle, 15–16, 25, 194–206

en position initiale, 205–206; *voir aussi* /j/, /ɥ/, /w/
sonores (voisées), 13–15, 51
sonorisées, *voir* consonnes
sonorité, *voir* voisement
sourdes, 13–15; *voir aussi* consonnes non-voisées
stables, *voir* consonnes
styles, 8–9
    familier, 8, 134, 212
    soutenu, 8, 129
syllabation
    ouverte, 33–34
    règles, 36–37
syllabe, 33–39
    fermée, 33, 87–90
    ouverte, 33, 87–90

/t/, 49–50, 218–219
/T/, 152
tension articulatoire, 41–43
thème, 224
timbre, 31, 42
topique, 224
transcription phonétique, 10–11
transfert, 11
tréma, 45

/u/, 46–47

velours, *voir* liaison fausse
voisé, *voir* consonnes
voisement, 13–14, 51
voyelles, 20–25
    accentuées, 29
    aiguës, 20
    antérieures, 20
    antérieures arrondies, 24, 101–111, 132–134

antérieures non-arrondies, 24, 130–131
basses, 22
brèves, 42, 142–144
centrales, 20
dévoisées, 145–146
diphtonguées, 42, 87, 142
fermées, 22, 84
graves, 20, 46–47
hautes, 22
labialisées, 46–47
latentes, 178
longues, 42, 142–144
moyennes, 84–100, 129–137
nasales, 111–127
nasalisées, 113
neutralisées, 90
ouvertes, 22, 84, 107
postérieures, 20, 131–132, 137–140
relâchées, 42, 87, 146
simples, 42
stables, 178

/w/, 200–202

/y/, 101–104
/ɥ/, 203–205

/z/, 152, 207–209, 211–214
/Z/, 152
/ʒ/, 213–214